대만의 현대화

역사문화적 회고와 전망

한국외국어대학교 대만연구센터
오늘의 대만 총서 II

대만의 현대화

現代化

歷史文化的回顧展望

역사문화적 회고와 전망

황쥔지에 黃俊傑 지음 강준영 | 장영희 | 안성수 옮김

HU:iNE

Taiwan

대만의 현대화

역사문화적 회고와 전망

목 차

한글판 서문

《대만의 현대화: 역사문화적 회고와 전망》(원제: 戰後臺灣的轉型及其展望)은 한국외국어대학교 강준영 교수의 호의에 힘입어 한국어로 번역되었다. 강준영 교수와 한국외대 출판부에 깊은 감사의 마음을 전한다. 이번 한국어판 출간을 기회로 전후 대만의 전환에 대한 몇 가지 새로운 생각을 피력하고자 한다. 1949년 이후 대중화(大中華) 문화권에 속한 대만에게 가장 다행스러운 것은, 1966년부터 1976년까지 장장 10년 동안 지속된 중국 대륙에서의 동란(역자주: 중국의 '문화대혁명'을 일컬음)에서 벗어나 있었다는 점이다. 그래서 전통 중화문화의 가치, 특히 생활방식으로서의 유가(儒家)적 가치가 대만에서는 상대적으로 많은 부분이 보존될 수 있었다. 전통 한인(漢人) 사회에서 중시되었던 타인에 대한 충실하고 온후한 태도, 화목을 추구하는 처세, 낙천적이고 달관적인 미덕을 대만사회

곳곳에서 발견할 수 있다.

비록 대만의 급속한 민주화와 권력 구조의 격변 과정에서 각종 불행한 정치 투쟁이 발생했지만, 한문화(漢文化) 전통은 필경 대만사회와 문화의 뼈대를 이룬다. 따라서 짧은 시간 내에 요동하지 않을 것이며 뿌리가 뽑히는 것은 더욱 불가능한 일이다. 물결이 요동 친다고 바닷물의 본질을 바꿀 수는 없으며, 단기적인 기온의 상승과 저하가 기후의 대세를 바꾸기는 어렵다. 한인들이 대만에 이민해 온 이후로, 전통 유가(儒家)적 가치이념은 수 백 년 동안 일상생활 속의 공기와 같이 대만 사회에 스며들어 있다. 평상시에는 감지하기 어렵지만 역사의 새로운 장이 열릴 때마다 그 생명력을 드러냈다.

예를 들어, 청대 건륭 연간(1735-1795)에 대만의 린수앙원(林爽文, 1756-1788)이란 사람에 의해 벌어진 반청 운동(역사에서는 '린수앙원의 난'이라 칭함)은 신주(新竹) 지역의 객가(客家) 사람들에 의해 조직된 민단(民團, 치안유지를 위한 민간 무장단체)의 저항을 받았다. 객가 민단은 청조에 대한 충성심을 갖고 장저우(漳州) 출신의 린수앙원과 전투를 벌였다. 처참한 전투와 함께 수많은 사상자가 나왔는데, 청 조정은 린수앙원 무리를 평정한 후 객가 출신의 사망자들을 안장해 주었을 뿐만 아니라, 의민묘(義民廟)를 세워 주었다. 이 사건은 비록 민남인과 객가인 사이의 충돌이라는 역사적 배경을 뒤에 두고 있지만, 객가인 특유의 고향과 땅을 지키려는 족군(族群)적 지방의식이 발현된 것이다. 그러나 객가인들의 충의를 중시하는 가치이념은 바로 유가적 전통의 중요한 가치관인 것이다.

1895년 일본 식민자들이 대만을 점령한 이후 현대 자본주의가 도입되면서 대만의 계급분화가 더욱 뚜렷해졌다. 자본가들은 기본적으로 일본인과 일본 자본에 부역하는 극소수의 대만 자본가들로 이뤄졌다. 대다수의 노동자들과 농민들은 민남인과 객가인으로 이뤄진 대만인들이었다. 그래서 민족적 갈등과 계급적 갈등이 일제시대(1895-1945)의 대만에서 변증법적 합일로 이어졌다. (이에 대해서는 야나이하라 다다오(矢內原忠雄)의 저서 <제국주의 하의 대만>을 참고할 것.) [역자주: 이 책의 원서명은 '帝国主義下の台湾'이며, 대만에서 출판된 중문 번역본으로는 《日本帝國主義下之臺灣》(周憲文譯, 臺北: 海峽學術出版社, 2002年)이 있음]

당시 수많은 대만 출신의 지식인들이 일본 제국주의에 저항하는 과정에서 정신적 지지대 역할을 한 것은 바로 유가 사상이었다. 대만문화협회(臺灣文化協會) 인사들은 타이베이에서 <논어>와 공자사상을 연설함으로써 일본의 식민통치를 비판했다. 일제 강점기의 역사적 맥락 속에서 유학은 제국주의와 식민주의에 저항하는 역할을 했다. 1945년 10월 25일 대만 광복 이후, 유가 전통 속의 근검과 성실의 노동윤리는 전후 대만의 경제발전에 정신적 기초가 되기도 했다.

1987년 계엄령이 해제되고 빠르게 민주화를 이뤄가는 과정에서 대만은 2000년과 2008년, 두 차례의 정권교체가 이뤄졌는데, 이는 화인(華人) 역사상 처음으로 민주정치가 꽃을 피운 것으로 참으로 흥분되는 일이었다. 그러나 민주적 조류와 함께 들어온 정치인들의 포퓰리즘적 행태에 따라 대만 민주정치의 불건전한 면모도 구체적으로 드러났다. 대만은 중서(中西)의 신구 문화가 격렬하게 충돌하는 섬으로서, 확실히 서구의 현대적 정치생활 방식의 영향력이 전통문화를 능가하게 되었다.

현대 대만에서의 정치영역은 기본적으로 이익의 충돌과 교환의 장(場)일 뿐이지 도덕의 영역이 아니다. 특히 초당파적 협력의 정신(bi-partisanship)이 결핍되어 인민들의 복지를 돌보지 않고 정당 간의 악투만 벌어지고 있다. 이로 인해 민주주의의 미래에 대한 우려가 깊어지고 있다. 그러나 대만 민간사회에는 유가 정신을 계승한 가치이념이 여전히 사람들의 마음 깊이 자리잡고 있다. 대만의 여러 큰 불교종단들이 유가적 가치이념을 추동하는 데 여력을 아끼지 않고 있으며 전통 중화문화가 일반사회에 널리 보급되도록 하고 있다.

최근 10여년 간 대만에서 벌어진 권력 충돌, 정체성 분열, 정당 간 분쟁의 겉모습 뒤에는 여전히 민간사회의 방대한 중도적 힘이 자리 잡고 있다. 이는 대만의 사회문화적 진정제 같은 것이다. 필자는 새로 펴낸 영문 졸저(Chun-chieh Huang, Taiwan in Transformation: Retrospect and Prospect, New Branswick, N. J.: Transaction Publishers, 2014)에서 이에 대한 논의를 상세히 다루고 있다.

21세기 양안(兩岸) 해협 간의 교류와 상호작용 속에서 대만이 보존하고 있는 전통가치이념 및 생활윤리, 특히 유가적 가치이념은 여전히 중요한 역할을 하고 있다. 한민족(漢民族) 문화의 미래에 새로운 국면을 창조하기 위해서는 '대만 의식'(臺灣意識)의 새로운 발전이 가장 관건이 될 것이다. 1895년 이후 '대만 의식'의 발전은 모두 명확한 특정 목표가 존재했다. 예를 들어, 일제 강점기 '대만 의식'은 일본 제국주의와 식민주의에 대한 저항에서 시작되었고, 일본의 강압에 반대했다. 광복 이후의 '대만 의식'은 당시 국민당 정권의 본성인에 대한 차별대우와 억압에 대한 것으로 권력분배의 불공평함에 대항하여 일어났다. 계엄이 종결된 이후의 시기에 '신대만인(新臺灣人) 의식'은 내부적으로 각 족군들이 대만에 거주하는 사람들 간의 단결을 추구하고 대외적으로 중공 정권의 압력에 저항하기 위한 것이었다. 전체 역사 현상의 측면에서 볼 때, 최근 백 년간 각 단계마다 투사된 '대만 의식'이란 담론은 본질적으로 저항의 담론이었다. 목적은 대내적으로 민심을 공고히 하는 것이었다. [黃俊傑：《臺灣意

識與臺灣文化》, 臺北：臺大出版中心, 2007年. 제1장을 참고할 것]

역사상 저항 담론으로서의 '대만 의식'은 일본 제국주의에 저항하고 국민당의 권위주의 통치에 저항하고 중공의 압박에 저항하는 것이었다. 21세기 세계정세의 변화에 따라 미래의 '대만 의식'이 점점 유가적 가치 이념을 기초로 하는 문화담론으로 전환된다면 비교적 건강한 방향으로 발전할 수 있을 것이다. 그리고 '대만 의식'으로 하여금 21세기 새로운 세계질서와 양안해협의 새로운 관계 속에서 건설적인 역할을 발휘할 수 있도록 할 것이다. 전후 화인(華人)들의 역사에서 대만은 다행히도 '10년 동란'(역자주: 중국의 '문화대혁명'을 일컬음)이라는 역사적 비극을 피할 수 있었다. 중화문화에서 가장 위대한 정신적 전통과 가치이념이 모두 대만에서 보존되고 확대, 발전할 수 있었다. '대만 의식'과 '대만의 경험' 속에 들어간 새로운 유가문화 담론은 필연적으로 양안해협의 중국인들을 새로운 역사의 시대로 이끌어 갈 것이다.

대만과 한국의 관계가 밀접하고 우호적이라는 것은 잘 알려져 있다. 한국외국어대학교의 대만연구센터가 대만과 한국의 지식계를 잇는 교류에 힘을 쓰고 있고, 대만연구센터에서 출판 중인 대만연구 총서는 시간적으로 17세기에서 21세기의 대만을 포괄하고 있다. 전통문화를 회고하고 있을 뿐만 아니라 미래를 전망하고 있고, 학문적 깊이를 갖추고 있을 뿐만 아니라 현실적인 참고 가치도 지니고 있는 것으로 알고 있다. 필자는 한국외국어대학교의 대만연구가 나날이 발전할 것이라 믿고 있으며 한국과 대만의 학술 교류에 큰 공헌을 할 것이라 기대한다.

대만대 인문사회고등연구원에서
2015년 10월 27일 저자 황쥔지에 씀

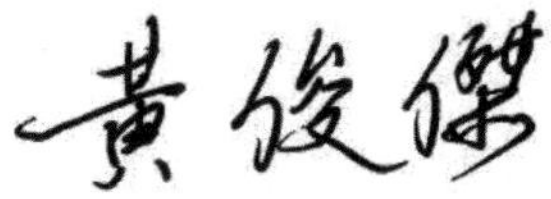

저자 서문

《대만의 현대화: 역사문화적 회고와 전망》(원제: 戰後臺灣的轉型及其展望)에 수록된 글들은 필자가 1990년대 초에 쓴 글들이다. 여기에 수록된 8편의 논문이 다루고 있는 주제들은 기본적으로 전후 대만의 토지개혁과 문화발전이라는 두 가지 분야에 집중되어 있다. 출판을 빌미로 하여 독자들에게 이 글들을 쓰게 된 동기에 대해 설명 드리고자 한다.

제2차 세계대전이 끝난 후 대만은 역사적 격변을 경험했다. 1945년 일본이 투항하고 국민정부가 대만에 오면서 정치권력은 이러한 변화를 주도했다. 전후 대만의 경제발전과 사회문화적 전환을 가져온 것이다. 전후 40여년 동안 왕성하게 발전한 경제력으로 인해 축적된 사회적 역량은, 1987년 7월 계엄령 해제 이후 빠른 기세로 도약하여 정치영역에 영향을 미쳤고 대만 민주화의 중요한 동력이 되었다. 그러나 사회적 격류는, 아름다운 파도가 진흙과 모래도 함께 끌고 오는 것처럼, 출신지역에 따른 대립(省籍對立, 역자주: 대만의 원 거주민들과 대륙 출신 이주민들 간의 대립)과 계급충돌, 그리고 족군(族群) 간의 긴장 등과 같은 추세가 대만사회의 병폐로 자리잡게 되었다.

역사 속의 인민들은 늘 침묵하는 존재이며, 역사의 격변 속에서 마치 대저택의 처마 밑에서 지저귀는 제비와 같은 신세를 피하지 못하고 정권의 변화에 따라 귀속할 곳이 바뀌곤 한다. 그러나 새로운 역사의 장이 열리는 시점을 맞이하여 필자 또한 역사의 대해(大海) 속으로 뛰어들고 싶은 마음을 금하지 못하고 그 까닭을 살피게 되었다.

그래서 근 반세기 이래 대만의 격변이 어디서 유래하는 것인지, 그리고 앞으로 어떤 방향으로 가게 될 것인지를 연구하게 되었다. 본서에 수록된 8편의 논문은 필자가 이러한 역사적 변화를 관찰하며 쓴 결과물이다. 또한 이러한 역사적 회고의 기초 위에서 필자 개인의 전망을 제시해 보았다. 이 8편의 논문은 모두 왠지 모를 절박감이 채찍질하는 감성 속에서 이성적 태도를 견지하며 쓴 글들이다.

전후 대만의 역사적 변화는 그 여파가 파도와 같이 웅대하고 그 범위가 매우 넓다. 피눈물과 환한 웃음이 그 속에 어려 있다. 그러나 이 시기 역사적 변화의 주축은 아무래도 농업사회에서 공업사회로의 발전이라 할 수 있겠다. 이 축에서 각 방면의 변화가 발생했다. 본서의 제1장은 수필적 성격을 갖는 글로서 전후 대만의 사회문화적 변화의 중요한 연구문헌들을 전면적으로 회고해 보았다.

이 글은 책 전체적으로 참고해야 할 배경으로 삼을 수 있겠다. 필자의 개인적 시각에서 전후 대만의 변화에서 가장 중요한 사건을 꼽으라면, 광복 초기의 토지개혁이라고 하겠다. 본서 전반부의 3편의 논문은 모두 국민정부가 추진한 1950년대의 토지개혁에 대해 연구한 것이다. 제2편의 논문에서 필자가 언급한 것처럼, 수 천년 역사 속에서 중국의 농업적 전통이 함유하고 있는 기술혁신과 시장경제라는 두 가지 특징이 전후 대만에서 비로서 그 현대적 발현을 했다고 할 수 있다.

일제시대의 농업시험장(農業試驗場)이 경작의 정교성(精細耕作)이라는 전통에 현대적 기반을 다졌다면, 광복 이후의 농부회(農復會)는 기술혁신을 더욱 높은 단계로 도약시키는 역할을 했다. 지난 100여 년 동안 대만의 자본주의화는 대만 농업의 시장경제적 성격을 더욱 성숙시켰다. 1950년대 토지개혁의 완성은 정부의 힘이 아주 깊이 농촌에 개입했음을 의미한다. 또한 대만 농촌의 경제질서를 재편함으로써 '국가'와 '사회'를 더욱 긴밀하게 결합시키도록 만들었다.

그러나 기이하게도 대만의 경제 기적 이후 대만농업은 도리어 황혼기로 접어들게 되었다. 농민들은 농업에서 멀어져 현대공업사회 속에서 표류하는 영혼이 되었다. 대만 농민들은 현대화를 경험한 이후, 이미 다시는 초가삼간으로 되돌아 갈 수 없었다. 그들은 현대 공업 및 상업사회의 격류 속에 의지할 데 없이 떠도는 부평초 신세가 되었다. 대만의 농촌과 농민은 이러한 '역사의 패러독스'가 일으킨 소용돌이 속에서 부침을 거듭하며 참혹하게 스러져 가는 존재가 되었다.

전후 대만의 "경제 기적"속에서, 농민들은 상대적으로 희생된 계층이다. 토지개혁이 맹렬한 기세로 전개되던 1950년대에 당시 농부회(農復會) 주임위원인 장멍린(蔣夢麟, 1886-1964)은 농업건설이 반드시 농민의 입장에서 출발해야 한다고 특별히 강조한 바 있다. 그는 당시의 중국농촌부흥위원회(中國農村復興委員會)가 "겸허한 마음으로 농민으로부터 배워야 한다"는 것을 원칙으로 삼았다.

장멍린(蔣夢麟)은 다음과 같이 말했다.

> 지역 및 농민의 입장에서 그들의 필요를 이해한다는 것이란, 그들이 어떠해야 하는지 혹은 그들이 필요로 하는 것이 무엇인지를 가르치는 것이 아니다. 그들이 필요로 하는 것은 그들 자신이 가장 잘 이해하고 있기 때문이다. 이러한 방침에 따라, 농부회의 임무는 늘 진화해야 하고, 농민으로부터 늘 새로운 경험을 얻어내야 한다. 우리들은 선입관을 갖고 일을 해나가서는 안 된다. 겸허한 마음으로 농민으로부터 배워야 한다. 이것이 우리 농부회의 방침이 부단히 진화할 수 있는 중요한 요건이 될 것이다.[1)]

장멍린이 1950년대 제시한 원칙은, 분명히 1920년대 이래 중국의 지식인들이 농업건설에 참여할 때 출현했던 근본문제와 관련이 있다. 아쉬운 것은 이러한 원칙이 전후 대만에서 온전하게 실행되지 못했다는 점이다. 전후 대만에서 농업건설의 설계와 집행(초기의 비료환곡 제도나 식량저가 정책 등이나, 1980년대 이래의 외국 농산품의 수입정책 등)은 온전히 장멍린이 애기한 "지역과 농민의 입장에서 그들의 필요를 이해하자"는 입장에 확고히 서있지 못했다. 즉, 전후 대만의 농업정책에서 농민은 주체적 지위를 갖지 못했다. 농업과 농민은 전후 초기에는 "군수민량(軍需民糧)"의 도구였고, 1960년대 이후에는 "공업도약"의 기반이었을 뿐이었다.

이러한 "주체성의 뒤바뀜(錯置)"은 바로 대만농업과 농민문제가 많이 발생하도록 만드는 근본원인이다. 대만 성정부(省政府) 농림청장은 과거

---

1) 中國農村復興聯合委員會：《中國農村復興聯合委員會工作報告》, 民國37年10月1日至39年2月15日(臺北：農復會, 1950), 頁81。

성의회(省議會)에서 다음과 같이 말했다. "농업문제를 철저하게 해결하려면, 기술본위의 낡은 관념을 버리고, 농민본위의 이념으로 대체해야 한다."(1988년 4월 30일 대만의 여러 신문에서 보도되었음.) 이렇게 농업을 주관하고 있는 관료 스스로의 반성은 '농민 주체성'의 건립을 증명하는 것이며, 바로 전후 대만 농업의 근본과제이다.

그러나 갈수록 다원화 되어가는 대만 사회의 "다원적 주체의 병립"이라는 새로운 시대적 흐름 속에서 "농민 주체성의 재건"을 이야기해야 한다면, 우리는 농민문제가 절대적으로 고립적이거나 기계적 존재가 아니며, 변증법적이고 유기적인 존재라는 것을 인정해야 한다. 예를 들면, 농민과 사회적 역량 그리고 정치적 역량의 삼자간 상호적 관계를 어떻게 정립할 것이냐 하는 것이다.

농산품의 운송과 판매, 그리고 외국 농산품의 수입 문제를 어떻게 국내 및 국제정치경제 구조 속에서 정돈할 것인지, 농민과 중산층, 노동자 계층, 지식인 계층 사이의 관계를 어떻게 정립해야 하는지, 식량정책의 사회적 의의와 정치적 의의는 어디에 있는지 등의 문제를 심사숙고 해야 한다. 이러한 여러 문제는 광의의 농민을 어떻게 범주화하느냐의 문제와 연결되어 있으며, 모두 유기적이고 복합적인 문제이며 대만사회 전체의 입장에서 논의할 필요가 있는 것이다. 또한 농민과 농업 문제의 복합성을 커버할 수 있을 때만 우리들은 진정으로 전후의 "대만 경험"의 정치경제적 함의를 파악할 수 있는 것이다.

본서의 제3장과 제4장의 논문을 쓰게 된 원래 동기는, 광복 초기 토지개혁 과정 중에 출현한 복잡다단한 정치경제학적 관계들을 깊이 있게 탐색하는 데 있었다. 광복 초기의 신흥 자경농들은 처음 토지를 획득하면서 수천년 동안 내려오던 "가난한 사람은 송곳을 꽂을 땅도 없다"는 말이

암시하는 부조리의 먹구름을 일거에 걷어 버렸다. 마치 큰 가뭄에 단비가 내리는 것과 같은 일이었다. 그러나 또한 다음과 같은 문제들을 발견할 수 있었다. 즉, 일부 신흥 자경농들은 농촌 고리대(高利貸)와 입도선매와 같은 착취를 겪었고, 유휴자금이 농촌에 유입되어 경지 매입에 사용되거나 지주들의 농지임대 철회 및 소작농에게 부여된 국유농지의 매입 등이 발생했다. 이러한 문제들은 모두 상업자본의 발달과 직간접적으로 연결되어 있는 문제였다.

나머지는 정부가 공지방령(公地放領, 역자주: 정부가 법령에 의거하여 적합한 농민들에게 공지를 불하하는 것) 정책을 전면적으로 실행할 수 없었던 것에서 비롯되었다. 즉, 국가자본주의의 발달과 국영기업의 방대한 자산과 크게 관련된 문제였다. 그러나 정부 부문에서 채택한 자경농 보호정책은 자본의 방출을 통해 신흥 자경농이 자본가나 지주의 침입을 받지 않게 하는 것에 있었다. 소위 '국가자본주의'의 문제였다. 토지개혁 기간에 대만 제당업(糖業) 기업의 토지는 농민들에게 불하(放領)하지 않은 여러 케이스들이 그 문제를 여지없이 보여줬다.

본서의 제4장은 1952년 9월, 중국농촌부흥연합위원회(農復會, 1948년 10월 1일에서 1979년 3월 16일)의 요청에 응하여, 대만을 방문한 미국 농업부 토지전문가인 울프 라진스키(Wolf Ladjinski)가 장개석 총통(1887-1975)에게 제출한 건의 서한을 중심으로, 광복 초기 대만이 토지개혁을 추진하는 과정에 나타난 세 가지 현상을 검토한 것이다.

(1) 국가 자본주의 하에서 국영기업에 대한 농민들의 불만

(2) 토지개혁 정책과 경제정책의 모순

(3) 토지 개혁 중 농부회의 지위와 역할

중요한 사료인 울프 라진스키(Wolf Ladjinski)의 서신에 대한 심층분석을 통해, 우리들은 1950년대 토지개혁의 과정에 나타난 중요한 문제를 발견하게 된다. 그것은 광복 초기 국민정부가 추진한 공지방령(公地放領) 정책이 당시 농산품 수출로 외환 상의 이익을 보던 경제정책과 양립할 수 없는 모순을 드러냈다는 점이다. 울프 라진스키(Wolf Ladjinski)라는 미국의 전문가는 완전히 토지개혁 본위의 입장에 서서 문제를 보았고, 결국 무의식 중에 이 지뢰를 건드렸다.

필자는 이 세편의 논문이 토지개혁의 역사가 갖는 정치경제학적 의미를 이해하는 데 도움이 되기를 희망한다. 이러한 의견은 앞선 스승(先師)인 양마오춘(楊懋春, 1904-1988)의 대만 농촌사회에 대한 견해(본서의 제5장)에 약간의 보충을 겸한 것으로, 스승의 은혜를 조금이나마 갚기 위한 것이다.

필자는 앞에서 전후 대만의 격변의 주축은 농업에서 상공업 사회로의 변화에 있다고 언급한 적이 있다. 이러한 변화는 필연적으로 사상문화의 전환과 연결된다. 전통 중화농업문화와 유가적 가치체계는 매우 밀접한 관계를 맺고 있다. 그러면 "21세기를 향해 발전하는 대만은 유가사상적 전통에 대해 어떤 자세를 취해야 할 것인가?"의 문제는 고민해 볼 가치가 있는 문제가 될 것이다.

본서의 6번째 논문인 <유가 전통과 21세기 대만의 비전>은 바로 이 문제에 대한 필자의 사색과 깨달음을 제시한 것이다. 필자는 전통 중국 농촌사회가 잉태한 유가문화가 21세기 오늘날의 대만에서도 여전히 그 가치가 있다고 있다고 생각한다. 그러나 우리는 반드시 한대(漢代) 이래 각종 어용유학(御用儒學)의 왜곡과 분쟁을 넘어서야 하며, 선진(先秦) 시대 공맹의 원시 교의로 돌아가, 유학의 새로운 정신적 원천을 탐구해야 할 것이다.

이러한 정신적 원천이 지닌 특별한 현대적 의의는 두 가지가 있다. 하나는 개인과 사회가 하나의 연속체라는 관점이다. 다른 하나는 유기체론적 관점이다. 전자는 21세기 대만의 민주정치에 윤활유적 작용을 할 수 있다. '개인주체성'이 빠르게 성장하는 신시대 속에서 '개인'과 '사회'의 대립을 약간 줄일 수 있다. 후자는 21세기 대만의 경제발전 과정에서 사람과 사람 사이, 그리고 사람과 자연 사이의 소외감을 줄일 수 있다. 이러한 두 종류의 원시 유학적 정신은 모두 새로운 시대 대만의 발전을 위한 전통문화의 기반을 마련할 수 있다.

고전적 유가의 풍부한 정신유산 중, '연속성의 관점'뿐만 아니라 '유기체론적 관점'은 현재 대만 민주사회의 부족한 점을 메울 수 있다. 고전 유가 중 심오한 시간 의식 또한 대만이 중국과의 관계를 처리하는 데 도움이 될 것이다. 본서의 7번째 논문인 <역사의식과 21세기 양안관계의 전망>에서 필자는 역사의식의 시각에서 현재 이 문제에 대해 제기되고 있는 '급진통일'과 '급진독립'의 두 주장에 대해 분석하고, 양자 모두 역사적 사유에 있어서 맹점을 갖고 있음을 지적한다.

'급진통일파'는 아직 400년 이래 대만에 이민을 해 온 한인(漢人)들이 추구하는 자유 및 자주의 이상을 이해하지 못하고 있다. 그리고 '급진독립파'는 최근 백여 년 동안 중국대륙의 인민들이 경험한 민족적 좌절과 이에 따른 민족주의 정서를 소홀히 하고 있다. 양쪽의 인사들은 이러한 역사적 사유 상에서의 맹점이 그들로 하여금 대만과 대륙의 미래관계에 대한 사고에 엄중한 장애가 되고 있다.

필자는 '역사적/인민적 입장'에서 출발하여 이 문제를 생각하고 처리해야 한다고 제안한다. 이 문제를 대만과 대륙 역사의 구체적 맥락 속에서 생각하고 역사 사유의 폭과 역사의식의 깊이를 확장해야 한다. 시간의 깊이 속에서 '인민의 소원'을 존중하고, '통일/독립'의 이분법적 구도를 넘어야 하며, 시간의 깊이 속에서 문제를 해결할 실마리를 찾아야 한다. 양안의 긴장이 높아진 시기에 어떻게 역사의식 중 인내력과 애정을 배양하고 이로써 양안관계를 해결할 것이냐는 매우 중요한 과제이다.

전후 대만은 50년의 안정기와 회복기를 거쳐 새로운 도약을 기다리며 21세기 새로운 문화를 건립할 준비를 하고 있다. 본서의 제8장은 이러한 문제에 대한 탐색이다. 우리들은 대만이 과거 수백년 동안(특히 근 반세기 동안)의 역사의 누적 속에서 새로운 문화 골격을 형성하고 있음을 발견한다. 대만의 신문화는 '자아 의식'의 각성을 특징으로 한 강렬한 '역동성의 정신'(dynamism)을 충만하게 품고 있다. 문화 속에 각각의 영역 혹은 커뮤니티가 모두 그들의 의지를 현실 세계 속에 실현하려 노력하고 있다.

이렇게 생명력이 충만한 활력은 4백년 동안 선민들이 민남과 광동지역 각지에서 대만으로 이민을 와서 이 땅을 개척하고, 명정(明鄭) 시대 청조 정권에 항거하고, 일제시대 일본 식민당국에 항거하였으며, 전후 대만 경제발전의 정신적 기초가 되었다. 21세기 대만의 신문화의 정신적 자산은 과연 대만 문화 속에서 각 영역과 커뮤니티의 자아중심주의로 인해 상호 충돌하게 될 것인가? 아니면, 법치질서의 건립에 기반하여 중원 유가문화 속에서 '개체'와 '군체'의 화해의 이념을 흡수하고, 이로써 새로운 문화의 국면을 향해 나아갈 것인가? 이것이 현단계에서 우리들이 직면한 중요한 선택의 기로인 것이다. 필자는 진지하면서도 낙관적인 믿음을 갖고 21세기 대만의 신문화가 함의하고 있는 개척 및 풍성함을 기대하게 된다.

황준걸 씀

2004년 4월 12일 개정

제1장

전후(戰後) 대만의 사회문화적 전환: 현상과 해석

제1절 머리말

전후(戰後, 역자주: 1945년 제2차 세계대전이 끝나고 중화민국 정부가 관할하기 시작한 이후의 시기) 대만의 사회문화적 전환은 검토해야 할 영역이 많고 연관된 주제도 아주 광범위하다. 본 논문은 기본적으로 당대 학자들의 연구논저를 기초로 하여, 기존의 연구 성과를 종합하고 그 과정에서 필자의 견해를 제기하려 한다.

본 글은 전체가 5개의 부분으로 나눠진다. 제1절인 '머리말'에서는 이 글에서 논의하고자 하는 3개의 주요문제를 설명할 것이다. 제 2절에서는 도시화, 사회계층 및 여성을 주축으로 하여 전후 대만사회를 관찰할 것이다. 제3절에서는 민간문화(특히 종교신앙) 및 가치지향 전환의 시각에서 전후 대만의 문화전환을 논의한다. 제4절에서는 전후 대만의 사상적 전환에 대해 집중적인 논의를 할 것인데, 특히 전후 대만에서 동서양 사조의 격동에 대해 집중할 것이다. 제5절에서는 이상의 각 절에서 서술한 당대 학자들의 연구성과를 종합하여 결론이 될 견해를 제기할 것이다.

전후 대만의 사회문화적 전환에 대한 고찰은 주로 아래의 문제들을 둘러싸고 전개될 것이다. 전후 대만의 사회문화 전환은 주로 어떤 영역에서 이뤄졌는가? 이러한 전환의 방향은 어떠한 새로운 발전을 일으켰는가? 사회전환의 과정 속에서 전후 대만의 민간문화와 민중의 가치지향은 어떤 변화를 겪었는가? 전후 대만의 사회문화 전환 중에 지식인 계층은 어떻게 중국의 전통사상을 재해석했는가? 또한 외래 사조를 어떻게 흡수하고 소개했는가? 필자의 논의는 기본적으로 현재까지의 연구성과들을 종합한 것인데, 위에서 제기한 문제들의 순서대로 진행할 것이다.

제2절 사회적 전환: 도시화, 사회계층, 여성의 영역에서 발생한 새로운 동향

1) 기본방향: 농업사회에서 공업사회로

전후 대만사회 전환의 영역은 아주 다양하고 연관된 사안들도 광범위하다.[1] 역사적 관점에서 보면, 필자가 지적한 대로 아래의 세가지 현상이 가장 주목을 받는 이슈다.

첫째는 자경농 계층의 형성이다. 전후 초기 대만 농촌의 가장 중요한

1) 黃俊傑：《農復會與臺灣經驗, 1949-1979》(臺北：三民書局, 1991), 頁283-284。

새로운 발전은 자경농 계층의 형성과 소작농의 급격한 감소이다. 이는 토지개혁이 불러온 가장 직접적인 결과 중의 하나이다. 통계 자료로 보면, 1946년 대만성 전체 농가 중에 자경농은 32.70%를 차지했으나, 1952년에는 38%로 상승했고, 1955년에는 59%, 1960년에 다시 64%로 상승한 후 지속적으로 증가하여 1974년에 80%, 1984년에 82%를 거쳐 1989년에는 86%를 점했다. 전후 대만에서 자경농 계층의 발전은 중국 역사상 "부자는 논밭이 한없이 많고, 빈자는 송곳 둘 곳도 없다"는 말로 묘사된 빈부격차의 전통을 철저히 변화시켰다는 측면에서 특별한 역사적 의의를 갖는다. 또한 농업에 대한 그들의 헌신은 직접적으로 공업의 발전에 이로움을 가져왔다.

두 번째는 중산계급의 굴기이다. 이 현상의 발전과 전후 대만의 공업화는 매우 관계가 깊다. 통계 수치를 보면, 대만의 농업인구는 1952년에 52.4%였는데, 1960년에는 49.8%로 매년 하락하여 1989년에는 18.1%에 이르렀다. 전후 대만의 인구구조에서 농업 인구가 점차 줄어듦에 따라, 우리는 대만의 국내 순생산(Net Domestic Product, NDP)에서 농업부문이 차지하는 비율이 갈수록 떨어지고 공업부문의 생산력은 안정적으로 성장함을 발견할 수 있다. 1952년 농업부문과 공업부문의 비교수치는 30.0%대 18.0%였으나, 1964년에는 농공업 두 부문이 각각 절반씩 차지하여 28.3%와 28.9%의 대비를 보였다. 1963년 이래로 공업부문은 농업부문을 능가했고, 1980년에 이르기까지 지속적으로 이어져 농공업 부문의 비율이 각각 9.2%와 44.7%가 되었다. 1987년에는 6.2%대 47.1%, 1989년에는 5.9%대 43.5%가 되었다. 전후 대만이 농업사회에서 공업사회로 철저히 전환한 것은 정치사회구조에 있어서도 큰 변화를 가져왔다. 그리고 이러한 경제구조의 변화가 중산계급의 부상을 가져왔다.

세번째는 지식계급의 성장이다. 경제구조의 전환과 발전에 따라, 대만 교육의 확충 작업은 1968-1969학년도에 "9개년 국민교육"의 시행과 함께 점차 보급되었다. 전 인구 중 6세 이상의 문맹률이 1952년의 42%에서 1989년의 7.1%로 급격히 감소했고, 중등교육을 받은 인구는 1952년의 8.8%에서 1989년의 44.9%로 상승했다. 교육의 대중화는 대만 인구구조 중의 지식 수준을 상당한 정도로 변모시켰고, 중산계급의 형성과 동시에 대만사회의 지식계급을 날로 성장시켰다.

이상의 세 가지 주요한 사회전환 현상은 모두 '농업사회에서 공업사회로의 전환'이 중심축이 되어 전개되었다. 발생의 선후 순에 따라 보면, 이상의 세가지 역사적 현상 중에 자경농 계층의 형성이 가장 이르다. 1960년대 이후 중산계층과 지식계층의 성장은 모두 자경농 계층의 형성과 직간접적으로 연결되어 있다. 따라서 이 글에서 논술할 주제에 본격적으로 들어가기 전에, 먼저 전후 대만이 농업사회에서 공업사회로 발전하는 과정에 대한 기초적으로 조감할 필요가 있겠다.

전후 대만에서 이뤄진 '농업사회에서 공업사회로의 발전'은 기본적으로 정부 정책의 주도 하에 진행된 것이다. 필자는 과거 동료와 함께 대만 농업정책의 발전에 대한 연구서를 집필한 적이 있다. 여기서는 이에 대한 자세한 설명보다는 간단히 결론 부분만 언급하고자 한다. 전후 대만농업의 발전은 경제정책, 특히 농업정책의 견인과 밀접한 관계가 있음을 과거 연구에서 밝힌 바 있다.[2)]

---

2) 전후 대만의 농업정책 발전에 대해서는 다음의 책을 참고하시오: 廖正宏、黃俊傑、蕭新煌：《光復後臺灣農業政策的演變：歷史與社會的分析》(臺北：中央研究院民族學研究所, 1986)。

전후 대만의 농업정책은 1972년을 분수령으로 2단계로 구분할 수 있다. 제1단계는 1945년 대만 광복에서부터 시작하는데, 1949년부터 실시한 삼칠오감조(三七五減租, 역자주: 중화민국 정부가 대만 토지개혁의 첫 단계로 실시한 정책으로 소작농이 지주에게 내는 소작료가 한 해 수확량의 37.5%를 넘어서는 안 된다는 규정), 공지방령(公地放領, 역자주: 토지 분배 및 자경농의 비율을 높이기 위한 정책으로 정부가 조건에 부합하는 농민에게 토지를 불하하도록 한 정책. 해당 농민이 지가에 대해 분할 납부할 수 있도록 하였으며 완납하면 해당 농민의 소유가 됨), 경자유기전(耕者有其田, 역자주: 중화민국 정부가 소작료를 낮추고 자경농의 비율을 높이기 위해 실시한 토지개혁의 일환으로, 지주의 잉여토지를 징수하여 보상한 후 소작농이 임대하여 농사를 지을 수 있게 한 정책) 등 일련의 토지개혁 정책으로 1972년까지의 정책이다. 제 2단계는 1972년 9월부터 시작하여 국민 정부가 공포한 '농촌건설을 가속화하는 9대 조치(加速農村建設九大措施)'로부터 현재까지의 정책이다. 농업정책의 견인 하에 전후 대만은 중국인 역사상 처음으로 농업사회에서 공상사회로 전환하였고, 많은 이들이 말하는 '경제기적'을 일궈냈다. 그러나 이러한 사회 경제구조의 근본적 변화는 30년의 짧은 시간 동안 완성되었기 때문에, 이러한 변화가 동반한 사회문화적 문제 또한 특별히 경각심을 갖게 한다.

전후 제1단계의 농업정책은 일련의 토지개혁정책을 중심으로 전개되었는데, 먼저 1949년에 실시된 '삼칠오감조(三七五減租)' 정책이다. 이어서 1952년 실시된 '공지방령(公地放領)' 정책이다. 다시 1953년에는 '경자유기전(耕者有其田)' 정책을 실시했다. 이 일련의 토지개혁은 대만 농촌사회에 엄청난 영향을 미쳤는데, 과거의 소작(租佃)제도를 개혁하고 자경농을 육성하였으며, 토지를 상공업 분야로 투자하게 만들었으며, 이와 더불어 간접적으로 농업생산량을 증가시켜 공업 발전을 위한 좋은 토대를 만들었다.

1953년부터 대만 농업정책은 "농업으로 공업을 양성하고, 공업으로 농업을 발전시킨다"(以農業培養工業, 以工業發展農業)는 것을 최고의 지도 원칙으로 삼았다. 이 지도원칙 하에 1953년부터 1972년까지 근 20년간 대만 농업정책은 '발전의 압박(Developmental Squeeze)'이라는 특징을 보였다고 할 수 있다. 바꿔 말하면, 정책적 조치를 통해 대만의 농업생산량을 높이도록 만들었고, 인력 및 물력의 '잉여(Surplus)'를 만들어내어 그 '잉여'를 비농업부문에 옮긴 것이다. 1895년부터 1960년까지 줄곧 대만 농업부문에서 대량의 자본이 비농업부문으로 유입되어 1960년대 중기 이후의 급속한 공업발전을 촉진시켰다.

전후 대만에서 '농업에서 공업으로'의 이러한 전환의 기본방향은 도시화의 급속한 발전, 인구의 성장과 이동, 사회계층간의 활발한 유동성, 교육의 확장 및 여성의 부상 등 아주 다양한 영역에서 두드러진 사회적 현상을 일으켰다. 사실 이러한 현상들은 현재 인문사회과학 분야에서의 중요한 연구주제이기도 하다. 아래에서는 이러한 사회 전환 현상을 중심으로 현재의 연구성과를 종합하여 비교적 전면적인 관찰을 진행하고자 한다.

2) 도시화

우리가 관찰해 볼만한 첫 번째 전환현상은 도시화의 진전이다.[3)] 장잉

3) 章英華：〈淸末以來臺灣都市體系之變遷〉, 收入瞿海源、章英華編：《臺灣社會與文化變

화(章英華)의 연구에서 제기하고 있는 것처럼, 청대의 대만은 중국이 새로 개발하는 변방지역으로 도시발전의 역사가 매우 짧고 큰 도시가 출현한 적도 없었으나 그 도시화 수준은 중국의 여타 성이나 지역보다 높았다. 그 특징은 일만 명 정도의 소도시 발전이 보편적이었음을 보여준다. 대만지역의 개발 초기에는 도서 외부의 지역들과 빈번한 무역왕래가 있었다. 그러나 이러한 왕래는 특정한 하나의 항구를 통한 것이 아니었고, 본섬과 양안 각지의 하천과 바다의 항구에서 이뤄졌다. 동시에, 대만지역의 정치문화 중심이 청말에 이르러서야 세워지기 시작했기 때문에 대도시가 형성되기 쉽지 않았고, 소도시가 각 지역에 분산되어 있었다.

1895년 일본이 대만을 점령한 이후, 타이베이(臺北) 지역의 도시화가 우위를 점하며 점차 형성되었고 다른 지역들은 타이난(臺南) 지역의 수준에 근접해 갔다. 서쪽 연안은 신주(新竹) 지역이 가장 낙후되었고, 화롄-타이동(花東)지역은 소수의 몇몇 도시만 자리를 잡았다. 타이베이시는 일제 중기부터 제1의 대도시로서의 우세한 지위를 확고히 하기 시작했으나, 지방의 대도시 사이에는 계속해서 지위가 조정되었다. 일제 말기에는 지방 도시의 지위가 공고해졌다. 그 외에, 일부 소형 도시들은 계속해서 발전했으나 5천명에서 1만명까지 성장했을 때 다시 정체되면서 청 말기의 항구도시들이 일제시기에도 여전히 지방 대도시 다음가는 지위를 유지했다. 지역별 도시화의 차이는, 주로 해당 지역 대도시 성장의 영향을 받았다.

1949년 이후, 타이베이시는 그 중심적 지위가 더욱 높아졌다. 광복 초기 도시의 거주민은 외성인 위주였으나, 1960년대 이후 도시 이주 열기

遷》(上冊)(臺北：中央研究院民族學研究所, 1986), 尤其是頁268-270。

가 생기면서 외성인의 도시 비중을 낮췄다. 외성인이 차지하는 대도시 인구에서의 비율도 낮아졌다. 공업발전은 도시화 정도를 대폭 상승시켰고, 도회지의 형성을 가져왔다. 도회지 위성 도시의 발달이 도시 순위에 영향을 주기는 했지만, 각 지역에서 가장 큰 도시는 여전히 그 지역의 핵심도시였고, 도시화 정도에 따라 핵심도시와 위성도시의 발전이 좌우되었다. 일제시대 지방 대도시의 기초 하에, 대만은 지방 중소 도시 발전에 좋은 기초를 갖게 되었고, 지역 내 위성도시의 성장은 중소 도시의 발전에 도움을 주었다. 도시 성장률에서 보면, 지역 핵심도시가 다시 정체되면서 중소 도시와 소형도시가 빠르게 발전하게 된다. 이러한 발전이 북중남(北中南) 3개 지역의 도시화 지대를 만들었는데 중남부 도시화 지대 중에는 윈린-자이(雲嘉) 지역과 자이-타이난(嘉南)지역과 같은 빈틈도 생겼다. 이 지역은 1차 산업 인구 비율이 가장 높고 소득 수준도 가장 낮은 것으로 나타났다.

도시화의 발전추세와 가장 밀접한 관련이 있는 것은 인구의 이동이다. 랴오정홍(廖正宏, 1940-1994)의 연구 따르면, 1905년부터 1985년까지 대만의 총 인구는 576.7% 증가했으나, 동 시기에 도시 인구는 2640.2% 증가했다. 후자가 뚜렷하게 전자를 앞서고 있음을 지적했다.[4)] 류추이룽(劉翠溶, 1941-)의 연구에서는 한 발 더 나아가, 좀 더 엄격하게 인구격차를 분류해 보면 일제시기 이래로 대만지역의 도시화 정도는 갈수록 높아졌다. 인구 5만명 이상의 도시를 기준으로 도시인구 비율이 1922년의 8%

4) Cheng-hung Liao, "Urbanization in Taiwan: 1900- 1985," in Hsin-huang Michael Hsiao et. al., ed., *Taiwan: A Newly Industrialized State* (Department of Sociology, National Taiwan University, 1989), pp. 393- 421.

에서 1989년의 64%로 증가했음을 지적했다. 만일 인구가 5만 명 이상이고 농업인구 비중이 40%보다 작은 향(鄉)을 신흥도시의 소재지로 봤을 때, 1989년 대만지역의 도시화 정도는 10% 더 올릴 수 있다는 것이다. 대체적으로, 1961년 이전의 도시발전은 인구 10만명 이하의 지역을 위주로 했지만, 1970년 이후에는 인구 10만명 이상의 지역을 위주로 하고 있음이 뚜렷하게 나타났다. 1989년에는 대만 인구의 절반 이상 거주민이 인구 10만 이상의 23개 도시에 집중되었다. 인구 50만명 이상의 도시는, 1950년에 처음 출현하기 시작하여, 40년 동안 5개밖에 없지만, 그 중 2개 도시가 인구 백만 이상에 달했고, 이 5개 도시인구의 합계가 대만 지역 총 인구의 30%를 차지하여, 인구가 도시에 집중되는 현상이 매우 뚜렷하게 나타났다.[5)]

전후 대만 도시화의 추세 가운데 타이베이시의 으뜸적 지위는 일제시대 이래로 점차 형성된 것이다. 그렇다면 타이베이 대도시권(역자주: metropolitan area)은 과연 언제 형성되었을까? 천사오신(陳紹馨, 1906-1966)은 1949년 이후 타이베이시가 정치 및 경제 활동의 중심이 되었고, 정치 및 경제 요인의 자극뿐만 아니라 교통과 통신의 발달이 더해져 타이베이시와 그 위성도시 및 교외지역을 일체화시켰고, 이에 따라 타이베이 대도시권이 형성되었음을 제기했다. 천사오신은 인구증가율의 관점에서 타이베이 지역을 3개 지대로 나눴다.

---

5) 劉翠溶：〈80年來臺灣的都市發展〉, 收入：《中華民國建國八十年學術研討會論文集》第4冊社會經濟史組, (臺北：近代中國出版社, 1991), 頁528-572。關於臺灣的都市化, 亦可參考陳正祥在1962年所撰的論文：陳正祥："The Urban Growth in Taiwan,"《自由中國之工業》, 第18卷第6期(1962年12月), 頁2-9。

(1) 중심(中心) 지대: 타이베이(臺北) 시

(2) 부곽(附廓) 지대: 타이베이(臺北) 시를 둘러싸고 있는 11개 향진(鄉鎮)

(3) 외위(外圍) 지대: 부곽(附廓) 지대 바깥의 25개 단위

1950년부터 1960년까지 이 3개 지대의 인구증가율을 보면 외위 지대는 40%이고, 부곽 지대는 116%에 달하여 그 증가율이 중심 지대(78.5%)를 훨씬 초과했는데, 이를 통해 당시 타이베이 대도시권의 형성 양상을 설명할 수 있다.[6]

도시화의 발전 과정에는 필연적으로 1) 도농간 인구 이동, 2) 농촌 근로자의 증감 등 두 가지 문제가 연결되어 있다. 랴오정훙(廖正宏)의 연구에 따르면, 광복 이후 대만 농가의 절대수치는 초기 증가 후에 감소했고, 상대 수치는 체감한 것으로 나왔다. 전업 농가는 감소했고 겸업 농가는 증가했다. 이러한 발전추세는 경제환경의 변동 및 지역의 취업기회와 밀접한 관계가 있다. 대만은 토지개혁 이후부터 10여년간 농업의 이윤이 비농업의 이윤보다 나쁘지 않았고, 농업의 취업기회도 좋아서 헥타르 당 농업 취업인구가 1953년부터 해마다 증가하여 1964년에 최고조에 달했다.

1964년 이후 '농업으로 공업을 양성하는(農業培養工業) 정책'에 의해 농업부문의 자금이 비농업부문으로 순조롭게 이전되어 비농업 분야 취업기회에서의 빠른 성장을 이끌었고, 이로 인해 농촌인구는 끊임없이 증가했지만, 매 헥타르 경지면적 당 농업 취업인구는 1964년 이래 줄곧 하

---

6) 陳紹馨：〈最近十年間臺灣之都市化趨勢與臺北都會區域的形成〉, 收入氏著：《臺灣的人口變遷與社會變遷》(臺北：聯經出版事業公司, 1979), 頁537-570。

락했다. 그 중에서 1973년에서 1974년까지의 에너지 위기가 경제 불황을 만들어 대량의 노동력이 농촌으로 회귀함에 따라 1974년과 1975년의 토지 대비 인구의 비율이 잠시 상승했던 것 외에는, 경제가 부활함에 따라 토지 대비 인구의 비율은 다시 신속하게 하강했다.

그 외에, 노동력의 순유출률에서도 인구이동이 경제적 기회의 영향을 받는 정도가 반영된다. 1965년에는 비농업 생산액이 농업 생산액을 초과하기 시작했고, 향촌인구가 대량으로 유출되기 시작했으며, 그 후 안정적인 유출상태를 유지했으나, 경기가 좋을 때는 유출률이 특히 높았고(1973년, 1979년, 1980년), 경기가 좋지 않을 때는 유출률이 감소했는데(1975년과 1981년), 심지어는 회귀 현상도 있었다(1974년).

랴오정훙(廖正宏)은 현단계에서 대만 농업인구가 차지하는 비율이 여전히 높아서, 농업 노동력이 계속 밖으로 빠져나가는 것은 농업의 발전에 별다른 영향을 미치지 않을 뿐만 아니라, 오히려 농장 경영규모를 확대하는데 도움이 되어 부문별 농업 노동생산력을 높이게 되고, 생산유인을 높여 미래의 농업발전에 도움이 된다고 주장했다. 그러므로 단순히 수치적 관점에서 보면, 농업 노동력의 유출은 농업발전에 유리하다. 그러나, 농업 노동력의 연령이 높고 교육수준이 낮은 것은 농업발전에 유리하지 않다는 것은 분명하다.[7]

전후 대만 농업 근로자의 추이 가운데, 농촌의 소형 공업의 부상은 특수한 현상이다. 후타이리(胡臺麗, 1950-)는 타이중(臺中) 시의 교원(郊原) 지역을 농업을 위주로 한 촌락이 중소형 공장으로 발전한 예로 들면서,

7) 廖正宏：〈臺灣農業人力資源之變遷〉, 收入瞿海源、章英華編：《臺灣社會與文化變遷》(上冊), 184-185。

농촌 지역 소형 공업의 특징과 경제문화의 기초에 대해 설명했다. 농업 이윤의 하락, 비농업 분야의 취업 기회와 보수의 증가, 그리고 농업기계화 보급 등의 요소는 농민들로 하여금 전업하도록 만들었고, 축적한 자본을 소형 공업에 투자하도록 했다. 다른 한편으로, 대만의 수출주도형 공업이 왕성하게 발전함으로써 많은 국내 자본가들이 세운 공장이 급격히 확대되었다. 그러나 토지, 자본, 노동력 공급의 제한을 받으면서 이들이 기꺼이 소형 협력공장에 작업을 외주로 주게 되었고 결론적으로는 총생산량을 증가시켰다.

또한 소형공장의 수가 증가하고 경쟁이 치열해짐에 따라 모공장(母工廠)은 급여를 낮출 수 있게 되었고, 소형공장들이 설비를 새로 바꾸어 품질을 높일 수 있도록 만들 수 있었다. 경제 불황을 맞았을 때에도 기계를 방치하여 기능이 저하되는 문제나 노동력 해고에 따른 보상의 문제를 걱정할 필요가 없다. 이것이 모두 농촌 지역의 소형공장이 생기게 된 경제적 요인이다. 소형공장이 생긴 것에는 문화적 요소도 있었다. 유력한 종족(宗族)의 지배가 없었기 때문에 농촌 지역의 소형공장은 자유, 분산, 독립의 형태로 출현했다. 물론 그들이 어려움에 처할 때 종족들의 지지력도 없다. 촌민들은 자본주의가 최대의 이윤을 추구하는 것이라는 마음 자세를 품고 있었다. 돈만 벌 수 있다면 잠자는 시간이나 농사일도 포기할 수 있었다. 깨끗하고 안정된 생활환경이 파괴되고, 심지어 전통 신앙과 금기를 바꾸면서까지 목적을 달성하고자 했다.

그 외에, 부모들은 자식들이 계속해서 곁에 남아 효도를 하길 원했고 경제적인 면에서나 정신적인 면에서 지원을 받길 원했다. 자식들도 소형공장의 설립에 따라 고향집으로 돌아와 거주하게 됐다. 이는 이전 세대와 자식 세대가 함께 거주하면서 서로 보살펴 주는 대가족의 이상과도 부합되는 것이었다.[8] 이러한 문화적 요소도 대만 농촌 지역의 소형공업 발전에 유리하게 작용했다. 대만 농촌 지역 소형공업의 발전으로부터 우리는 대만 경험의 특수성을 실증할 수 있다. 대만의 공업이 갖는 특수한 활력과 유연성 말이다.

3) 교육의 발전과 사회계층의 변동

전후 대만에서 두 번째 주목할만한 사회 변화는 교육의 발전과 사회계층의 변동이다. 전후 대만의 교육은 수량적인 면에서 급격히 확대되었는데, 사회계층 변동의 중요한 요인 중 하나가 되었다. 통계 숫자로 보면, 대만 전체 문맹률이 1952년의 42.1%에서 1989년의 7.1%로 저하됐다. 대만의 총인구 가운데 중등교육을 받은 비율 역시 1952년의 8.8%에서 1989년의 44.9%로 상승했다.[9] 1968-1969학년도부터 9년 간의 국민의무교육이 실시되면서 교육의 보급은 더욱 가속화되었다.

또한, 학교의 수가 증가하고 교육의 보급화가 가속화되었다. 1950-1951학년도에 전체 대만 지역의 각급 학교 총수는 1,504개였는데, 평균 1,000 평방 킬로미터에 단지 41.8개의 학교가 있었으나, 1988-1989학년도에 이르렀을 때는 전 지역의 학교 총수가 6,940개로 증가했다. 평균 매 평방 킬로미터마다 186. 30개의 학교가 생긴 것이다.[10]

---

8) 胡臺麗：〈臺灣農村小型工業發展的特質及其經濟文化基礎〉, 收入瞿海源、章英華編：《臺灣社會與文化變遷》(上冊), 頁227-228。

9) Council for Economic Planning and Development, R. O. C., *Taiwan Statisitical Data Book* (1990), Table 2-46, p.7.

10) 《中華民國教育統計》(臺北：教育部, 1990), 頁Ⅷ。

전후 대만의 교육은 양적인 측면에서 아주 신속하게 확충되었지만, 질적인 측면에서는 많은 결함을 갖고 있었다. 장춘싱(張春興)은 1950년 이후의 교육발전을 회고하면서, 전후 대만의 교육이 국민교육 방면에서는 양적 발전으로 인해 이미 교육 대중화의 이상을 충분히 실현했다고 평가했다. 그러나 9년 국민의무교육을 실시한 이래, 행정적으로는 국민학교와 중학교의 9년이라는 일관된 정신이 실현되지 못했고, 교학 과정상으로는 덕(德), 지(智), 체(體), 군(群), 미(美)의 다섯 가지 가치를 양성하는 교육적 이상을 달성하지 못했다고 지적한다. 고등학교 교육에 있어서는 고등학교, 고등직업 학교, 5년제 전문학교라는 세가지 진로로의 설계가 진학주의를 없앨 수 있다는 구상에 있어서 큰 효과를 거두지 못했다. 심지어 '명문 고등학교'의 존재로 인해 총체적인 고등학교 교육의 발전에 균형을 잃게 만드는 나쁜 영향을 미쳤다.

그 외에, 사립 학교가 여건이 되지 않는 상황에서 과중한 고등 직업교육의 책임을 맡기는 정책은 개선을 검토할 만하다. 대학과 대학원의 교육은 가장 발전이 빠르지만, 높은 수준의 학술연구를 위한 전문인재 양성의 목표에는 아직 이르지 못하고 있다. 대학 교육은 아직 세계적 수준까지 올리지 못한 것이다. 물질적 조건의 한계 외에, 현행의 학생 모집 방식, 교수진의 소질, 연구 풍토 및 정책적으로 평균주의(齊頭主義)를 추구함으로써, 돌출하는 행위나 학술적 독립을 쟁취하는 행위를 장려하지 않는데, 이 모두가 대학교육의 발전을 가로막는 요소이다.[11]

대만 교육의 내용은 문제가 많지만, 교육의 확장 자체가 중요한 사회

---

11) 張春興：〈民國39年以來學校教育的發展與檢討〉, 收入中國論壇編輯委員會主編：《臺灣地區社會變遷與文化發展》(臺北：聯經出版事業公司, 1985), 頁387-429。

변천의 현상이며, 사회계층의 변동을 가속화했다. 본문의 제1절에서 말했듯이, 전후 대만 사회계층의 변동에 있어서 가장 중요한 현상 가운데 하나가 바로 중산계급의 성장이다. 중산계급은 전후 대만사회의 발전에 있어서 많은 역사적 배경들과 연계되어 있다. 사오신황(蕭新煌, 1948-)의 연구에 따르면, 일제 식민통치기 비농업 분야의 중산계급은 발전의 공간이 거의 없었다. 그러나 광복 초기, 특히 2.28사건 기간 동안 도시 중산계급 인사들의 피해가 가장 컸다. 1950년대에 이르러서야, 토지개혁 이후 공업화가 점점 발전하면서 과거의 대지주에서 전환된 중산계급이 점차 형성되었다.

그러나, 주목할 만한 가치가 있는 것은, 전후 대만은 일반적으로 말하는 '계급사회(class society)'가 아니었고, 일종의 '계급 분화의 사회'(class-devided society)였다는 점이다. 대만의 많은 '중산계급'은 실제로는 '다계급 가정'에서 살고 있었다.[12] 그런면에서 사오신황의 의견은 매우 참고할 만한 가치가 있다. 대만의 중산계급의 특수한 성격으로부터 우리는 부분적으로 전후 '대만의 경험(臺灣經驗)'이 독특하게 지니고 있는 '역동성'(dynamism)을 볼 수 있는 것이다. 이러한 '역동성'은 전후 대만의 중산계급에 대한 정의에 있어서 모종의 모호성을 갖게 만든다.

중산계급의 성장을 촉진시킨 여러 요소 가운데 교육의 발전이 가장 결정적인 요소이다. 왜냐하면, 교육은 두세대 간의 전승을 결정하는 중요한 요소이고, 동일세대 내(intra-generational)에서 유동할 수 있는 시작점이다.

---

12) Hsin-huang M. Hsiao, "The Middle Classes in Taiwan: Origins, Formation and Significance," in H. H. Hsiao et. al. eds., *Taiwan: A Newly Industrialized State* (Department of Sociology, National Taiwan University, 1989) pp. 151- 165.

교육수준은 급여소득과 직업선택 및 각종 사회경제정치 자원의 분배와 모두 밀접한 관계가 있다. 전후 대만의 교육구조와 교육기회 균등의 문제에 대한 연구문헌은, 전후 대만에서 젊은 사람일수록 고등교육을 받는 기회를 더 많이 가졌고, 젊은 사람일수록 그 교육성취가 아버지의 영향을 덜 받았음을 보여준다. 사회적인 면에서 보면, 이러한 양상은 부자지간의 교육 세습이 여전히 중요한 영향을 미치고 있다 하더라도, 대만의 교육기회가 점차 균등한 방향으로 가고 있음을 상징하고 있는 것이다.[13)]

전후의 대만사회에서 교육은 사회계층의 변화에 영향을 미쳤을 뿐만 아니라, 인민의 각종 태도와 행위의 변화에도 영향을 미쳤다. 예를 들면, 가정에 대한 태도, 아동에 대한 양육방식, 정치 참여의 방식, 개인의 현대화 수준, 개인의 종교관 등이 모두 교육의 영향을 받았다.[14)]

빠른 교육의 발전과 보급화, 그리고 수출 주도의 중소기업 성장 등 관련 요소들의 격동으로 말미암아, 전후 대만의세대 간의 사회 유동은 매우 활발했다. 쉬지아요우(許嘉猷, 1948-)는 이 문제에 대한 연구에서, 주계처(主計處)의 1986년 《대만지역 가정의 수입지출과 개인 소득분배 조사(臺灣地區家庭收支暨個人所得分配調查)》 내 두 세대의 직업자료를 이용하여 유동표의 분석을 통해 대만의 세대간 사회 유동의 기본 양상을 탐색했다. 그는 대만의 세대간 사회 유동비율이 3분의 2 안팎으로 상당히 높아서 지위 세습 양상이 총체적으로 그리 심각하지 않음을 보여줬다. 대만사

---

13) 王德睦等：〈教育結構與教育機會均等〉, 收入瞿海源、章英華編：《臺灣社會與文化變遷》(上冊), 頁353- 377。

14) Hei-yuan Chiu, "Education and Social Change in Taiwan," in H. H. Hsiao et.al. eds., *Taiwan: A Newly Industrialized State* (Departmen of Sociology, National Taiwan University, 1989), pp. 187-205.

회는 비교적 개방사회에 근접하고 폐쇄된 사회가 아니다. 그러나, 대만의 직업 대물림이나 지위세습의 양상은 직업마다 서로 달랐다. 구체적으로 말해서, 행정 및 주관 인원, 서비스업자 및 농임어업과 수렵업자의 직업 대물림의 경향이 비교적 높았고, 노동자의 유동 기회 역시 다른 직업에 비해 낮았다. 따라서 대만사회의 개방 수준은 비교적 제한이 있는 개방에 가깝고, 완전한 개방은 아닌 것이다.

그 다음으로, 대만의 상향유동(upward mobility)의 비율은 하향 유동률의 2.8배 안팎으로, 이러한 현상을 만든 주요 원인은 농민의 대량 유출 및 농민이 객관적 직업 지위의 말단에 처해 있었기 때문이다. 전술한 두 가지 양상의 주요 원인은 직업구조 전환이 야기한 구조적 유동 때문이다. 그리고 가장 주요한 직업구조 전환이 곧 농업인구의 감소 및 그에 따른 공장 노동자 인구의 증가였다. 이 두 가지 직업의 전환이 야기한 유동이 구조적 유동률의 84%를 차지했고, 총 유동률의 50%를 차지했다.

이 외에, 순환유동과 비교했을 때, 대만의 구조적 유동률은 순환 유동률보다 높다. 직업 대물림의 경향에 있어서, 농림어목축업과 수렵업자의 대물림이 가장 높고, 그 다음으로 행정 및 주관 인원이며, 가장 낮은 것은 감독 및 보조 인원이다. 계급 울타리의 측면 볼 때, 좀처럼 넘어서기가 쉽지 않다. 직업의 보충과 공급으로 보면, 각 종류의 직업의 자체 공급 경향은 모두에서 보면 농민과 노동자 사이에는 울타리가 존재하지 않는다. 그러나 화이트칼라 계급과 농민 사이에는 울타리가 존재했고 넘어서기가 쉽지 않다. 직업의 보충과 공급의 측면에서 보면, 각각의 직업들은 자체 공급의 경향이 있고 다른 직업에 공급하는 경향보다 높았다.[15] 이상으로,

15) 許嘉猷：〈臺灣代間社會流動初探：流動表的分析〉, 收入伊慶春等編：《臺灣社會現象的

이러한 활발한 세대간 사회유동 현상은 전후 대만사회가 갖고 있는 특수한 '역동성'의 특징을 다시 한 번 입증한다.

4) 여성의 새로운 발전

전후 대만의 사회전환 중에서 또 하나의 주목할만한 현상은 여성의 새로운 발전인데, 이것 역시 최근 각종 연구문헌에서 집중적으로 논의하고 있는 주제 중 하나이다. 우리는 이 절의 시작부분에서, 전후 대만사회 전환의 기본방향이 농업사회에서 공업사회로의 전환이라고 지적했다. 이러한 전환의 과정 중에서 여성은 도대체 어떤 역할을 했을까?

차이수링(蔡淑玲)의 연구는 바로 이 문제를 다루고 있는데, 사회계층학의 관점에서 출발하여 직업 지위의 구조를 분석하고, 이와 더불어 대만지역을 실증연구의 대상으로 삼아, 1951년부터 1983년까지의 33년간의 전환을 논의하고 있다. 차이의 연구는 대만지역 노동시장에서의 성별 비율은 드라마틱한 변화가 없음을 발견했는데, 남성 취업인구 수가 줄곧 여성 취업인구 수보다 두 배 많았다. 그러나, 1968년부터는 여성 취업자가 점차 증가하는 추세를 보였고, 1974년 이후에 이런 추세는 완화되는 현상을 보였다.[16] 대만 여성의 노동시장에의 투입은 확실히 대만 경제발전에 탁월한 공헌을 했으나, 일반 경제학자들은 여성의 공업화 속 역할을 대부분 소홀히 하는 편이다.[17]

分析》(臺北：中研院三民主義研究所, 1989), 頁517-549。

16) 蔡淑玲：〈職業地位結構--臺灣地區的變遷研究〉, 收入瞿海源、章英華編,《臺灣社會與文化變遷》(上冊), 頁299-351。

17) Richard E. Barrett, "The Changing Status of Women in Taiwan," in H. H. Hsiao et. al.

여성은 대만의 공업화 과정에서 노동시장에의 참여에서는 중요한 역할을 했지만, 남성과 비교하면 기본적으로 대부분 노동시장에서 차등적 지위에 처했다. 대부분의 여성은 여전히 생산관계의 말단에 처했고, 생산도구는 여전히 남성이 지배하는 상황이었다. 이것은 남녀평등으로 가는 최대의 걸림돌이 되었다.[18)]

대만사회에서 여성은 상대적 열세의 경쟁 상황 아래 처해 있었고, 이러한 양상은 일반 노동시장에서만 그랬을 뿐만 아니라 지식계층에서도 그러했다. 양이롱(羊憶蓉)은 여성 지식인이 성장하는 과정에서 직면하는 여러 문제들을 분석했다. 현대 대만 여성들은 여전히 전통적 성격들을 많이 유지하고 있다. 그 중 두드러진 것은 1) 연약함을 높게 여기고, 비판성이 결여되어 있는 것이다. 현대 여성의 사회유동은 여전히 남편의 사회적 지위에 의해 결정되며, '처는 부를 귀하게 여기는(妻以夫為貴)' 의존적이고 약한 심리적 상태를 이어가고 있다. 2) 전통가치를 보호하고 조화로운 인간관계를 강조한다. 여성의 전통 가치에 대한 경향은 사회화 과정 및 여성과 가정의 친밀한 관계와 연관이 있다. 소위 '현대화된 인격 특질'이라는 것은, 남성적 가치 시스템이 현대 업무환경을 지배하는 것을 반영한 것이다. 3) 역할 충돌과 타협적 성격이다. 여성의 모처 역할의 고정으로 인해 평생 동안 끊임없이 다른 역할들과 충돌하여, 선택을 내리는데 타협하지 않을 수 없게 된다. 혹은 새로운 개성을 만들어 내서 현대사회 속의 직업 역할의 요구에 적응함으로써 자신의 인격 형성에 모순을 불러오게

---

eds., *Taiwan: A Newly Industrialized State*, pp.463- 492.

18) Bih-er Chou, "Industrialization and Change in Women's Status: A Reevaluation of Some Data from Taiwan," in H. H. Hsiao et. al. eds., *Taiwan: A Newly Industrialized State*, pp. 424-461.

된다.[19)]

여성이 사회에 대하여 발휘하는 영향력이 받는 한계는 전통적 성격의 요인에서 왔을 뿐만 아니라, 여성 운용권의 장애에서도 온다. 리메이즈(李美枝, 1943-)는 대만 여성 엘리트의 권력 형태를 다음과 같이 분석했다. 1) 보상 강제 권력, 2) 참조 권력, 3) 전문가 권력, 4) 정보 권력, 5) 법정 권력 등의 5가지 형태이다. 대만의 사회상황으로 볼 때, 리메이즈는 전문가 권력을 쟁취하는 것이 여성이 사회적 영향력을 발휘하는 가장 가능한 길이지만, 여전히 성별 상의 차별이 크게 존재한다.

전체적으로 볼 때, 여성은 권세를 도피하는 경향을 보였다. 천부적인 재능을 가진 여성이 사회에 영향을 미칠 잠재력이 있음에도 불구하고 충분히 발휘할 수 없는 것은, 사회가 여성에게 부여하는 요소도 있고, 여성 스스로 제한하는 요소도 있다. 전체적인 한계는 모두 성별 역할에 대한 고정관념에서 근원한다. 성별의식이 일어날 때, 일반인은 자주 성별 역할에 대한 고정관념을 자아의 행위 및 타인을 평가하는 인지의 참고 구조로 삼는다. 행위 표현이 이 참고 구조에 부합하지 않을 때, 부정적인 평가나 한 발 더 나아간 행동 규제를 끌어온다. 이러한 요소들이 여성이 대만 사회의 권력 계단에서 위로 오르는 것을 제한하는 것이다.[20)]

이 절의 토론 중에서, 우리는 주요 연구문헌을 종합하여 전후 대만사회 전환의 기본 방향이 농업에서 공업사회로의 변화에 있음을 지적했다. 이 구조적 변화 속에서 도시화의 빠른 발전, 사회 계층의 빠른 변동, 유동

---

19) 羊憶蓉 :〈女性知識分子成長歷程中的衝突〉, 收入中國論壇編委會編 :《女性知識分子與臺灣發展》(臺北 : 聯經出版事業公司, 1989), 頁43-89。
20) 李美枝 ;〈從社會權力的型態看臺灣女性菁英分子的社會影響力〉, 收入中國論壇編委會編 :《女性知識分子與臺灣發展》, 頁141-175。

성의 급격한 증가, 중산계급의 굴기, 여성의 약진 등이 모두 주목을 끄는 사회현상이다.

제3절 문화적 변천: 가치 지향과 민간 문화의 전환

전후 대만이 경험한 문화적 전환은 중화문화 역사상 가장 놀랄만한 역사경험이다. 본 글의 제2절 시작 부분에서 언급했듯이, 전후 대만의 사회경제적 전환의 기본방향은 농업사회에서 공업사회로의 전환이다. 이 기본 전환 방향의 견인 하에, 전후 대만의 문화적 변천은 다방면에서 이루어졌고 그 영향도 광범위했다. 비교적 효과적으로 전후 대만문화 전환의 추세를 파악하기 위해 아래 3개의 구조를 운용하여 전환의 내용을 귀납해 보고자 한다.[21)]

(1) 전통성과 현대성의 충돌과 융합
(2) 본토화와 국제화의 긴장과 융합
(3) 중국문화와 서양문화의 격동

이상의 세가지 측면에서의 문화적 변천은 아래의 세 가지 문제와 연결된다.

---

21) 另參考：Stevan Harrell and Chun-chieh Huang, "Introduction: Change and Contention in Taiwan's Cultural Scene," in Stevan Harrell and Chun-chieh Huang eds., Cultural Change in Postwar Taiwan (Boulder, Co.: Westview Press, 1994).

(1) 어떻게 '현대화'를 대만사회에 실현시킬 것인가?

(2) 어떻게 자아문화의 진정한 품격을 만들 것인가?

(3) 어떻게 자아 문화의 정체성을 추구할 것인가?

거시적으로 보면 우리는 전후 대만문화 전환의 함의가 다음과 같은 문제에 연결되어 있음을 알 수 있다. 첫째, 어떻게 문화발전을 실현시킬 것인가, 둘째, 어떻게 자아문화의 진정한 품격을 만들 것인가, 셋째, 문화발전 속에서 '대만 주체성'의 각성 등이 그것이다. 그리고, 이 세가지 문제는 실제적인 문화전환의 과정 속에서 종종 교호작용을 일으키고 상호 격동하여 분명하게 선을 긋기가 어렵다. 우리가 여기에서 세 가지 구조를 구분하고 세 가지 주요 문제들을 뽑아낸 것은 기본적으로 분석의 편리함을 위한 것일 뿐임을 먼저 말해 두고자 한다. 이 절의 토론에서 우리는 먼저 두 가지 문화 변천의 문제를 토론하고, 세 번째 문제인 중서문화의 격동에 대해서는 다음 절에서 논하고자 한다.

1) 전통성과 현대성의 충돌과 융합

역사적 시각에서 보면, 대만은 세계경제와 문화교류의 중심으로서 일찍이 16세기부터 근대 역사상 서구 각국이 쟁취하고자 하는 기지가 되어[22] 서양 문화와의 접촉이 일찍부터 시작되었다. 네덜란드 점령 시기에 대만은 이미 네덜란드인이 중국의 상품을 바타비아(현 자카르타), 일본, 네덜

22) 曹永和：〈荷蘭與西班牙佔據時期的臺灣〉, 收入氏著：《臺灣早期歷史研究》(臺北：聯經出版公司, 1979), 頁25-44。

란드 및 동인도 각지의 상관(商館)으로 운송하는 무역의 중심이 되었다.[23] 명정(明鄭) 시대 정씨(鄭氏) 부자가 흥기하게 된 주요 근거 역량도 당시 외양 통상무역이었다. 전후의 경제발전은 동아시아 발전의 본보기로 여겨졌다.[24] 그래서, 대만에서 전통문화와 현대문화의 충돌과 융합은 특히 극렬했고 4백여년 동안 대만문화사의 주제 중 하나가 되었다. 전통과 현대의 충돌과 융합은 대만 사회 군중의 가치지향의 전환에 주로 나타난다. 여기서는 (1) 농민계층의 가치관 변화, (2) 대학생의 가치관 변화, (3) 기타 사회집단의 가치관 변화의 순으로 논의해 보고자 한다.

(1) 농민계층의 가치관 변화

농민은 전통 중국사회에서 그 인구 수가 가장 많은 집단이며 가장 주요한 생산력의 자원이기도 하다. 농업 생활방식의 제약으로 인해, 농민의 성격 및 그 가치관은 일반적으로 보수적이었다. 대만의 농민도 부분적으로 전통 중국농민의 특징도 가지고 있었다. 그러나, 전후 농업사회에서 공업사회로 거대한 전환을 하는 과정에서 대만 농민 집단의 가치관은 필연적으로 중대한 변화에 직면해야 했다. 도대체 전후 대만 농민의 가치지향은 어떠한 변화를 경험한 것일까? 현 단계에서 대만 농민의 사회 정치의식은 어떠한가? 이 모든 것이 우리가 대만문화의 전환을 논의할 때 특별히 주의해야 할 문제들이다.

농민의 가치지향의 변천에 대해 구체적으로 탐구하기 위해, 필자는 작

---

23) 曹永和：〈荷蘭時期臺灣開發史略〉, 收入氏著：《臺灣早期歷史研究》, 頁 45- 67, 尤其是頁66。

24) Peter Berger et al., *In Search of An East Asian Development Model*(New Brunswick. N.J.: Transaction, Publishers, 1988).

고한 랴오정훙(廖正宏) 교수와 협력 연구를 하며 관련 전문서적을 쓴 적이 있다. 우리의 연구자료에 근거하여 지금 대만 농민의 기본적인 정신 면모를 이렇게 묘사할 수 있다. 대만 농민의 기본적 가치지향은 전후의 사회경제구조의 전환에 따라 대폭 조정되었다. 인간과 자연의 관계에 대한 견해에 있어서 대만 농민의 사상은 꽤 큰 변화가 있었다. 인간과 자연의 조화와 상생 및 자연 순응의 자세는 자연 지배의 자세로 변했다. 활동의 지향에서는 변화가 비교적 느렸는데, 여전히 내수(內修) 지향 위주였지만 표현 지향 역시 상당한 분량을 차지하게 되었다. 시간 영역의 지향에서 농민은 비교적 현재에 치중하는 지향을 보였고, 중고등학생 및 비농민에 대한 조사에서 발견된 지향성과 유사했다. 그러나, 미래 지향에 있어서 농민도 적지 않은 비율을 차지했다. 관계 지향에 있어서 농민들의 가치관은 개인 취향의 방향으로 변했으나, 농민은 여전히 상당한 정도의 단체 지향을 보유했다. 인성 지향에 있어서는, 현재 대만 농민의 선한 본성에 대한 인정은 대학생과 중고등학생보다 월등히 높았고 선악의 인정에 대해 상관없다는 것이 뒤의 두 집단의 표본보다 크게 낮았다. 교육은 가치지향에 영향을 주는 아주 중요한 요소인데, 이상 5가지 가치 지향 가운데 3가지(자연 지향, 관계 지향, 활동 지향)가 교육과 뚜렷한 관계가 있다.

다시 역사적 시각에서 보면, 1950년대 초기 대만 토지개혁 정책의 실시는 당시 농민의 농업의식의 기본 면모를 주조했는데, 그 중 가장 두드러진 것은 농민의 토지에 대한 강렬한 동질감과 농사에 힘쓰는 것을 생활방식으로 삼겠다는 마음가짐이었다. 토지는 당시의 농민에게 있어서 생사를 함께 하는 안신입명(安身立命)의 장소였고 농업은 그들의 생활 목적이었다.

그러나, 이러한 농업생활의 '신성성'은 1970년대 이후 이미 '세속성'

에 의해 대체되었고, 농업은 일종의 생활을 영위하는 수단으로 변하여, 토지 역시 점차 상품화되었다. 현재 농민들이 갖고 있는 농업 가치에 대해 실시한 양적 분석에서는 농민의 무농(務農: 농사일에 힘씀)에 대한 태도가 상당히 적극적임을 보여 준다. 예를 들어 기술혁신을 채용하는 가치지향에서, 기술 혁신을 채용하고자 하는 농민은 47.5%에 달했고, 농업 경영방식에서 농산품 이윤이 높지 않을 때 53.6%가 경제적 가치가 비교적 높은 작물로 개종할 것임을 보여줬다. 이러한 적극적인 태도는 기본적으로 농민이 무농을 생활 영위 수단으로 보는 것과 깊은 관계가 있다.

오늘날 대만 농민의 토지에 대한 집착은 크게 떨어졌는데, 농민은 더 이상 그것을 생활의 보장이나 지위의 상징으로 보지 않게 된 것이다. 우리의 조사에서 절반 이상의 사람들이 토지를 기준으로 개인의 신분지위를 평가해선 안 된다고 여겼고, 75%에 달하는 농민은 토지를 팔아서라도 자녀들에게 가장 높은 수준의 교육을 받게 하길 원했다. 여기에서 우리는 1950년대에 보였던 '농본주의(農本主義)'가 갈수록 몰락하고 새로운 농민의 인격 형태가 이미 완전히 형태를 갖추었음을 보게 된다.

대만 농민의 사회의식 속에서 토지 소작권(業佃) 관계는 초기 지주와 소작농 관계의 긴장성에서 현재의 공동 경영의식의 부상으로 가고 있다. 농민의 농회에 대한 견해에 있어서 광복 초기의 강렬한 구심력에서 1970년대 이후의 원심력이 작용하게 되는데, 이러한 경향은 앞서 언급한 농업의식의 전환 추세와 서로 호응하는 것이다. 우리가 현재 농민의 사회의식에 대해 진행한 설문 조사는, 농민의 사회적 가치가 '전통'과 '현대'가 만나는 교차점에 처해 있음을 보여준다. 이러한 '전통'과 '현대'가 혼합되는 상태는 현재 대만 농민의 정치의식 가운데서도 발견할 수 있다. 우리의 조사를 통해 대만 농민의 정치적 가치관 중에서 견제권, 자주권, 평등권이 모두 크게 제고되었고 현대적 색채를 갖게 되었음을 알 수 있다. 그러나, 그들은 법치(rule of law)의 관념이 부족한데, 이는 현 단계 농민의 정치의식에 과거와 현재가 복잡하게 섞여 있음을 보여준다.

이렇게 과거와 현재가 뒤섞인 정치사상은 1988년의 농민운동 중에서도 부분적으로 드러났다. 계속해서 이어지는 항의 행동 속에서 농민은 한편으로는 '농민의 주체성'과 '농업의 자주성'을 요구했지만, 다른 한편으로 '국가'가 농업의 사무 가운데 적극적인 역할을 해 줄 것을 요구하기도 했다. 이러한 '자주성'과 '의존성'의 동시 출현은, 농민의 정치 사상 속에서 '현대'와 '전통' 인자의 혼합을 부분적으로 반영한다. 문화사의 입장에서, 우리는 농민들의 가치체계 변천은, 전후 대만 문화 시스템이 과거의 '단일주체성'에서 '다원주체성'으로 전환했음을 반영하는 것이고, 문화체계 속의 '종속 원칙'이 '병렬 원칙'으로 변화했음을 보여준다. 경제적 국제화와 자유화, 사회적 다원화와 정치의 민주화는 이러한 문화의 변형을 가속화했다. 이러한 폭넓은 문화 변형의 배경 속에서 농민 가치관념의 해체와 재건은 필연적인 발전 추세였다.[25)]

이상에서 우리는 대만 농민의 가치 지향 변형에 대해 설명했다. 이 묘사 속에서 우리는 현단계 대만 문화가 전통과 현대의 교차로 위에 있으며, 양자 간의 격동이 대만 문화의 중요한 주제임을 알 수 있었다. 사실, 이 주제는 농민이라는 사회집단의 정신 세계 속에 보이는 것일 뿐 아니라, 작가들의 현실사회에 대한 반성 속에도 드러난다. 주옌(朱炎, 1936-)의 전후 대만의 단편소설 속에 반영된 사회문화 변천에 대한 고찰에서도, 소

25) 參考廖正宏、黃俊傑：《戰後臺灣農民價值取向的轉變, 1945-1988》(臺北：聯經出版公司, 1992), 第9章。

설 속의 인물은 대부분 현대사회의 각종 유혹과 전통사회 도덕 규범의 줄다리기 속에서 갈등하며, 그들 마지막은 대부분 변태, 실망, 자멸이었음을 보여준다.[26] 이렇게 '전통'과 '현대'가 맞서는 상황은, 대만 당대 소설 속의 여성의식 가운데에서도 나타난다. 전통 부덕(婦德)의 이상과 현대의 고등교육을 받은 여성의 현실 사이에는 확실히 커다란 모순이 존재하고 있는 것이다.[27]

(2) 대학생의 가치관 변화

'전통'과 '현대'의 충돌과 융합은 농민 집단의 가치관 중에 드러날 뿐만 아니라, 대만의 대학생 집단 가운데서도 드러난다. 이 문화 변천 현상에 대해 오랜 기간 주목한 연구자가 양궈수(楊國樞, 1932-)이다. 양궈수는 1964년과 1984년의 20년간 대만 대학생들의 '이론', '경제', '심미', '사회', '정치', '종교' 등 여섯 종류의 가치관의 변화를 연구했다. 1964년에 이론 가치는 전체 표본 및 남학생 표본에서 모두 나머지 다섯 가지 가치보다 위에 있는 것으로 발견됐다. 여학생들의 표본에서는 이론 가치가 그 다음 자리를 차지했다. 20년 후에도 심미 가치의 등급은 남녀 표본에서 모두 변함이 없었고, 전체 표본에서 두 번째 지위를 차지했다. 1984년에는 전체 표본 중 이론 가치가 1964년의 두 번째에서 첫 번째로 뛰어올랐고, 여성 표본에서도 첫 번째 자리를 차지했다. 종교 가치는 각 년도의 각 표본 중 모두 마지막을 차지했는데, 문화 요소 이론의 예측과 꽤 잘 들어

26) Chu Yen, "Socio-cultural Change in Taiwan as Reflected in Short Fiction: 1979- 89," in Harrell and Huang eds., *op. cit*., pp. 205-226.

27) Sung Mei-hua, "Feminist Consciousness in the Contemporary Fiction of Taiwan," in Harrell and Huang eds., *op. cit*.. pp. 175-293.

맞았다. 기타 각종 가치 등급의 연대별 전환은 모두 아주 작았다. 남학생 표본의 결과는 사회결정론에 부합했는데, 심미 가치의 등급이 세 번째에서 두 번째로 뛰어올랐고, 정치 가치가 두 번째에서 세 번째로 떨어졌다. 여학생 및 전체 표본의 기타 모든 가치의 등급은 모두 변함이 없었는데, 이것은 상층 구조의 가치 강도에 대한 집착력을 나타내는 것일 수도 있을 것이다. 문화 요소 이론을 거스르는 실증 결과는 정치 가치의 등급이 사회 가치의 등급보다 높다는 것이다. 심미 가치는 모든 가치에서 가장 높은 위치를 차지했다.[28)]

대만 대학생들의 가치관의 변화는, 시각을 바꿔서 관찰할 수 있다. 양궈수의 또 다른 연구는, 인간과 자연의 관계성에 있어서 대만 대학생들은 자연을 지배하는 지향에 가장 많이 찬성했다. 활동 지향성 측면에서는 내수(內修) 지향에 가장 많이 찬성했고, 관계 지향성 측면에서는 개인 지향에 가장 많이 찬성했다. 시간 지향성 측면에서는 미래 지향에 가장 많이 찬성했고, 인성 지향성 측면에서는 선량함과 중성적인 지향에 가장 많이 찬성했다. 대학생이 내수 지향을 선호하는 것은 현재의 중국인들이 여전히 전통 중국인의 특징을 가지고 있음을 보여주는 것 같다. 개인의 현대성이 비교적 높은 대학생은 현대성이 낮은 사람보다 내수지향이 약했다. 어려서부터 도시에서 자란 대학생은 시골에서 자란 사람보다 내수지향이 약했다. 부모의 교육 정도가 비교적 높은 대학생은 부모의 교육 정도가 비교적 낮은 사람보다 내수지향이 약했다. 이 결과들로 보면 개인의 현대화 정도가 높을수록 개인 지향이 높아진다. 시간 지향성에 있어서는

28) 楊國樞、雷霆：〈大學生人生觀的變遷：20年後〉, 收入瞿海源、章英華編：《臺灣社會與文化變遷》(上冊), 頁479-511。

전통 중국인은 과거 지향적이고, 현재의 대학생은 미래 지향적이다.[29]

(3) 일반민중의 성격과 가치관 변화

이상에서 관찰한 농민과 대학생 집단 외에, 대만 사회의 일반 민중들의 성격은 전후 대만의 공업화 과정 중에 어떠한 변화를 겪었을까? 양궈수는 대만의 현대화 과정에서 중국인의 성격 변천의 대체적인 방향을 귀납한 적이 있다. 그는 동기와 수요, 가치와 태도, 기질 특성의 세 방면에서 볼 때, 각 항목이 점차 약해지는 특징을 아래와 같은 주요 심리와 성격 지향으로 귀납할 수 있다고 지적했다. 집단주의 지향, 타인 지향, 관계 지향, 권위 지향, 순복 지향, 억압 지향 및 여성화 지향이 그것이다. 각 항목의 점점 강해지는 특징은 아래의 주요 심리와 성격의 방향으로 귀납할 수 있는데, 개체주의 지향, 자아 지향, 경쟁 지향, 평등권 지향, 자주 지향, 표현 지향 및 남성화 지향이다. 앞의 심리와 성격 방향은 사회 지향(social orientation)의 개념을 사용하여 개괄할 수 있고, 뒤의 심리와 성격 방향은 개인 지향(individual orientation)의 개념을 사용하여 개괄할 수 있다.

사회 지향의 성격은 농업사회에 적응하는 데 필요하고, 개인 지향의 성격은 공업사회에 적응하는 데 필요하다. 이상 열거한 항목이 점차 약해지는 특징은, 현대화 과정 속에서 대만 민중의 사회 지향 성격이 점차 약해짐을 보여주고, 각 항목이 점차 강해지는 특징은, 현대화 과정 속에서 대만 민중의 개인 지향 성격이 점차 강해짐을 보여준다. 대체적으로, 사회 전환의 과정 중 대만 민중의 성격과 행위의 기본 변화 방향은 사회 지

29) 楊國樞：〈中國大學生的價值取向及其變遷〉, 收入氏著：《中國人的蛻變》(臺北：桂冠圖書公司, 1988), 頁235-280。

향에서 개인 지향으로 가는 것이다. 이러한 성격의 탈피와 가치 전환의 방향은 대만 민중이 상공업화 과정에서의 새로운 사회 형태에 적응하는데 도움을 준다.[30)]

전체적으로 대만의 사회 전환 과정에서 일반 민중의 행위는 종종 모순적인 현상을 보였다. 양궈수는 또 다른 연구에서 대만 민중에게 가장 잘 드러나는 성격상의 모순으로 1) 권위 성격과 평등권 성격의 모순, 2) 특수주의와 보편주의의 모순, 3) 타인 지향과 자아 지향의 모순으로 세 종류가 있다고 지적했다. 양궈수는 대만사회가 공업화의 길을 가고 있는데, 공업사회의 생존 경제 형태가 필요로 하는 것은 권위적 사회구조 및 권위적 성격이 아니고 평등권적 사회구조이므로, 평등적 성격이 대세이다. 대만 공업화의 과정에서 개인과 사회 두 차원 사이의 모순을 줄이기 위해, 더욱이 사회적 사무의 효율을 높이기 위해서는 시스템화된 교육수단을 운용하고 특수주의를 약화시키고 보편주의를 강화해야 한다.

공업화의 과정 가운데, 농업의 생존 경제 형태는 점차 해체되었고, 농업경제와 밀접하게 연관된 권위적 사회구조 역시 와해되었으며, 타인 지향적 성격 특징이 자연스럽게 그 원래의 기능을 잃어버렸다. 동시에, 공업화의 경제형태가 점차 형성됨으로 인해 초래된 평등권적 사회구조가 형태가 자리를 잡았다. 개인이 자신의 능력을 의지하고 노력함으로써 생존과 성공을 확보하는 기회가 높아졌고, 이로 인해 개인의 독립 자주의 자아의식이 격발되어 점차 자아 지향적 성격 특징이 양성되었다.[31)]

---

30) 楊國樞：〈中國大學生的價值取向及其變遷〉, 收入氏著：《中國人的蛻變》, 頁419-456。
31) 楊國樞：〈工業化過程中國人性格與行為的矛盾現象〉, 收入氏著：《中國人的蛻變》, 頁281-304。

'전통'과 '현대'의 충돌 속에서, 대만사회 민중의 성격과 행위는 위에서 말한 여러 가지 모순을 드러냈다. 그렇다면, 대만 민중의 가치관은 어떻게 변했을까? 양궈수의 연구에 따르면, 대만 중국인의 성격은 이미 전통적 성격에서 천천히 현대화된 성격으로 전환하는 추세에 있다. 대체로 대만은 지금 현대화의 방향으로 가고 있다. 양궈수는 1984년 이래 대만에서 완성한 실증 연구자료를 운용하여 개인이 갖고 있는 다섯 종류의 전통적 심리 및 행위(권위에 따르는 것, 부모와 조상에 효도하는 것, 자신의 분수를 지키고 만족하는 것, 숙명을 따르는 것, 남성 우월주의[遵從權威, 孝親敬祖, 安份守成, 宿命自保, 男性優越])와 다섯 종류의 현대적 심리 및 행위(평등권적 개방적 태도, 독립 자주적 성향, 낙관적이고 진취적인 행위, 감정의 중시, 양성 평등[平權開放, 獨立自顧, 樂觀進取, 尊重情感, 兩性平等]) 간의 관계를 분석하고 아래와 같은 결과를 발견했다. 1) 다섯 종류의 전통적 심리 및 행위 사이에 어떤 관계들은 아주 미약하여 개인의 전통성이 단일한 차원의 것이 아닌 다차원적임을 보여준다. 2) 다섯 종류의 현대적 심리 및 행위 사이에 어떤 관계들은 아주 미약하여 개인의 현대성이 역시 단일한 차원이라기 보다는 다차원적임을 보여준다. 3) 개인 전통성의 총점과 개인 현대성의 총점 사이의 관계가 중하 수준의 음의 상관관계(negative correlation)를 이루고 있기 때문에 전통성과 현대성을 두 부류의 각기 다른 심리 및 행위로 봐야 하고, 동일한 것이 양분된 것으로 볼 수는 없다. 4) 다섯 종류의 전통성 심리 및 행위에는 모두 그것과 뚜렷한 음의 상관관계를 이루는 현대성 심리 및 행위가 있다. 이로써, 현대화 과정 속에서 그들이 원래 갖고 있던 전통성의 강도가 현대적 관념(특히 평등권적 개방적 태도, 독립 자주적 성향, 감정의 중시, 양성 평등)과 동시에 장기간 병존할 가능성은 크지 않다고 추론할 수 있다. 5) 부모와 조상을 경외하는 태도와 뚜렷한 음의 상관관계를 이루는 현대성 심리 및 행위는 오로지 하나이다. 즉, 독립 자주적 성향인데 양자 간의 음의 상관관계의 절대치는 아주 낮아서 양자가 저촉되는 정도가 그리 높지 않음을 보여준다. 이러한 사실들은, 현대화 과정 속에서 부모와 조상에 대한 관념의 약화 정도가(다른 네 가지 전통 심리와 비교할 때) 비교적 작다. 그러므로 각각의 현대성 심리나 관념이 동시에 병존할 시기는 아주 오래 지속될 수 있다. 6) 현대성의 심리 특징은 부모와 조상에 대한 관념과 심지어 양의 상관관계를 이루기도 하는데, 이것은 독립 자주적인 태도와 부모와 조상에 대한 관념이 상호 저촉되는 효과를 부분적으로 상쇄시킴으로써 현대사회 가운데 부모와 조상에 대한 경외 심리를 계속해서 유지시킬 것이다.[32]

대만 민중의 가치관이 전통 지향에서 현대 지향으로 전환하는 과정에서, 양궈수는 현대화의 사회 전환이 일종의 '체(體)'의 전환이지 '용(用)'의 전환만은 아님을 추론했다. '용'은 변하고 '체'는 불변한다는 식의 설명은 망상이며 현실생활 속에서는 불가능한 것이다.[33] 민중의 가치관 속에 드러나는 전후 대만의 경험 속에서 '전통'과 '현대'의 충돌은 또한 교육 시스템을 통해 강화되었는데, 그 근본 원인이 학교 교육이 전파하는 가치관과 현실 사회 속의 가치관이 서로 어긋나는 데 있었다. 연구 문헌들은 동아시아 화교 사회가 농업사회에서 상공업사회로 전환된 이후, 개인은 더 이상 도덕적 이상을 추구하지 않으며 자신의 직업을 통해 성취를 이루려 함을 보여준다. 이러한 전환은 동아시아 화인 사회 가치관의 다원적

32) 楊國樞：〈傳統價值觀與現代價值觀能否同時並存〉, 收入楊國樞主編：《中國人的價值觀：社會科學觀點》(臺北：桂冠圖書公司, 1993), 頁65-119。

33) 同上註。

발전을 촉진시켰고, 화인 사회가 보편적으로 '자아 중심의 개인주의', 물질주의, 공리주의, 실용주의를 중시하게 만들었다. 중화문화 속의 유, 불, 도 등의 종교는 모두 조물주의 관념이 없으므로 종교가 절대성의 가치를 갖지 않으며, 귀신은 개인으로 하여금 도덕 규율을 내재화하는 초월적 역량이 되기에 부족했다. 서양이 강조하는, 각 개인은 모두 독립적이고 평등한 개체라는 정의의 기준이 화인 사회 속에서는 받아들여지기가 쉽지 않았다. 유가 전통으로부터 기원한 '인정 법칙'(人情法則)은 또한 종종 '공평 법칙'(公平法則)을 파괴하는 주요 역량이었기 때문에, 화인사회는 공업사회로 변화한 이후 '사회통제력 박약'의 잠재적 위기를 안고 있는 것이다. 계엄이 해제된 이후 대만이 직면한 문제들은 위에서 말한 잠재된 문제들이 폭발한 것이라고 말할 수 있는 것이다.[34]

지금의 대만 사회에서는 재물과 권세를 중시하는 가치관이 아주 뚜렷하고, 다른 정의(正義)적 윤리가 내포된 가치(성실과 신의와 같은 가치)를 규범화하는 것이 결핍되어 있다. 그 결과, 대만 사회 내에서 부와 권세를 얻기 위해서라면 사람들을 속이는 것도 서슴지 않게 되었다. 이러한 상황에서 사람들이 강조하는 것은 '권력을 내세우는 것'이다. 권력을 잡기만 하면, 부와 권력이 자연히 손에 들어오게 된다. 이러한 가치관이 사람됨의 의미를 저해하고, 생명은 진지한 미감이 부족하게 되었다. 심도 역시 말할 수 없게 되었다. 전통적인 위계 구조의 문화 양식 이래, 인정과 신의를 내세우는 네트워크는 한 사람이 권력을 내세우고 권력을 얻는 데 아주 중요한 구조적 통로였다. 서양 평등권의 구조에서 자유와 평등의 가치와 이

34) 黃光國：〈自我實現與華人社會中的價值變遷〉, 收入楊國樞主編：《中國人的價值觀：社會科學觀點》, 頁121-172。

성 규범은 줄곧 중요한 역량이었다. 그러나 전통적 사회 기제 역량은 아직 권력에 엎드리는 구조적 강제력을 갖고 있는데, 특히 정치적인 면에서 이는 더욱 강화되었다. 그러므로 40여년의 경제발전이 사람들의 기본 가치 시스템을 변화시키지 못했을 뿐만 아니라, 오히려 규범을 지탱하는 정의 윤리의 가치는 계속 무시되고, 이름과 실제는 심각하게 분리되었다. 그리고 재물과 권력을 중시하는 가치가 더 짙어지게 되었다.[35)]

그러나 연구문헌들은 학교에서의 학과 과정 기준, 과목 시수의 안배, 그리고 교과서에 대한 표본을 추출하여 내용을 분석한 후, 학교 교육이 여전히 중국의 전통 가치관 위주로 교육을 실시하고 있으며, 교육 목적이 문화적 정통 지위를 보호하는 데 있으며 뚜렷한 정치적 함의를 지니고 있음을 보여주고 있다. 학교교육(및 교외 문화활동)은 전통 가치관을 전달하는 것을 중심으로 하고 있다. 그러나 사회 전체의 구조 전환, 규범 전환, 그리고 인민 태도의 가치관 전환 역시 동시에 진행되고 있는 중이다. 이 기간에 만들어진 약간의 모순, 즉 학교 교육과 현대 사회가 어긋남으로 인해, 학교 교육이 현대화 규범을 만드는 데 주력하지 못하게 하는 한편, 전통 가치관을 유지하고 보호하는 데도 성공하지 못하게 되었다. 대만의 현대화 과정 중에 심각한 가치관의 모순을 노출시킨 것이다.[36)]

이상에서 말한 가치관 충돌의 사회적 배경 하에, 전후 대만 사회에서 정신병의 발전은 매우 논의할 가치가 있는 현상이다. 린셴(林憲, 1936-)은 1954년부터 1974년까지의 21년 동안 대만대 병원 신경정신과의 질병자

35) 葉啟政：〈當前臺灣社會重利愛財之價值取向的解析〉, 收入楊國樞主編：《中國人的價值觀：社會科學觀點》, 頁1-34。

36) 羊憶蓉：〈現代化與中國人的價值變遷--教育角度的檢視〉, 收入漢學研究中心主編：《中國人的價值觀國際研討會論文集》(臺北：漢學研究中心, 1992), 頁471-494。

료 59,738건을 분석했다. 그 결과 1950년대에는 남녀 구분 없이 모두 신경증 장애(neurotic disorders)의 발생이 뚜렷하게 나타났고, 그 중 외성인 남성의 발병률이 가장 높은 것으로 나타났다. 그 후 정신 생리반응의 비율이 해마다 증가하여 1968년부터 1974년 기간에는 특히 여성 환자 가운데 정신생리 반응이 증가했다. 이러한 현상은 1950년대에 급속한 이동과 사회의 동요가 사람들에게 심리적 압박을 준 결과였다. 이러한 영향을 받아 당시 신경증 장애가 증가했고, 그 후 사회가 점점 안정되면서 질병은 신체화 경향의 증상이 초조감, 우울, 히스테리 등의 증상을 대체하게 되었다. 망상성 장애는 1950년대에 발병률이 비교적 높았고, 이러한 현상은 여성 방면에서 비교적 뚜렷했다. 이동에 대한 스트레스의 영향을 받은 사람들로는 외성인 여성 중에서 가장 많이 나타났다.

1950년대의 질병은 외성인, 특히 외성인 남자가 가장 많았다. 1960년대부터 1970년대 초기에 이르러서는 본성인 환자가 갈수록 증가했으며, 특히 1970년 이후 본성인 환자의 수는 외성인 환자의 두 배 이상에 달했다. 1950년대의 환자들 중에는 타이페이 시의 민중이 많았는데, 1964년 이후부터 타이페이 시 이외 지역의 거주민들이 신경정신과를 방문하는 경우가 점차 증가하여 1974년에는 타이페이 시 이외 지역의 거주민 중에 병원 내진을 한 사람이 타이페이 시 거주민의 1.3배에 달했다. 이러한 현상은 대만대 병원의 서비스 범위가 점차 확대되었음을 보여준다. 동시에 일반 사회인사들의 신경정신과 의료에 대한 인식이 차츰 증가했음을 보여준다. 이 외에 교통의 발달로 환자들이 멀리서 찾아와 진료를 받을 수 있게 되었다. 1968년부터 1974년까지의 시기에는 신경증 장애 및 정신분열증 등 기능성 정신 질환을 겪는 연령대가 내려가는 경향을 보였다. 이 질환을 겪는 환자 그룹에서 10대 연령층의 발생률이 높아졌는데, 이

는 신속한 사회전환과 현대화가 초래한 결과이다.[37)]

2) 본토화와 국제화의 긴장과 융합

전후 대만문화 변천의 또 다른 측면은 본토화와 국제화의 대결이다. 이 측면은 어떻게 자기 문화의 풍격을 세울 것인가의 문제와 연결된다. '본토'와 '국제'의 대결은 전후 대만 문화생활의 거의 모든 방면에 나타나는데, 예를 들면 회화에서 국화와 서화의 논쟁, 문학 창작에서 향토파와 현대파의 논쟁, 종교신앙에서 본토 종교(특히 도교)와 서양 종교의 논쟁 등이 그것이다. 전후 대만은 '경제 기적'이라 불릴만한 발전을 이루면서 국제화의 성격이 날로 뚜렷해졌고, 형형색색의 외래문화가 일상생활의 측면에서부터 초월적 정신생활의 영역에까지 강력하게 충격을 주었다. 그 가운데 가장 쉽게 발견할 수 있으면서 최근 학계의 주목을 받고 있는 것이 바로 민속문화를 대표하는 종교생활과 관련한 것이다.

경제발전의 큰 추세 아래 전후 대만의 종교신앙은 어느 방향으로 가고 있는가? 최근 이 문제에 대한 학계의 논의에서 중요한 견해는 대체로 아래의 두 가지다. 첫째, 대만사회에서 각 종교 교파의 성쇠는 그 교파들이 중화문화 및 본토사회에 갖고 있는 태도와 밀접한 관계가 있다. 송광위(宋光宇, 1949-)는 1951년부터 1991년까지의 40년간 대만의 종교에서 가장 주요한 변화는 기독교, 천주교 등 서구의 교파가 이 시기의 초기에 크게 성행했으나, 1965년 이후로 대만의 사회와 경제가 점차 번영으로 접

37) 林憲 :〈社會變遷衝擊下之精神病例〉, 收入瞿海源、章英華編 :《臺灣社會與文化變遷》(上冊), 頁591- 616。

어들면서 적당해지는 모습을 보이거나 심지어 쇠퇴하는 모습을 보였다고 분석한다. 한편, 민국 이래의 지식인들에게 줄곧 '미신'으로 배척 받았던 본토의 각종 사찰과 교파들은 사회와 경제의 호전에 따라 날로 창성하게 되었다. 이 일성일쇠(一盛一衰)에서 드러나는 메시지는, 민국 이래 일부 지식인들이 창도한 '과학 유일주의'가 파산의 운명을 맞았고 '과학'이거나 '미학'이거나 모두 본토 고유의 종교를 대체할 수 없음을 보여 줬다. 동시에 중국의 전통 종교문화가 새로운 현대사회 환경에 적응할 수 없는 것이 아니며, 약간의 조정만 거치면 지속적으로 발전할 수 있음을 보여줬다. 보다 구체적으로 말하면 기독교 장로회의 경우는 자신의 교리를 가장 고수하며 그들의 신념으로 대만 사회를 비판하고 개혁하고자 했는데, 이들의 중화문화에 대한 인정도는 가장 낮았다. 즉, 장로교회가 가장 중화문화를 인정하지 않고 자신의 교리를 견지했다.

천주교의 경우 기본적 교리에 대해서는 고수하는 면이 있지만, 선교전략에서 일부 조정하여 '조상 제사'에 대한 배척의 태도를 누그러뜨렸으며, 유가의 경전을 빌려 성경을 해석하는 시도도 하고 부분적으로 중화문화의 색채를 조합했다. 일관도(一貫道: 중국에서 만들어진 도교의 일파)는 본토의 산물이지만 일반적으로 볼 수 있는 주문을 외는 등의 번잡한 의식을 그대로 따르지 않았다. 그리고 간단하고 소박한 의식으로 바꿔 행하면서 하늘의 때가 시급하다고 강조하여 먼저 구원하고 나중에 수도(修道)하며, 수도는 사람마다 반드시 정기화인(正己化人: 먼저 자신을 다스리고 후에 다른 사람을 교화하는 것)해야 한다고 강조한다. 현대적 조정이 이뤄진 전통 도덕을 실천함으로써 '세상의 도와 사람들의 마음(世道人心)'을 돌이켜야 함을 주장한다. 그들은 모두 세속인들로 이뤄져 '생활의 영위' 역시 중요한 문제가 되었다. 전통 중국사회에서 불교의 밀림에서 생존하는 것과 같은 자급자족 경제체제는, 일관도 신도들에 의해 현대적 공상기업 형태로 전환되었다. 일관도는 본질적으로 중국문화의 산물이지만 '생활 영위'의 항목에서 일부를 수정했는데, 특별히 신문화적 요소를 추가하지는 않았다.

자제공덕회(慈濟功德會)는 전혀 새로운 문화 요소인 의료 전도를 하며, 전통적인 '공양과 보시'의 관념을 배합하여 신도들에게 힘을 다해 사회구제에 종사하도록 요구했다. 자제공덕회는 불교의 경의(經義) 방면에서 별다른 중대한 발명은 없지만, 전통 중화문화를 위주로 새로운 의료 전도의 문화요소를 더한 교파이다.

전후 대만의 종교발전 가운데, 중화문화와 가장 잘 조화를 이루고 신문화적 요소를 받아들인 예가 자제공덕회이다. 중화문화와의 조화를 적절하게 이룬 예는 일관도이며, 중화문화와 조화되지는 않았으나 중화문화의 요소를 빌려 전도 사업을 촉진한 사례는 천주교이다. 반면에 완전히 자신의 견해를 고수하며 중화문화를 날카롭게 비판한 예는 장로 교회이다.[38)]

둘째, 전후 대만의 종교발전은 대체로 1960년대 중기를 분수령으로 한다. 그 전에는 서양 종교가 대만에서 신속하게 성장했는데, 1960년대 중기 이후로 독립 교회 외에는 모두 정체 혹은 쇠락의 추세를 보였다. 상대적으로 민간신앙은 1970년 이전에는 일반적으로 성장이 더뎠는데 이후로 점차 홍성의 추세를 보였다. 전체적으로 보면, 대만사회의 전환은 세속화의 과정 안에 있는데, 각종 종교 자체의 세속화 정도와 보편화 정

38) 宋光宇：〈試論四十年來臺灣宗教的發展〉, 收入宋光宇編：《臺灣經驗(二)社會文化篇》, (臺北：東大圖書公司, 1994), 頁175-224。

도는 서로 다르다. 이러한 차이가 각 종교가 외재하는 동일한 사회 변천 속에서 여전히 다른 반응 형태를 갖게 했던 것이다. 대만에서는 세속화가 극히 심하면서도 상당히 보편적인 민간신앙이 이 때문에 쇠락하지는 않는 양상을 보였는데, 세속화가 극히 덜한 불교와 참예수교회(真耶穌教會)는 안정을 유지하거나 완만한 지속 성장의 상황을 보였다. 천주교 및 기독교의 기타 교파는 중간 정도의 세속화 정도를 갖고 있었기 때문에 먼저 성행하고 나중에 쇠락하는 양상을 보였다.[39]

이상에서 귀납한 것은 대만 학계의 전후 대만 종교연구에 관한 비교적 중요한 두 가지 견해이다. 이 두 가지 발전 추세 가운데, 우리는 '본토' 혹은 '국제' 라고 하는 것이 정태적인 명사가 아니며, 모두가 전후 대만 경제발전과 사회 전환에 연결되어 있는 동태적 과정인 것을 발견할 수 있다. 그래서 우리는 어떤 교파든지 거의 모두가 전후 대만의 사회와 줄곧 밀접한 상호작용을 해 왔음을 알 수 있는 것이다. 몇몇 연구성과들을 보면 이러한 상호작용의 모델은 (1) 선서(善書: 사람들에게 선을 권하는 각 종교 단체의 간행서적)나 (2) 왕야(王爺) 신앙에서만 보이는 것이 아니라, (3) 장화(彰化) 지역의 룽화파(龍華派) 자이교(齋教) 및 (4) 대만 중부 객가 이민사회의 민간신앙인에서도 볼 수 있다.

(1) 먼저 선서(善書) 속의 가치관념에 대해 논해 보자. 송광위는 최근 십여 년 간 란당(鸞堂)에서 사용한 기행문식의 선서 38종을 주요 소재로 선정하여 분석했다. 이 선서들은 각지의 사찰, 선서 센터, 터미널, 병원 등

39) 瞿海源、姚麗香：〈臺灣地區宗教變遷之探討〉, 收入瞿海源、章英華編：《臺灣社會與文化變遷》(上冊), 頁655-686。

공공장소에 광범위하게 퍼뜨려져 사람들에게 무료로 제공되었다. 그 내용에 대해 말하자면, 도덕적 교훈과 사회 비판 두 가지로 나눌 수 있다. 송광위는 사회 문제 비판을 중시한 선서들을 소재로 삼아, 그것들이 표현하고 있는 도덕관과 사회가치관을 연구했다. 그는 란당(鸞堂)에서 만든 선서가 인과응보와 지옥 형벌을 입론의 기초로 삼아 믿는 자에게 심리적인 부담을 갖게 만들며, 강연과 단체의 역량을 배합하여 신도들로 하여금 행위에 제약이 있게 하려 했다고 지적했다. 이러한 사회 구속 역량이 대만사회 상공업의 발전에 따라 날로 증대해졌다. 1980년대의 대만사회는 상당히 혼란한 시대였는데, 민간의 각 사찰은 서로 부란(扶鸞: 점복의 일종)의 방법으로 사회 풍조를 비판함으로써 전통사회의 교화 역량을 구체적 응용했다. 이 사실로 볼 때, 우리는 일반 대중이 관심 갖는 것은 그들 주변의 사회문제이며, 이 사회문제들이 사회경제 환경의 변화에 따라 달라졌음을 알 수 있다. 송광위는 과거와 현재의 선서가 갖는 차이를 비교함으로써 가정윤리가 전통사회에서 상당히 중요한 것이었지만, 현재에 이르러서는 그것의 중요성이 이미 많이 낮아졌고, 색정과 방탕함의 문제가 전통사회에서는 그리 심각하지 않았으나, 오늘날에 이르러서는 대만사회에서 가장 주요한 사회문제가 되었음을 발견했다.[40)]

(2) 전후 대만에서 지방 민간신앙이 대표하는 민속문화는 사회문화 전환과 밀접하게 통합되어 날로 성장했다. 사찰은 20-30년 전보다 수가 더 많아졌으며, 의식은 더욱 호화스러워졌다. 지역 커뮤니티로 유입되는 예

40) 宋光宇：〈從最近十幾年來的鸞作遊記式善書談中國民間信仰裡的價值觀〉, 收入漢學研究中心主編：《中國人的價值觀國際學術研討會論文集》, 頁741-760。

산도 더욱 많아졌다.[41] 폴 카츠(Paul R. Katz, 1961-)는 동강(東港)지역의 동룽궁(東隆宮)과 타이베이 산왕부(三王府)의 신앙을 연구했는데, 산왕부의 신도들은 그들의 왕야(王爺)가 오늘날의 혼란한 시대에 전통도덕을 진흥시킬 임무를 더 짊어져야 한다고 믿는 것으로 나타났다.[42] 이 개별 사례로 보건대, 전후 대만 종교나 교파의 발전은 확실히 본토의 사회전환과 밀접한 연관이 있다.

(3) 종교 교파와 사회적 맥락이 밀접하게 조응하는 예는 허다하다. 학자들은 최근 대만 장화의 차오티엔당(朝天堂)이 전파하는 룽화파 자이교(龍華派齋教)를 연구하여, 이 교파의 신도들이 한편으로 힘을 다해 불교의 일부 사상을 실행하고, 한편으로 종교적 추구와 일반 일상생활을 더욱 밀접하게 결합하여 독립적인 교리를 발전시켰음을 지적했다. 불법(佛法)을 중국에서 시작한 도(道)로 바꿨고, 불교 속의 정수를 자신의 교파에 흡수하여 속세인(在家人)의 지위를 높이고, 심지어 속세인만이 불법 속의 밀법을 보존하고 있다고 말하기도 했다. 교리상 자이교는 출가하는 불교의 전통을 흡수하고, 다른 한편으로 독립적인 지위를 고수하여 하나의 조직을 이루었다. 이들은 승려들의 지도에 의지할 필요가 없다. 동시에, 이 교파의 조직은 또한 지방 공묘(公廟)의 전통적인 지역적 조직과도 다르다. 의식 방면에서는 자이교는 출가 불교의 깊은 영향을 받았으나, 하나의 완전

41) David K. Jordan, "Changes in Postwar Taiwan and Their Impact on the Popular Practice of Religion," in Harrell and Huang eds., *op. cit*., pp. 137-160.

42) 康豹：〈光復後王爺信仰的演變--以東港東隆宮及臺北三王府為例〉, 收入宋光宇編：《臺灣經驗(二)社會文化篇》, 頁159-174。

한 의식체계를 발전시켰다.[43)]

(4) 종교 교파와 본토 사회가 정합하는 또 다른 예는 대만 중부 객가 이민사회 속의 '커자이스(客仔師: 객가인들의 민속신앙의 일종)'이다. 연구문헌에서는, 객가 이민이 생리적, 심리적 불균형 및 사회문화와의 무질서와 연관된 '신심증(身心症)'을 겪게 되었을 때, '커자이스'가 '지혜자'(The Wise Man)의 원형으로 출현하여, 공유하고 있는 우주관과 문화관을 근거로 종교의식 및 경험성 약물을 통하여 질병의 원인을 설명하고, 부적응을 치료하는 등 민속의료상의 효과를 얻게 되었다. 강희 말기부터 건륭 중엽까지, 민객(閩客)간에는 협력하여 함께 개발할 필요로 인해, 자주 협동적 관계가 만들어졌다. 그러나, 토지개발이 완성되기만 하면, 곳곳의 이민이 많아져, 생존의 요구를 피할 수 없게 되고, 출신지 간의 난투가 초래되어 객가인은 민적(閩籍)의 사람들과 대립하는 상황에 처하여, 약세로 인해 옮겨가지 않을 수 없게 된다.

대변동의 형세 아래, '커자이스'는 늘 이민 무리에 따라 옮기게 되었고, 정착하는 개간자들은 점차 민남화(閩化)되었고, 언어, 문화를 받아들였지만, 비교적 끈기를 가진 일부 종교풍속을 보존했는데, '커자이스'가 강희 옹정 건륭시기를 거쳐 대만할양 때까지 지속되었던 것은각기 다른 단계의 향인(鄉人)들의 심리적 필요를 만족시킬 수 있었고, 사회적 기능을 충분히 보여주었던 데 있다. 일제 시기 이래로, 일본 정부는 완전히 금

43) 林美容、祖運輝 : 〈在家佛教 : 臺北彰化朝天堂所傳的龍華派齋教〉, 收入江燦騰、王見川 編 : 《臺灣齋教的歷史觀察與展望》(臺北 : 新文豐, 1994), 頁191-249。

지시키진 못했지만, 도덕과 연관된 풍속들을 중화문화로 보고, 또 일본문화에서 서구 의학의 우세입장에서, 일부 구습관들을 '미신'으로 비방하여 일정한 정도의 금제를 가했고, '커자이스' 등은 늘 그 행위방식들을 교묘하게 꾸며 오래도록 전해진 이 풍속을 계속되게 했다. 광복 이후에 직면한 사회전환은, 사회형태의 변화에 따라 곳곳의 이민이 일찍이 안정화, 고착화되었고, 농업에서 상공업으로 전환된 후, 전통적 민속문화가 직면한 극렬한 변화는 확실히 앞 세대에는 없었던 큰 변화이고, 현대의학의 보편화, 민속의료법의 다양함은, '커자이스'의 세대전승이 직면한 새로운 충격이다.[44)]

이상 우리가 귀납해 본 대만종교 발전 속에서 본 민간문화의 방향에서, 전후 대만의 '본토화'와 '국제화' 의 문화격동의 과정 가운데, 본토 요소는 여전히 주류적 지위를 차지하고 있음을 볼 수 있다.

3) 사상의 변천: 중서(中西) 사조의 격동

(1) 정부의 문화 정책 주도

이제 우리는 전후 대만문화 전환의 세 번째 측면을 토론해보자. 중국과 서양문화의 격동은 주로 사상 방면에 드러나있다. '중국문화'는 대만에서 발전의 기본 함의가 '전통적' 사상 위주이고(특히 전통적 유가사상), '서양문화'는 대만에서 발전의 사상내용은 칸트 철학, 자유주의, 실존주의 등 근대사상의 사조 위주여서, 이 절에서 회고하고자 하는 전후 대만

---

44) 李豐楙：〈臺灣中部「客仔師」與客家移民社會--一個宗教、民俗史的考察〉, 收入宋光宇編：《臺灣經驗(二)社會文化篇》, 頁121-158。

사상계의 '중서 사조의 격동'은 기본적으로 앞 절에서 이야기한 '전통과 현대의 대척'의 또 다른 측면인 것이다. 양자가 비록 완전히 같진 않지만, 상당한 부분에서 중첩성이 존재한다. 전후 대만 사상계의 중서 사조의 격동이라는 과제를 토론하기에 앞서, 우리는 반드시 현재의 문헌에서 지적하는 3가지 중요한 사실을 언급해야 한다.

첫째, 전후 대만의 사상발전은, 정부의 정책과 조치의 지배를 깊이 받았다. 리이위엔(李亦園, 1931-)이 말한 것처럼, 대만의 문화발전은 4단계로 나눌 수 있다. 1단계는 광복 직후부터 1950년까지로, 일본 식민문화를 버리고 중국문화 전통을 중건한 시기이다. 2단계는 1951년부터 1966년까지로, 중국대륙의 모 문화의 왕래통로를 끊고, 점차 자기의 문화생활 전통을 이룬 시기이다. 3단계는 중화문화 부흥운동을 제기한 1966년부터 시작해 12항목 건설 중 '문화건설'을 집어넣은 1977년 및 행정원에 '문화건설 위원회'가 설립된 1981년 11월부터 지금까지인데, 이것이 문화발전의 행동이 정부당국이나 민간 모두 비교적 활발했던 시기이다. 위의 4단계 가운데, 앞의 두 단계는 모두 '의식적인' 문화 발전 운동이 나타나지 않았다.[45)]

그러나 세 번째 단계부터, 정부당국의 역량이 힘있게 문화활동 속에 침투되었고, 문화활동의 방향을 주도하여, 많은 부정적인 영향을 끼쳤다. 예를 들면, 리이위엔이 지적한, "우리 문화의 주관부서는 전통적인 윤리교조만 선전하고, 그것이 현대인에게 미치는 의의는 상관하지 않는다; 주관부서는 끊임없이 각종 문화제, 예술제 행사를 개최하지만, 민중이 필

---

45) 李亦園：〈文化建設工作的若干檢討〉, 收入中國論壇編輯委員會主編：《臺灣地區社會變遷與文化發展》, 頁305-336。

요한 것이 무엇인지, 받아들여질 수 있는 것인지 소홀히 했다; 그들은 문화활동 센터를 화려하게 짓는 것에만 신경 쓰고, 민중의 이 관아식 건물에 대한 감정이 어떨지는 주목하지 않는다; 그들은 그들의 주관적 기준으로 보존할 유적을 선택하지만, 일반 민중의 눈에 유적이 무슨 의미인지 상관하지 않으며, 더욱이 그들은 다른 전문가들이 유적에 가한 보존 노력들을 무시했다. 이 갖가지 것들이 모두 문화의 진의에 어둡거나, 알아도 원칙에 집착하지 않거나, 심지어는 주관이 너무 짙어 문화건설 작업형식이 실질내용보다 많아 저속한 상업문화가 크게 유행하는 것이다."[46]

둘째, 정부가 추진하는 사상이 기본적으로 정부당국이 해석하는 유가사상을 주요 내용으로 하고 있다. 전후 몇 십 년간, 정부당국이 유가사상을 추진한 경로에 세 가지가 있다.

교육 체계 가운데 정부는 교과서를 통해 유가가치 관념을 대량으로 전파했다. 교육학자들은 1952년, 1962년, 1968년, 1975년 교육부가 반포한 네 차례의 《국민소학과정표준》(國民小學課程標準) 및 1952년, 1962년, 1972년, 1985년의 《초급중학과정표준》(初級中學課程標準)을 연구한 결과 몇 가지 사실을 발견했다. 소학 및 중학교의 과거 30년간의 8개 과정의 표준판에서 공통적으로 나타난 주요 목표는 "애국사상을 격발하고, 민족정신을 선양하는 것"이었다. 그 다음으로, 소학교의 《생활과 윤리》(生活與倫理) 과목 및 중학교의 《공민과 도덕》(公民與道德) 과목을 예로 들어 상술한 8개 판본의 '과정 표준' 가운데, '충용애국'(忠勇愛國), '애국반공정신', '국가관(의식)의 강화'(增強國家觀念) 등의 목표는 총 6번 출현했다. '민족 고유미덕의 발양', '사유팔덕의 실천'(實踐四維八德)이나 '중화

46) 同上書, 頁336。

문화 부흥의 기초 정립'(奠定中華文化復興的基礎)은 총 7번 출현했다. 수업 과정의 표준을 분석하면 국가에 충성하는 것과 전통문화를 발양하는 것이 국민교육 단계에서의 중심 목표임을 잘 알 수 있다.[47] 나아가 중학 교과서의 내용으로 볼 때, 중학교와 고등학교의 교과서를 불문하고, 전통적 가치를 표현한 횟수가 현대적 가치를 초과했고, 출현 횟수가 가장 많은 전통가치는 각각 '효순, 우애, 충용'(중학교)과 '충용, 박애, 가족관념'(고등학교)이었다. '나라에 대한 충성'은 중학교, 고등학교 단계 모두에서 가장 시급히 주입하고자 하는 가치관이었다.[48] 중학교의 《국문》(國文) 교과서를 예로 보면, 그 내용에서 정치지도자에 대한 찬양이 가장 큰 폭을 차지했고, 그 다음이 윤리 도덕 방면의 주제로, 친정, 자제, 인해, 진취(親情, 自制, 仁愛, 進取) 등의 가치가 비교적 중시되는 항목이었다. 정치주제와 관련된 하위 단위에서는, 친정과 진취(親情, 進取) 등이 애국감정을 불러일으키는 것이었으며, 인애(仁愛)는 종종 정치 지도자에 대한 내용과 함께 나타났다. 자제(自制)는 정치적 가치와 관계가 있으며, 근검(勤儉)은 1968년 판본에서 특별히 정신건설 등의 정치목적과 결합되었다. 이상의 예시를 통해 윤리도덕과 정치의 관계를 볼 수 있다.[49]

고등학교의 《중국문화사》 교과서 가운데, 유가사상에 대한 것도 역시 상당히 큰 폭을 차지했다. 《고급중학역사과정표준》(高級中學歷史課程標準)은 1962년, 1971년, 1983년에 각각 한 차례씩 수정됐는데, 이 세 번

47) 參看羊憶蓉：〈現代化與中國人的價值變遷--教育角度的檢視〉, 收入漢學研究中心主編：《中國人的價值觀國際研討會論文集》, 頁480。

48) 同上書, 頁480-481。

49) 參看李麗卿：《國中國文教科書之政治社會化內容分析》(臺北：國立臺灣師範大學教育研究所碩士論文, 1989), 頁259。

의 《과정 표준》에 의거하여 집필한 《중국문화사》(中國文化史) 교과서는, 고대 유가사상, 한대 경학, 송명청대의 이학 등의 사상에 대해 모두 많은 편폭을 들여 토론했다. 이 외에, 고등학생이 3년 이내에 모두 반드시 수강하여 읽는 《중국문화 기본교재》(中國文化基本教材)가 바로 《논어》, 《맹자》, 《대학》, 《중용》 등 고대의 유학 경전을 위주로 했는데, 정부의 교육 정책 아래, 유가 사상이 소학 및 중학 교과서를 통해 대량으로 청소년들에게 전파되었음을 볼 수 있다. 정부 교육 주관 부서 역시 각종 방식으로 유가 사상의 교학 내용이 일치성을 갖도록 했다. 예를 들면, 1991년 10월 대만 성정부 교육청이 중국문화기본교재 교학 참고 자료를 간행하여, 《대만성 중학교 및 소학교 '유교무류 인재시교(有教無類, 因材施教)' 관철 제1단계 계획》에 집어 넣고 대량으로 전국 각 중고등학교의 교사, 교육행정 인원, 각급 학교 및 사회교육 기관에 발송하여 영향력을 확대했다. 그리고, 대만의 초중고에서 사용하는 《국문》(國文), 《생활과 윤리》, 《중국문화 기본교재》(中國文化基本教材), 《중국문화사》(中國文化史) 등 과목의 교과서는 모두 '국정본'인데, 전 대만의 모든 초중고가 함께 국립편역관에서 출판하는 교과서를 채용함으로써 교과서를 통해 전파되는 유가가치 규범의 내용이 고도의 동질성을 가지게 되었다.

정부 당국이 유가가치를 전파하는 두 번째 방식은 '중국문화 부흥운동 위원회'가 추진하는 각종 사회운동이다. 이 위원회는 1967년 7월에 성립되었는데, 주로 당시 중국대륙이 전개한 문화대혁명에 대한 것으로, 대만에서 유가가치를 중심으로 한 전통문화를 널리 보급하고자 했다. 그러나 리이위엔이 말한 것처럼, 이 운동은 고유한 윤리도덕 재정비를 중심으로 하는 한편, 다른 한편으로 전통윤리의 정신으로 공산 정권에 대항하려 했으므로, 본질적으로 정치적 의미가 문화적 의미보다 컸다. 문화의 범주 가운데에 있지만, 포함하는 범위가 덕성의 문화를 주요 목표로 삼았기 때문에 미감과 지성 등의 방면에는 부족했다.[50] 이렇게 유가 윤리의 추진을 주요 임무로 하는 정부당국 기관은 과거에 25년간(1967년 7월에서 1991년 4월, 이후 중화문화부흥운동총회로 개편) 아래의 사회운동 방식을 통해 전통 유가 가치를 전승시키고자 했다.[51] 첫째, 국민생활보도위원회(國民生活輔導委員會)를 결성하여 유가가치규범이 합리적으로 국민생활 방식 가운데 적용되게 했다. 둘째, 국민생활수칙을 편찬하는데 글과 그림을 함께 사용하여 사회 속에 보편적으로 보급시켰다. 셋째, 예의범례를 편찬하여 고금의 예절 제도를 하나로 융회(融會)하고, 때에 따른 손익에 있어, 중외 예속을 절충하고 규범을 따르게 했다. 총통이 내정부에 인가하여 반포하여 추진했다. 넷째, 전통문화와 현대생활 토론회, 생활예절 세미나 등을 개최하고, 국내외 전문가들을 초청하여 발표하고 서로 평론하며 회의집을 간행하여 영향력을 확대했다.

정부 당국이 유가가치를 전파한 세 번째 방식은 출판품의 유통을 통한 것이다. 중화문화 부흥운동위원회도 이 방면에서 약간의 기여를 했다. 예를 들면, 학술연구 출판촉진위원회를 결성하여 학자들의 서적을 출판하고《중화문화총서》(中華文化叢書)를 출판하였으며, 고대 전적들의 주역을 출판하여 이미 40여권이 출판되었으며,《중국 사상가 열전》(中國思想家列傳)을 편집 출판하여 주공(周公) 이래로 90여명의 열전을 출판했다.[52]

---

50) 李亦園：〈文化建設工作的若干檢討〉, 收入中國論壇編輯委員會主編：《臺灣地區社會變遷與文化發展》, 頁305-336, 尤其是頁309。

51) 중국문화 부흥운동 위원회가 25년간 추진한 업무의 상세한 내용은 다음의 책을 참고하시오. 陳立夫：〈中華文化復興運動推行委員會工作述略〉,《中央月刊》1991年7月號, 頁38-40。

52) 同上註。

셋째, 전후 대만에서 중서 사조의 격동에서 중요한 구동력은 정부의 교육정책의 주도 하에 해외에 나가 유학을 한 유학생들의 숫자가 증가한 것과 그들이 가지고 들어온 외래 사조였다. 통계에 따르면 1950년에서 1990년까지의 40년간 정부가 허가하여 유학한 사람의 숫자가 거의 지속적으로 증가하는 추세를 보였고, 가장 높았던 1988년에는 7,000명 이상에 달했다. 귀국하여 소정의 의무를 수행한 유학생 숫자도 매년 증가했으며, 1990년에 최고점에 달하여 거의 3,000명이 돌아와 소정의 의무를 이행했다. 이러한 귀국 유학생의 숫자는, 미국에 유학한 학생이 절대 다수였고 총 2,500명 이상을 넘었다. 그 다음은 일본, 영국, 프랑스, 독일 등이었다. 이 귀국 유학생들은 각각의 대학교, 연구기관, 문화기관 등에서 그들이 유학 기간에 접촉하거나 연구했던 각종 서양사상과 민주자유의 생활방식을 대만에 들여와 중서 사조의 격동과 융합을 가속화했다.

이상에서 말한 세가지 기본 사실의 발전은 모두 정부의 역할과 밀접한 관계가 있다. 문화정책의 추진, 교육시스템에서 전파된 정부당국이 해석한 유가사상, 그리고 유학 정책의 집행 등은 모두 '국가'(state) 역량의 추진에 힘입은 것이다.

(2) 유학에 대한 새로운 해석

우리는 이미 앞에서 전후 대만의 정부 부처에서 추진한 유가사상의 경로를 간단히 설명했다. 이제 우리는 다시 대만 학계의 유가사상에 대한 해석을 회고해보도록 할 것이다. 필자는 전에 다른 논저 가운데, 전후 대만 학계의 유가사상 해석에 관해 세 개 유파 및 그 문제의식으로 귀납했

는데, 그 내용은 아래와 같다.[53)]

첫 번째 유파는 비교적 문화전통 및 역사배경 속에서 유가사상의 함의 및 그 발전을 탐색하는 것을 비교적 강조한다. 이러한 입장은 종단면 위에서 유가사상의 지속성과 발전성을 강조하고, 횡단면 위에서 유가사상과 당시 시대정신 혹은 문화분위기의 유기적 상호관계를 다시 본다. 이러한 연구방법을 취한 학자로는 치엔무(錢穆, 1895-1990)와 쉬푸관(徐復觀, 1903-1982)이 대표적이다.

연구적 시각에서 보면, 치엔무와 쉬푸관의 학문이 비록 문제의식에 있어서는 완전히 다르지만, 그들은 모두 총체적 방법(holistic approach)을 취했다. 그들은 사상이나 관념을 '총체'적인 문화전통이나 역사구조를 구성하는 '부분'으로 처리하여, '부분'의 '의미'(치엔무가 늘 강조하는) 혹은 '지위'(쉬푸관이 중시했던)는 반드시 '총체'적 맥락 속에서만 정확하게 파악할 수 있다고 생각했다. 그리고, 이러한 연구방법은 또한 유가사상 발전의 지속성이 발전의 맥락 속에서 유학자들의 사상사적 지위를 결정하는 것을 특히 중시했다. 그들은 모두 '발전적' 관점으로 문제를 이야기하고, 그들은 사상현상을 역사맥락에 두고 고찰하는 것에 매우 주목했다.

전후 대만에서 유가사상을 연구한 두 번째 유파는, 탕쥔이(唐君毅, 1890-1978)가 말한 '철학사로 철학을 논하는' 입장을 취하고 각종 방법으로 유가 철학을 재건하고자 했는데, 그 중 공헌이 가장 많고 영향을 가장 크게 미친 사람은 형이상학적 방법을 취한 팡동메이(方東美, 1899-1977), 유심론의 방법을 취한 탕쥔이, 칸트 철학을 빌려 유가철학에 들어간 머우

---

53) 이하의 내용은 졸저인 다음의 책을 요약한 것임. 黃俊傑：〈戰後臺灣關於儒家思想的研究〉, 收入氏著：《戰後臺灣的教育與思想》(臺北：三民書局, 1992)。.

종산(牟宗三, 1909-1995) 등이다. 홍콩에 오래 거주했으나 저작들이 대만에서 유행했던 라오쓰광(勞思光, 1927-2012) 및 류수셴(劉述先, 1937-)이 취한 방법도 서로 유사하다.

팡동메이, 탕쥔이, 머우종산 세 분이 대만 철학계에 많은 제자들을 배출했는데, 가까이 따르는 자들이 많아서 스승 문하의 철학사상이 발휘된 저작들이 매우 많았다. 이 세 사람의 유가철학 연구는 중국의 역사적 변화에 많은 자극을 받았는데, 그들의 마음과 정신은 중국대륙의 역사적 변화를 대만사회의 현실보다 더 중시했다. 이러한 학술 주체성의 정립은 최근 들어 대만의 여러 변국, 즉 계엄령의 해제, 민간사회력의 해방, 대만주체성의 점차적인 각성과 자신의 객관화 요구 등 새 국면이 출현함에 따라, 이미 대만의 한세대 젊은 유학 연구자들의 반성을 보편적으로 일으켰다. 젊은 학자들이 학자들의 학술 업적을 흡수하면서, 유학정신이 한 걸음 더 대만사회에 실현되기를 점차 요구하게 되었다.

예를 들면, 칭화(淸華) 대학교의 양루빈(楊儒賓, 1956-)은 <인성, 역사계기와 사회실천: 유한한 인성론으로 본 머우종산의 무한심과 유한사회철학>의 논문 속에서,[54] 머우종산 교수의 철학체계 중 무한심과 유한심의 관계를 검토함으로써 유한심의 존재론적 지위를 다시 부여하여 유가의 사회실천적 가능의 근거를 삼고자 했다. 작고한 동하이(東海) 대학교 철학과의 쟝니엔펑(蔣年豐, 1955-1996) 교수는 <법정주체와 현대사회: 현재 유가가 생각해야 할 문제>라는 논문에서[55] 동서양 도덕철학이 서로 융통

54) 楊儒賓：〈人性､歷史契機與社會實踐：從有限的人性論看牟宗三的無限心與有限社會哲學〉,《臺灣社會硏究季刊》第1卷第4期(1988年冬季號), 頁139-179。

55) 刊於《中國文化月刊》第111期, 1989, 收入蔣年豐：《海洋儒學與法政主體》(臺北：桂冠圖書公司, 2005), 頁255-272。

하는 과정 가운데 법정 주체를 드러내야 할 것이라고 주장했다. 그는 머우종산이 해석한 칸트 철학 위에 법정 주체의 정립이라는 새로운 측면을 더했다. 그리고 '권리와 의무' 같은 관념이 전통 중국에서 뿌리 내리기 어려운 사실에 마주하여, 유가는 합당한 역사의 시간에서 정치 정세에 대응하여 법정주체를 개발하고, 인민들이 민주정치와 정의사회의 생활을 누리는 기초로 삼아야 할 것이라고 주장했다.

전후 대만의 유가사상 연구에 관한 세 번째 유파는, 사회과학적 유가사상 연구라고 부를 수 있다. 이 유파가 취한 것은 대체적으로 사회과학 설문조사 및 계량적 방법으로, 유가사상과 현대 동아시아 지역의 현대화 발전의 관계를 연구하고자 하는데, 특별히 대만지역 현대화 발전과의 관계이다. 이 연구 유파가 관심하는 것은 유가사상과 동아시아 현대화의 문제이다. 이 연구 유파는 국제학계의 마르크스 학술 논점에 대한 재반성과 재비판에서 발원했지만, 최근 들어 왕성하게 발전하여, 대만 학계의 유가사상 연구의 새로운 동향이 되었다. 이미 발표된 저작들에서 보면, 이 연구지향의 대표적인 학자는, 사학자 위잉스(余英時, 1930-), 심리학자 양궈수(楊國樞)와 황광궈(黃光國, 1945-) 등을 포함한다.

이상으로 유학을 해석하는 세 개의 연구유파 학자들이 발표한 논저들이 아주 많은데, 그들의 연구 업적은 전후 대만 중서 사조 격동의 사상적 소용돌이 속에서, 중국사상의 주류인 유가사상에 대해 진행한 고전에서 새로운 의미를 찾는 노력으로 볼 수 있을 것이다.

(3) 서양 사조의 충격

전후 대만의 사상계는 위에서 검토한 정부당국 및 학자들의 유가사상에 대한 해석 외에도, 형형색색의 서양 사상들이 대만 사상의 해안선에 충격을 주고 있었다. 1949년 이후 중국대륙이 마르크스, 레닌, 마오쩌둥 사상을 정통으로 하던 상황과 상대적으로, 대만의 사상계의 상황은 다원적이었다고 말할 수 있다. 각종 외래사상이 잡다하게 섞여 서로 충돌하였고, 그 가운데 특히 칸트 철학, 실존주의 및 자유주의가 비교적 중시되고 해석되었다.

전후 대만 철학자들은 칸트 철학에 대한 설명을 가장 많이 했는데, 칸트를 인용하여 송명 유학을 연구하고 도덕적 형이상학 체계를 세운 이가 머우종산 선생이다. 리밍후이(李明輝, 1953-)는 한 논문에서 머우종산이 1949년 대만에 건너온 이후 사상 발전의 두 단계를 분석하고, 칸트와 유학이 머우종산 사상에서 차지하는 관계를 설명했다. 리밍후이는, 첫 단계에서 칸트 철학은 머우종산에게 유가의 '내성'(內聖)지학의 위치를 정립하고, '외왕'(外王) 문제를 해결할 수 있도록 완전한 사상 구조를 제공했음을 지적했다.

'외왕'이라는 것은 주로 과학과 민주정치를 가리키는데, 머우종산은 그것을 '신외왕'(新外王)이라 칭하며 전통적 사상골격에 대해 새로운 돌파가 필요함을 의미했는데, 곧 이성의 '작용 표현'(作用表現)을 '구조 표현'(架構表現)으로 전환하여 대열의 판을 열어야 한다고 표명했다. 두 번째 단계에서, 머우종산은 칸트의 저작들에 대해 더 깊은 연구를 함으로, 첫 단계의 유학과 칸트철학에 관한 관점에서 진일보한 발전을 이루었다. 그는 특히 칸트 철학을 통해 중서 철학을 회통하는 것을 강조했다. 리밍후이는 '일심개이문'(一心開二門)의 사상적 짜임새, '실천이성이 사변이성에 우선한다'는 관점, '자율윤리학' 개념의 세 방면에 대해 각각 머우종산이 어떻게 유학과 칸트철학을 통합하는지 설명했다. 이 세 방면의 분석은, 머우종산이 칸트 철학의 개념과 사상적 짜임새를 원용하여 간단히 유가사상을 해석한 것이 아니라, 철학 사고의 높이에서 그 상이함을 비교하고 형태를 분석했음을 보여주었다. 그러므로 머우종산의 해석 작업 자체가 일종의 철학 사고였고 새로운 교리를 포함하고 있는 것이다.[56)]

전후 대만 사상사 가운데, 두 번째 주목할 만한 서양사조는 실존주의이다. 실존주의는 1950년대 대만에 들어와 1970년대 이후에서야 점차 빠져나갔다. 실존주의 철학자들 가운데, 대만 지식인들의 주목을 가장 많이 받은 철학자는 사르트르(Jean-Paul Sartre, 1905-1980)이다. 쟝니엔펑은 전후 대만 경험 속 실존주의 사상에 대해 초보적인 연구를 했는데, 실존주의가 대만 경험 속에 들어온 것을 가장 잘 반영하는 것이 대만대 외국문학과 출신의 바이셴용(白先勇, 1937-), 천뤄시(陳若曦, 1938-), 왕원싱(王文興, 1939-) 등의 인물이다. 60년대 초 창간한 《현대문학》(現代文學)에서 그는 실존주의가 진정으로 대만의 심령에 들어온 것을 대표했는데, 신세대 작가들의 문학 내용과 전달 수법상에서 서양 실존주의 요소들을 대량으로 흡수했던 것이다.

《현대문학》, 《문학계간》(文學季刊, 1966), 《순문학》(純文學, 1967) 등의 세 잡지가 성행했던 시대가 대만 문학이 상당히 활기 있었던 시대였고, 실존주의 사상은 아주 중요한 문학 양분이 되었다. 《현대문학》을 기반으로 한 학과 출신의 작가들이 실존주의 사상을 퍼뜨리는 데 제 일선에 있었다. 그러나 그들을 제외하고, 적지 않은 다른 유형의 작가들도 광범위한 유포효과를 발휘했는데, 치덩셩(七等生, 본명은 류우슝[劉武雄], 1939-)과 왕샹이(王尚義, 1936-1963)를 대표로 들 수 있다.

---

56) 李明輝：〈牟宗三思想中的儒家與康德--戰後臺灣儒家思想之一例〉, 收入宋光宇編：《臺灣經驗(二)社會文化篇》, 頁91-120。

그들의 작품에서 보면, 뿌리 없음과 추방이 대만에 온 2세대 작가들의 공통된 실존의식이었다. 이 실존의식이 그들이 실존주의를 받아들이는 가장 좋은 매개가 되었다. 그러나 주목할 가치가 있는 것은, 사르트르 위주의 실존주의가 대만에 들어올 때, 대만 특유의 정치적 금기에 눌려 원형이 상실되었다. 사르트르는 애국하여 맞서 싸운 지하군의 지도자로 인식되었고, 허무맹랑한 시대적 대언자로 인식되었다. 대만의 실존주의 작가 중 사르트르의 반체제 정신과 공산당에 대한 동정을 직시할 수 있는 자는 아무도 없었다. 대만은 줄곧 실존주의의 붐이 끝난 후에도 사르트르가 이 방면에서 드러낸 강한 표현을 잘 알지 못한다. 사르트르 말기 사상의 결정판인《변증법적 이성비판》은 60년대 대만 지식인들의 주목을 받아 본 적이 없다. 사르트르의 일생에서 사고의 중심은 모두 체제의 질곡을 벗어나는 데 있었으나, 대만에 이르러서는 오히려 체제 위탁자가 생활의 정취를 미화하는 자원이 되었다. 사르트르를 위주로 하는 프랑스 실존주의와 비교하면, 대만에서 유행한 실존주의는 현실비판과 구체적 행동의 철학적 시야 속에서 발전하지 못했던 것이다.[57]

장니엔펑이 분석한 대만의 경험 속에서의 사르트르의 사상에서 우리는 한가지 분명한 사상사적 사실을 발견할 수 있다. 중서 사조가 격동한 장소로서의 대만은, 물론 용감히 외래사조를 받아들였으나, 어떤 외래사상이든지 대만에 들어온 후 모두 대만 특수한 정치조건과 문화환경의 제약을 받았고, 원래 모습을 일부 변화시켰다. 이 사실 역시 부분적으로 '대만경험'의 특수성을 드러내는 것이다.

---

57) 蔣年豐 :〈戰後臺灣經驗中的存在主義思潮〉, 收入宋光宇編 :《臺灣經驗(二)社會文化篇》, 頁1-26, 後收入蔣年豐 :《海洋儒學與法政主體》, 頁105-130。

마지막으로 외래사상이 '대만 경험'의 특수성으로 인해 제한을 받아 대만 사상계에서 충분히 발전할 수 없었던 또 다른 예는 바로 전후 대만의 자유주의 사상이다. 슝즈지엔(熊自健)은 인하이광(殷海光, 1919-1969), 샤다오핑(夏道平, 1907-1995), 저우더웨이(周德偉,?-1986) 등의 전후 대만의 자유주의자들이 프리드리히 하이에크(Friedrich Hayek, 1899-1992)의 사상을 소개 및 연구하고, 1950년대부터 대만의 자유주의자들이 루드비히 폰 미제스(Ludwig von Mises, 1881-1973), 빌헬름 뢰프케(Wilhelm Ropke, 1899-1966)의 저작을 잇따라 번역하여 중국에 잔존한 자유주의에 새로운 생명을 주입하고 새로운 사상구조를 개척했음을 지적했다. 그 중 하이에크가 가장 큰 영향을 끼쳤는데, 그는 1965년과 1967년에 대만을 두 번 방문했고, 1974년 노벨 경제학상을 수상하면서 대만에서의 명성은 더욱 커졌다. 그러나 하이에크의 대만 방문 및 저작들은 소수 몇몇 학자들에게만 깊은 흔적을 남겼을 뿐 팽배한 사조를 이루지 못했고 정책을 지도하는 역할을 하지도 못했다.[58]

하이에크의 자유주의 사상이 대만에서 거대한 흐름을 만들지 못한 것에는 적어도 몇 가지 원인이 있다. ① 하이에크 사상은 정부 당국의 중시를 받지 못했는데, 왜냐하면, 정부당국은 '개인자본 절제, 국가자본 발달'이라는 지도로 반공복국(反攻復國)을 완성한다는 사명 하에, 하이에크의 이론을 받아들이기가 매우 어려웠다. 하이에크는 정부가 통제의 권력을 풀고, 자유경쟁의 시장질서를 존중하며, 국영기업의 민영화를 개방하도록 요구하는 등 정부당국의 권위와 지도의 역할을 크게 약화시키는 것이

---

58) 熊自健：〈戰後臺灣的自由主義者與海耶克思想--以殷海光、夏道平、周德偉為例〉, 收入宋光宇編：《臺灣經驗(二)社會文化篇》, 頁27-64。

었다. 정부의 시정방침과 하이에크 이론은 매우 동떨어진 것으로, 이것은 하이에크 사상이 현학이 되지 못한 외연성 요소였다. ② 전후 대만의 자유주의자는 공개적으로 학술전당에서 하이에크 사상을 가르칠 수 없었던 것이 하이에크 사상에 대한 연구토의와 전파에 영향을 주었다. 인하이광은 대만대 철학과에서 '논리실험론'(邏輯實證論), '분석철학'(分析哲學), '이론어의학'(理論語意學)을 가르쳤는데, 1960년 강요에 의해 대만대를 떠났다. 샤다오핑은 정치대 경제학과에서 '경제학 영문 명저 선독'(經濟學英文名著選讀)을 가르치다가 1972년 퇴임했다. 인하이광과 샤다오핑은 갖가지 원인으로 인해 학술 전당에서 공개적으로 하이에크 사상을 가르칠 수 없었고, 오로지 《자유중국》(自由中國)과 《문성》(文星) 등의 잡지에 하이에크 사상을 퍼뜨릴 수 밖에 없었는데, 이로써 하이에크를 중심으로 한 자유주의 이론 학파를 양성할 수 없어서, 하이에크 사상의 연구와 전파는 소수 몇몇의 학자들에게만 이뤄지면서 단층 현상을 만들었다. ③ 가장 주된 원인은 역시 하이에크 사상 자체에 있다. 하이에크는 사상 원천이 오스트리아 학파와 이른바 영국 자유주의 전통에서 나왔다고 자술했는데, 그는 로크(J. Locke, 1632-1704), 흄(D. Hume, 1711-1776), 애덤 스미스(A. Smith, 1723-1790), 애덤 퍼거슨(A. Fergnson, 1723-1816), 칸트(I. Kant, 1724-1804), 버크(E. Burke, 1729-1797), 토크빌(A. Tocqueville, 1805-1859), 액턴(L. Acton, 1834-1902), 빅셀(K. Wicksell, 1851-1926), 멩거(C. Menger, 1840-1921), 미제스 등 선배들의 저작을 따르며 그의 관점을 논술했다. 그러나, 이 오스트리아 학파 및 영국 자유주의 전통의 중요 저작이 90년대까지 양안 해협 학자들에 의해 일부만 번역이 되어, 하이에크 사상을 깊이 연구할 때 연관 자료가 부족하여 깊은 연구를 할 수 없게 되었다. ④ 하이에크의 사상은 줄곧 4대 적수인 사회주의, 케인스 주의, 합리주의, 복지

국가와 대면했는데, 그들의 이론과 실천에 대해 날카롭게 논쟁을 전개했다. 그러나 전후 대만의 학계는 이 네 파의 학설이 성행하지 않으므로, 하이에크 사상이 힘을 쓸 곳이 없게 되었다. 동시에 대만 당국의 가장 주요한 경제발전은, 대만을 낙후 국가들이 겪는 빈곤 순환의 곤경에서 벗어나게 하는 것이었고, 경제 지향이었으나, 하이에크가 직면했던 것은 서양의 성숙한 자본주의, 사회주의, 복지국가의 각종 문제로 이런 것들은 대만에 아직 출현하지 않았으므로, 그가 제기한 갖가지 대책 역시 상응하는 매력을 잃게 되었다.

이상으로 4개 요소의 제한 하에, 하이에크 사상이 비록 전후 대만의 자유주의 학자들로 말미암아 강력하게 소개되기는 했지만, 결국 사상적 주류가 되지는 못했다. 이 사실로 볼 때, 전후 대만의 정치 및 경제 상황이 확실히 서양사조가 대만에서 발전함에 있어 극대한 제약작용을 낳았음을 다시 한 번 발견하게 된다.

본절에서는 학계의 전후 대만 중서 사조의 충돌에 대한 연구 논점들을 종합했다. 이상의 회고 가운데, 우리는 사르트르의 실존주의 및 하이에크의 자유주의가 대만 사상계에 들어온 후에 모두 당시 정치 경제 환경의 방해를 받아 왜곡되었고 심지어 유명무실하게 되는 과정을 살펴보았다. 그러나, 1987년 7월 계엄령이 해제됨에 따라, 대만은 강렬하게 민주화의 길로 나아갔다. 미래 대만의 사상계는 분명 다원화되고 활발한 모습을 보일 것이다. 또한 갖가지 학문 예술이 함께 융성할 것임을 예상해 볼 수 있다.

제4절 결론

본 논문은 1990년대 대만학계에서 출판한 논저를 기초로, 이 논저들이 전후 대만 사회문화 전환현상에 대해 분석 및 제기한 해석을 회고했다. 본 글이 귀납한 것을 근거로, 전후 대만 사회전환의 주축은 농업사회에서 공업사회로 발전했음을 발견했다. 신속한 공업화의 과정 가운데 각종 신흥 사회현상들이 많이 생겨났는데, 그 중 비교적 당대 학자들의 중시를 받은 것에는 (1) 도시화의 추세, (2) 교육의 신속한 확장, (3) 사회계층의 변동, (4) 여성의 새로운 발전 등이 있다. 이 네 가지 사회현상 간에는 서로 영향을 주고 받았는데, 예를 들면 도시화를 주축으로 볼 때, 대개 학교 숫자의 확장으로, 사회의 화이트 칼라 계층의 흥기 및 여성의 약진이 모두 대도시에 집중되었다. 그리고 도시화는 또 공업화가 초래한 결과였다.

전후 대만의 문화적 전환은 주로 '전통성/현대성'과 '본토화/국제화'라는 양극 간의 파동 속에 있었다. 1950년대 토지개혁 때부터 1980년대 경제 국제화 시대의 도래까지, 이 30여년간 대만 농민의 가치지향은 극대한 변화를 겪었다. 광복초기의 '농본주의' 심리상태와 가치관은, 공업화 과정 속에서 점차 사라졌다. 농민에 있어서는, '토지'의 상품화 성격이 날로 두드러졌다. 공업화의 충격 아래, 지식 계층의 대학생 가치관 속의 '미래 지향'과 '개인 지향' 역시 갈수록 뚜렷해졌다. 이상의 가치 전환은 대만문화 전환이 '전통성'에서 '현대성'으로 이동했음을 반영하는 것이다. 이 외에도, 공업화 추세에 따라 '세속화'(secularization)의 문화현상도 가져왔다. '세속화'는 민간종교 속에서 비교적 뚜렷하게 표현되었다. 연구 문헌은 1960년대 중기 이전에, 서양 종교가 이미 장족의 발전을 했으나, 그 이후로는 본토의 민간종교 신앙이 신속하게 성장했음을 말하고 있다. 이 부분의 전환 역시 '국제화'와 '본토화'의 문화 영역 속에서의 줄다리기 모습을 반영해 준다.

전후 대만의 사상 전환은, 주로 '중국'과 '서양'의 격동 과정에서 이뤄졌다. 정부 당국의 문화정책은 당국이 해석한 유가사상을 중심으로 하여 중국문화를 제창했고, 민간 학자들은 유학 전통에 대한 새로운 해석 제기에 주력했으나, 또 다른 측면에서 실존주의, 자유주의 같은 서양 사조가 강하게 대만의 지식계에 영향을 미쳤고, 전후 대만의 사상사를 다양하게 장식했다. 그러나, 전통적 중국사상의 재해석이든, 서양 사조의 소개이든, 모두 당시 대만의 특수한 정치경제 정세의 영향을 받았고, 더욱이 정치력의 침투와 지배를 받았다. 이 현상은 '대만 경험'이라는 것이 확실히 '특수성'을 가지고 있음을 아주 구체적으로 보여주었다. 이 특수성은 전후 대만의 소형공업이 가진 극한 근성 속에 드러나 있고, 민간신앙이나 조상숭배가 이득 지향의 영향을 받음에 드러나며, 당국의 유학에 대한 신해석 및 서양사조의 대만 진입 후 받은 왜곡과 재편성에서 드러난다. 이상으로 이 모든 현상은 모두 공통으로 '대만 경험'의 특수한 성격을 우리에게 말해준다.

제2장 토지개혁이 대만 농촌과 농민에게 가져온 충격

사람의 몸은 많은 재주를 가지고 있어서
늙어도 농사를 지을 수가 있다네.
밭이 없다가도 밭이 있게 되었으니
피땀 흘린 게 헛된 것이 아니라네.

갑자기 지주가 되어
늘어난 만큼의 재산
거위와 오리들은 즐거워 무리를 이루고
닭은 물을 먹으려 돼지우리에 가까이 간다.

모든 농부들은 본래 곤궁한데
지금까지 어떻게 견뎌 왔나.

만고에 이에 비할 게 없으니
어찌 보답할까 망극할 뿐이네.

하늘에 보답하고자 하지만 받을 수 없고
사람들에게 보답하려 하지만 사람이 부덕하구나.
그 많은 재산을 사용하여
국가에 보답함만 못하리라.[1)]

人身備百工。到老事稼穡。
無田而有田。汗血不虛滴。
驀地為地主。陡增萬金值。
鵝鴨樂成群。雞栖接豚柵。
諸農本窮民。乃今蒙扶植。
萬古無此例。何以報罔極。
報天天弗受。報人人不德。
不如阜其財。用之以報國。

—뤄샹린(駱香林)

1) 花蓮縣文獻委員會編：《駱香林全集》(花蓮：花蓮縣文獻委員會, 1980), 上冊, 頁13。

제1절 머리말

위의 5언시는 광복 초기 대만 화롄(花蓮)의 명망가인 뤄샹린(駱香林, 1895-1977) 선생이 지은 《리가백수(俚歌百首)》 중의 시 한 수로, 제목은 <밭 가는 이가 그 땅을 얻다(耕有其田)>이다. 이 시는 소박하고 꾸밈이 없다. 그러나 시대의 변화를 친히 경험한 대만의 향현(鄉賢)이 1950년대 초기 토지개혁 정책에 대한 진실한 감상을 토로하고 있다. 이 대만의 노인은 전후 초기 대만 농민이 전화(戰火)와 재난으로부터 떨쳐 일어나 토지개혁 정책의 실시에 따라 마음과 힘을 경농에 투입할 수 있게 된 기쁜 심정을 자간에 드러내고 있다.

그가 "경자유기전(耕者有其田)" 정책을 칭송할 때는 40년 후의 오늘날 대만의 농민들이 농업의 불황으로 근심에 빠져 거리로 나서게 될 줄을 전혀 생각지 못했을 것이다. 또한 최근 중앙 정부의 정책결정 단위들 사이에서 "경자유기전 조례의 실시"를 폐지하라는 호소가 강하게 나오고 있다는 것은 더욱 예견치 못했을 것이다. 뤄(駱) 선생이 시를 쓴 시기는 전후 대만에서 새로운 희망을 발견했을 때이다. 그러나 그는 전후 대만의 경험 속에 있는 '역사의 패러독스'를 아직 예견할 수 없었다.

이 '역사의 패러독스'는 1949년부터 시작되었다. 이 해에 중국대륙의 정세에 큰 변화가 생겼고 국민정부가 대만으로 이주해 왔다. 실로 "흥망은 자고로 늘 있는 일이며, 이러한 흥망이 얼마나 자주 벌어졌던가! (천인커(陳寅恪)의 1949년 시 <파랑새(青鳥)>에서)"라는 말 그대로였다. 이러한 엄청난 격변 이후의 국민정부는 대만에 이주해 온 후 여러 정치경제적 정책을 펼쳤고, 그 중 대만에 가장 심각하고 거대한 영향을 미친 것은 토지개혁 정책이었다. 1949년 1월 5일, 천청(陳誠, 1898-1965)은 어지러운 상황 중에 대만성(臺灣省) 주석을 맡아 전쟁의 피해 및 2.28 사건의 재난 이후 대대적으로 경제개혁을 추진했다.

1949년 3월 중에 중국농촌부흥연합위원회(中國農村復興聯合委員會, 약어로 농부회(農復會))의 주임위원인 장멍린(蔣夢麟)이 대만에 와서 천청(陳誠)과 함께 토지개혁의 문제를 상의하고, 정식으로 농부회(農復會)[역자주: 중화민국과 미국의 연합기구로 중화민국의 농촌부흥을 목적으로 성립된 전문기구임. 행정조직 외에 식물생산조, 농업경제조, 농업신용조, 수리공정조, 향촌위생조 등 9개의 조직으로 이뤄졌다]가 정부에 협조하기로 결정했다. 대만에서 토지개혁을 추진하는 새로운 역사의 장이 열린 것이다.

제2절 전후 대만 토지개혁의 배경

중국 역사에서 한대(漢代) 이래로 "부자의 땅은 천리가 이어져 있고, 가난한 자는 송곳 하나 세울 땅이 없다"는 류의 말이 대신들의 의론이나 문인들의 문장 중에 종종 출현했다. 좋은 땅이 천만 경에 이르게 하고 천하의 가난한 농민들을 보호하여 모두 환한 얼굴이 되게 하는 것이 몇 천 년 동안 이어져 내려온 양심있는 지식인들의 관심사이자 과제였다. 손중산(1866-1925) 선생도 이 과제에 대한 해결방안을 제시했는데 그것이 바로 '평균지권'(平均地權)과 '경자유기전'(耕者有其田)이다. '평균지권(平均地權)'의 관념은 일찍이 흥중회(興中會)와 동맹회(同盟會) 시기의 문헌에도 출현한다. 1906년 12월 2일, 손중산 선생은 동경에서 거행된《민보(民報)》1주년 기념회에서 "삼민주의와 중국민족의 앞길"(三民主義與中國民

族之前途)이라는 연설을 통해, 농업이 현대화 될수록 자본이 더욱 쉽게 소수의 사람들에게 집중될 것이라 지적하며 그런 우려가 현실화되기 전에 미리 해결책을 준비해 놓아야 한다고 주장했다. 그는 다음과 같이 말했다.

> "고대의 농업과 공업은 모두 사람의 힘에 의지해 이뤄졌다. 그러나 현재는 이 방법이 바로 '평균지권(平均地權)'이다. 손중산 선생은 만약 '평균지권' 정책을 관철할 수 있으면 사회혁명도 10분의 7에서 8은 완성할 수 있다고 생각했다. 토지가 평균화되지 않는다면 전제 정치를 무너뜨려 자손들에게 더 좋은 미래를 물려주려는 일생의 과업은 여전히 대지주와 대자본가의 무궁한 전제주의에 빠져 자손들이 큰 해를 입게 될 것이며, 이는 상상만 해도 끔찍하다고 말했다. 이것은 민생주의 실천의 첫번째 대의였다. 이어서 1924년 8월 23일 손중산 선생은 광저우에서 농민운동 강습소 학생들을 대상으로 훈화를 했는데, 그때 '경자유기전'(耕者有其田)이 농민을 보호하는 구체적 정책이라고 제기했다. 그는 다음과 같이 말했다. "우리가 농민의 고통을 해결하기 위해서는 결국 경자유기전(耕者有其田) 정책을 실시해야 한다. 이는 농민이 자신이 노력한 결과를 얻고 다른 사람으로 하여금 뺏어가지 못하도록 하는 것을 의미한다. 현재 농민들의 노동의 결과가 농민 스스로에게 돌아가는 비율은 단지 4할에 불과하며 지주가 6할을 가져가고 있다. 정부가 거둬들이는 세금은 모두가 농민들이 내는 것이며 지주가 내는 것이 아니다. 이런 상황은 아주 불공평한 것이다"

손중산은 농민의 처지에 대해 깊은 동정의 마음을 표했다. 그러나 중화민국 성립 이후의 정치사회적 불안은 국민정부로 하여금 토지개혁을 실시할 기회를 주지 않았다. 1932년 10월에 이르러서야 19로군이 푸젠(福建) 룽옌(龍岩) 에서 토지개혁을 실시했고, 1934년 6월 허둥지둥 끝나 버렸다. 1943년 푸젠 성정부가 '자경농 육성 방안법'(扶植自耕農辦法)을 통과시키면서 1949년 1월 실시했으나 전란으로 효과가 미미했다. 그 외, 쓰촨성에서도 1949년 초여름에 농부회(農復會)의 협조 하에 성 전체 138개 현에서 소작료 감세 계획을 실시했다. 구이저우(貴州), 광둥(廣東) 등 두 성에서도 부분적인 계획들이 있었으나, 모두 정세가 어그러지면서 효과를 보지 못했다. 1949년 3월에 이르러 대만에서 일련의 토지개혁 계획이 추진되었고 비로서 역사에 발자국을 남기게 되었다.

1949년 전쟁의 포화를 경험했던 대만은 여전히 농업사회이다. 소작농들이 대만 전체 농민의 다수를 차지했다. 당시 대만 농민의 인구는 3,522,880명에 달했고, 대만 전 지역 인구의 58.6%를 차지했다. 이 350여만 농민 인구 중에 자경농이 33%를 차지했고, 반자경농이 28%, 소작농이 39%를 차지했다. 대만 경작지에서 56.33%가 소작농이 경작하는 땅이었다. 나머지 43.6%는 자경농이 경작하는 땅이었다. 농업은 소농 경영 위주였기 때문에 농민 일인당 평균 경작지는 1갑(甲)에 이르지 못했다.

광복 이래, 대만 각지의 토지 분규 사건은 날마다 증가했고 지주들의 힘도 점점 성장했다. 농지 임대료가 평균 한 해 생산량의 50%에 이르렀다. 소작료는 높아졌고 농장 경영도 세분화되었다. 농민경제가 극단의 빈곤 상태에 빠지게 되었다. 1949년 성정부는 다시 사유농지에 대한 조세액을 낮추기로 결정했다. 그 조세액이 생산물의 1,000분의 375를 넘지 못하게 했다. 이어서 1951년 6월 4일, "대만성 공유경지 불하를 통한 자경농 육성 실시방안"을 공포하고 이 방안의 정신이 정부의 공유지를 현재 농사를 짓는 경농인이나 소작인 및 반자경농 들에게 불하하고 농촌사회 중에 자경농 계층을 육성하도록 했다. 이 방안의 제3조 규정은 "공지 불하는 매년 지가의 수입을 분할상환한다. 국유토지에 속하는 것은 일일이 열거하여 국고에 납부해야 한다. 자경농을 육성하는 기금으로 사용한다. 대만 성정부는 매년 종료시에 법에 따라 기금을 나눈다. 성 소유 토지에 대해서는 원래 조세 부분을 넘어서는 경우 일일이 자경농을 육성하는 기금으로 사용한다."

6월 7일 정부는 경지의 375 감세 조례를 실시한다고 공포했다. 그 기본 중점은 이 조례의 제2조에 있다. 이 규정은 "경지 지세(地稅)의 세액은 주요 작물의 생산품의 한 해 수확량의 1,000분의 375를 넘어서는 안 된다. 원래 약정한 지세가 1,000분의 375를 넘어서는 것은 1,000분의 375까지 내리고, 1,000분의 375에 도달하지 않던 것은 더 증가시킬 수 없다. 이 조례는 소작농의 부담을 줄여주었다. 그리고 효과적으로 중국 역사상 오래된 지주와 소작농 간의 긴장관계를 누그러뜨려 주었다. 마지막으로 1953년 1월 20일 정부는 또 경자유기전 조례를 실시하겠다고 공포했다. 이는 지주가 임대하는 땅의 7측에서 12측의 수전지를 보류하고 그 나머지 표준을 초과하는 경지나 공유지와 사유지가 섞여 있는 사유 경지의 경우 정부가 대신해서 그 경지를 관리하도록 하는 것이다. 이것이 광복 이후 대만 역사에서 첫번째로 가장 중요한 역사적 전환점이라 할 수 있겠다. 그러면 1949년 이전 중국 대륙의 각 성에서 실시된 토지개혁은 왜 순조롭게 진행되지 못하고, 1949년 이후 대만의 토지개혁은 성공적으로 역사의 전환점이 되었을까? 대만 토지개혁을 성공시킨 원인은 단지 몇 가지가 아니다. 그러나 이하의 3가지 요인이 당시 시간과 공간의 조건 하에서 가장 큰 영향력을 발휘했다.

첫번째는 일제 강점기 대만 농지 분배가 매우 불평등했다는 것이다. 예를 들면, 1939년 4월 10일의 조사자료에 따르면, 경지가 1갑(2934평)이 되지 못하는 경작자(농민)는 총 224,931호에 이르렀는데 그들의 경작지의 면적은 103,412갑이었다. 10갑 이상을 소유한 농민은 총 3,576호였고 그 경지 면적은 106,887갑이었다. 특히, 그 중에 20갑 이상을 소유한 농민은 총 579호였고, 그 경지면적은 68,410갑에 이르렀다. 이는 총 호수의 53.10%가 경지의 14.96% 만을 소유하고 있었고, 총 호수의 0.13%가 경지의 9.90%를 소유하고 있었음을 나타낸다. 이는 대만 경지의 집중화 외에 대부분의 경지는 세분화되어 있었음을 보여준다. 일제 강점기 대만의 토지는 한편으로는 대량 집중 상태를 보였고, 다른 한편으로는 다수가 조금씩 소유하는 상태를 보였던 것이다. 이런 현상의 발생은 일부의 토지가 대지주에게 집중되어 있었기 때문이며, 남은 토지들은 부득불 투지경작을 급히 필요로 했던 농민 대중들이 나눠서 조금씩 경작하게 된 것이다. 이러한 상황 하에 일제강점기 대만 농민의 60% 이상은 소작농과 반자경농이었다. 그들은 모두 자신의 토지를 소유하길 희망했다. 야나이하라 다다오(矢內原忠雄)의 글에서 우리는 일제강점기 시기 대만 농민이 자본주의와 제국주의의 이중적인 착취 하에 있었다는 것을 발견할 수 있다. 1945년 8월 15일, 일제가 투항하고 대만이 광복하면서, 당시의 사람들은 희망에 가득차 있었다. 1949년 이후의 토지개혁은 대다수 대만 농민들의 갈망을 만족시켰고 이는 토지개혁이 순조롭게 성공할 수 있었던 요인이었다.

두번째로, 1949년의 역사적 급변은 대만 토지개혁의 '정책 제정자'와 '토지의 소유자'가 서로 중첩되지 않게 만들었다. 토지개혁의 정책 제정자, 즉 대륙에서 대만으로 온, 대만에 재산도 없고 직업도 없는, 토지개혁 정책을 제정하고 추진할 때 각종 현실적 이익의 굴레를 비교적 적게 받는 사람들이었다. 또 다른 측면으로는 대만 본지의 토지의 소유자들은 정권에 참여해서 그걸 나눠가질 수 없었다. 이러한 정책 제정자와 토지 소유자가 나눠지는 상황은 당시의 특수한 상황은 당시 특수한 역사적 급변 상황이 만든 것이었다. 이는 소위 대만 경험이 갖는 특수성의 일부였다. 1949년 이후 대만의 토지개혁을 순조롭게 추진할 수 있게 만든 정치적 원인이었다. 또한 왜 전후 수많은 제3세계 국가들(필리핀이나 몇몇 중남미 국가들)이 대만에 관련 인사들을 파견하여 토지개혁을 학습하게 만들었으나 결국에는 토지개혁의 추진에 성공하지 못하게 만든 근본원인이기도 했다.

이 정치적 원인 외에 당시 대륙의 정세가 변하여 대만에 후퇴해 온 집정 당국은 "모든 것을 대만에서 다시 시작한다"는 구호 아래 실패를 반성하며 새롭게 출발하려는 의지가 충만해 있었다. 당시 대만대학교 총장이었던 푸스넨(傅斯年, 1896-1950)도 다음과 같이 말했다. "대륙이 비록 함락되었지만 대만이라는 깨끗한 땅이 남아있다." 푸스넨의 "전횡(田橫)의 섬에 뼈를 묻겠다"는 명언은 당시 관방의 분위기를 잘 보여준다. 그렇다면 당시 대만의 지주계층은 어떻게 반응했을까? 광복 제1기 대만성 참의회를 관찰의 대상으로 삼으려 한다. 정즈(鄭梓)의 연구에 따르면,[2] 1946년 선출된 대만성 참의원들은 당시 대만사회의 엘리트들이었다. 이 엘리트들은 두가지 두드러진 특징을 갖고 있었다.

첫번째는 교육수준이 매우 높았는데 단과대학(大專) 이상의 현대교육을 받은 사람들이 절반을 점하고 있었다. 또한 일부는 한학에 조예가 깊

---

2) 鄭梓：《臺灣省參議會史研究(1946-1951)》(臺中：作者自印, 1985)。

은 선비 출신이었다. 또한 상당한 국제적 시야를 갖고 있었다. 가히 일군의 고급 지식인들이라 할 수 있는 사람들이었다. 두 번째는 지주 및 산업세가 출신자가 80% 정도를 점하고 있었다. 풍부한 정치경제적 자산을 소유하고 있었을 뿐만 아니라 사회적인 명성도 소유하고 있었다. 당시 대만사회의 지도계층이었던 셈이다. 당시 성 참의회는 구지주와 지식인들의 결합이었기 때문에 참의회는 토지개혁 정책에 대해 상당한 의구심을 갖고 있었다. 반대의 목소리도 적지 않았다. 그러나 1947년 2.28 사건이 발생하고, 사건 이후 전개된 수색과 체포로 본성(本省) 엘리트들은 많은 피해를 입게 되었다. 당시 살기 등등했던 분위기 아래서 추진된 토지개혁 정책은 자연히 지주들이 공개적으로 반대할 수 없게 만들었다. 당시 제1기 참의원 한스취안(韓石泉, 1897-1963)은 회고록에서 다음과 같이 말했다. "2.28 사건 후에 출석한 참의원 대부분 의지가 꺾여 있었고 소곤거리는 말조차 할 수 없었다. 제1차 대회의 상황과 비교해 보면 마치 세상이 바뀐 것 같았다."[3] 정즈(鄭梓)의 통계에 따르면, 제1기 성 참의회의 제1차 대회와 제2차 대회에는 참의원들 거의 전원이 참석했다. 그러나 2.28 사건 후의 제3차 대회에는 평균적으로 매일 출석한 참의원은 16, 17인에 불과했다. 가장 출석을 많이 한 인원은 20명이었다. 참의원 인원이 급격하게 줄어들면서 제안초자 급격히 줄어들었다.

토지개혁에 대한 반대의 목소리는 중지되었다. 당시 대만성 최대의 지주 린셴탕(林獻堂, 1881-1956)은 1949년 9월, "천(陳) 주석에 대해 […] '375 감세'에 대해, 특히 대농의 여유 식량을 수매하는 정책에 대해 견해가 전혀 일치되어 있지 않았다"고 회고한다. 그는 결국 이 때문에 멀리 일본으

3) 韓石泉：《六十回憶》(臺南：韓石泉逝世三週年紀念專輯編印委員會, 1966), 頁86-87。

로 건너가 1956년 9월 일본에서 병사했다. 린셴탕이 이국에서 병으로 죽은 것은 구시대가 끝났음을 선포하는 것이었다.

두번째 요인은 대만의 토지개혁이 한걸음 한걸음 점차적으로 진행되었다는 점이다. 또한 구체적이고 세부적인 것은 모두 상세하게 추가된 계획의 사회경제적 공정, 농부회의 협조와 기획이 특히 관건적이었다. 당시 농부회에서 일했던 세선중(謝森中, 1919-2004)은 토지개혁의 진행상황을 다음과 같이 회상했다.[4]

> 대만의 토지개혁은 단계적으로 이뤄졌다. 첫번째가 375 감세이다. 감세는 단지 너무 높은 세율을 낮추는 것이었다. 두번째가 공지불하(公地放領)였다. 세번째가 전면적인 토지의 이전이었다. 토지개혁 전에 대만의 농민들은 노동자이면서 경영자였다. 많은 국가의 토지개혁에 있어서 농민은 개혁 전에는 노동자였으나, 개혁을 하자마자 경영자가 되는 것은 어려웠다. 대만의 토지개혁이 가장 흥미로웠던 점은 경영범위가 근본적으로 영향을 받지 않았다는 점이다. 이점이 매우 중요하다. 즉, 토지개혁 이전 당신이 소작농 계급이고, 당신이 소작농이면 임대한 토지는 원래 당신의 것이 아니다. 그러나 당신이 관리하고 있던 것은 당신이 관리할 수 있고 당신이 경영자가 되는 것이다. 동시에 집행자이며 또한 노동자이며 소작농이었다. 따라서 대만의 소작 경영의 범위는 계속에서 변하지 않았다. 반 소작농은 부분적으로 자신이 소유한 토지이고 부분적으로 임대한 것이었다. 이러한

4) 〈1988年10月森中先生第一次訪問記錄〉, 收入黃俊傑編：《中國農村復興聯合委員史料彙編》(臺北：三民書局, 1991), 頁141-142。

상황 하에서 부분적으로 임대해 온 것은 당신의 것이 되었고 당신의 농장 경영의 관리의 질서에 영향을 주지 않았다. 많은 국가의 토지개혁은 큰 면적의 토지를 조금씩 나눠서 다른 사람에게 나누어 주는 것이었고, 경영의 틀이 없이 생산하는 것이었다. 그러나 우리들은 생산 전에 먼저 경영이 있었다. 대만의 토지개혁은 많은 방면에서의 안배가 매우 세심하게 진행되었다. 그러면 농부회는 어떻게 정부의 토지개혁 추진을 도왔는가? 토지개혁과 관련하여 성정부에는 지정처(地政處)가 있었고, 향진에는 지정사무소가 있었으며, 지정(地政)의 계산이 매우 분명했다. 그 외에 (일본인들이 남기고 간) 지적(地籍)이 아주 완비된 상태였다. 우리들이 한 것은 '지적총귀호'(地籍總歸戶, 민국 40년)이었다. '지적총귀호'의 의미는 각지에 분산된 땅이 호적에 귀속되도록 하는 것으로, 예를 들면 타이베이에 거주하는 사람은 타이베이현, 핑동현, 지룽현의 땅이 그곳에 사는 사람에게 귀속되도록 하는 것이다. 그래서 그 때의 토지개혁에서 가장 중요한 것은 땅의 등급을 잘 분류하는 것이었다. 대만에서는 이런 것들을 잘 했다. 어떤 나라들은 이러한 조건이 되어 있지 않았기 때문에 토지개혁에 착수하기가 아주 어려웠다. 당시 농부회가 토지개혁조를 설립하고(조장은 탕휘순(湯惠蓀) 선생이었는데, 농부회가 가장 커져 있을 때는 10개 조로 나뉘어 농민조, 농업경제조, 농업보급조 등이 있었다.) 기본적으로 대만의 토지개혁은 정부가 주도하고 농부회가 옆에서 도와주는 격이었다. 첫번째 필요한 사항이 있으면 출장, 예산 등을 보조해 주고 두번째 기획하는 것을 도왔다. 실행한 것은 주로 정부의 방안이었고 농부회는 때때로 사람을 파견하여 감독을 했다. 그래서 농부회는 옆에서 도와주는 일을 한 것이다. 이 때문에 대만의 토지개혁이 아주 흥미로웠고, 많은 국가의 토지개혁은 지주의 땅을 매입해서 소작농에게 나눠줘야 했기 때문에 많은 돈이 나가야 했다. 땅을 소작농에게 넘기면 소작농은 분기마다 상환하는 것이었다. 이 때문에 많은 국가들의 토지개혁 과정에서 일반적으로 말하면 통화팽창의 현상이 일어났다. 그러나 대만의 토지개혁은 설계가 아주 잘 했기 때문에 통화팽창의 영향을 받지 않았다. 정부가 현금으로 지주로부터 토지를 징수한 것이 아니었기 때문이다. 땅의 가격은 표준 생산량의 2.5배였던 것 같다. 30%의 지가는 정부의 4개 공영기업의 주식을 나눠줬다. 그리고 70%의 지가는 실물토지채권이었다. 정부가 현금을 쓰지 않았다. 그리고 나서 정부는 매년 소작농으로부터 (10년을 20기로 나누어 곡물로 징수했다) 모은 후 지주에게 돌려주었다. 30%의 현금은 지불되면 바로 정부의 것이 되었다.

농부회(農復會)는 당시 토지개혁 작업 중에, 기본적으로 대량의 기술관료들(technocrats)로 하여금 정부가 정한 정책에 협조했다. 경비를 보조하고, 전 지역의 경지 상황에 대해 철저한 조사를 실시하고 카드 등을 만들었다.[5] 이는 1949년 이후 대만 토지개혁 성공의 제도적 요인이었다.

5) 〈1989年6月陳人龍先生口述歷史訪問記錄〉, 收入黃俊傑編：《中國農村復興聯合委員會口述歷史訪問紀錄》(臺北：中央研究院近代史研究所, 1992), 頁59-63。

제3절 토지개혁이 대만 농촌과 농민들에게 가져온 충격

토지개혁을 성공적으로 이끌 사회, 정치 및 제도적 요인을 분석한 후, 우리들은 토지개혁의 완성이 대만 농촌과 농민들에게 어떤 충격을 주었는지 다시 관찰해 보고자 한다. 토지개혁 정책의 실시가 대만 농촌에 가져온 가장 즉각적인 충격은 토지소유권의 구조를 바꾼 것이다. 자경지(自耕地)의 면적을 대만 전역 경작지 총면적의 1948년의 55.8%에서 1953년에 갑자기 82.87%로 바뀌었다. 1956년에는 84.90%가 되었다. 이러한 토지 소유권 구조의 변화는 엄청난 변화를 일으켰다. 농민들로 하여금 경작에 대한 높은 기대감을 갖게 했고, 엄청난 재력을 들여 농기구, 경작용 소, 기타 설비를 사들이고, 단위면적당 생산력을 크게 높였다. 그러나 더 중요한 것은 토지개혁의 완성이 향촌사회 구조에서의 지도권 구조에 엄청난 충격을 주었다는 점이다. 유력한 자경농 계층을 만들어 내어 대만 향촌사회의 중견세력을 안정시키게 되었다. 사회운동 및 정치운동에서 중요한 역할을 했다. 대만 성정부 농림청은 1949년에 모든 성 농회(農會)에 대한 한 차례의 조사를 실시했다. 그 결과는 다음과 같다. 1949년 대만 전역의 각 향진 농회(農會)의 이사 중에 지주 출신인 사람은 39.7%에 이르렀고, 자경농은 34.9%였으며, 반자경농은 0.9%였다. 소작농은 13.9%, 기타 직업은 10.6%를 차지했다. 농회의 감사(監事) 구조도 유사한 양상을 띠고 있다. 지주 및 자경농이 각각 36.7% 및 37.3%를 차지했다.[6)]

그러나 토지개혁 이후 자경농 계층은 점점 활력을 얻는다. 통계 수치에서도 알 수 있다. 1952년 대만 지역에서는 0.3헥타르 이하를 소유한

---

6) 《臺灣省農會組織調查報告書》, 1950年1月, 臺灣省政府農林廳油印本。

농가가 전체 농가의 58%를 차지했다. 1955년 토지개혁 완성 이후에는 77%까지 증가했다. 이로 인해 전체 농가에서 자경농이 점유하는 비율은 1948년의 33.2%에서 1952년에 51.79%까지 증가했다. 1956년에는 57.05%까지 증가하고 1959년에는 58.53%까지 증가한다. 소작농이 차지하는 비율은 1948년의 36.08%에서 1953년까지 계속 떨어져 19.82%에 이른다. 1956년에는 15.68%까지 감소했다가 1959년에는 다시 14.51%까지 감소한다. 사회의 이러한 급속한 전환 추세 속에서 자경농은 은연중에 대만 농촌사회의 주체적 역량이 되었고, 이러한 사실은 본성 농회(本省農會) 조직 속에서 그 소식이 가장 잘 나타났다.

1953년 대만 전 지역의 농회 회원 중 자경농은 이미 72.52%를 차지했고, 1963년에는 78.29%까지 상승했다. 농회 이사 중에 자경농은 1953년에 81.3%를 차지했고, 1963년에는 86.0%까지 증가했다. 농회 감사 중에는 자경농이 차지하는 비율이 1953년의 60.5%에서 1963년에는 72.2%까지 상승했다. 종합해서 정리하면, 토지개혁을 거쳐 대만의 농촌은 이미 소자경농을 주체로 하는 새로운 지도계층을 형성했다. 이러한 새로운 계층은 토지개혁의 이익을 받았고, 안정적으로 1950, 60년대 농촌 사회 정치질서의 중간역량이 되었다. 또한 당시 대만 농업발전의 첨병이 되었다.

토지개혁 이후 소농계층이 부상하면서 농민들에게는 "흙을 껴안자"는 중농의 심리상태가 깊고 두텁게 자리잡았다. 이러한 심리는 토지에 헌신하려는 정서를 만들어 냈고, 농민 대다수가 농업에 주력하는 것을 일종의 생활방식으로 인식하게 되었다. 이는 50년대와 60년대 농민들이 농업에 대한 일반적인 태도였고 기본적으로 토지개혁의 산물이었다.

1950년대 대만 농민들은 토지에 대해 강렬한 헌신의 자세가 있었고 농업을 중시하는 마음이 있었다. 그들은 토지 소유로 자신감과 낙관적인 마음을 갖게 되었다. 1952년 농부회(農復會)는 857개의 농가에 대해 전국적인 조사를 진행했고 85%의 농민들이 소작농이 일단 토지를 소유하면 반드시 그 생활에 큰 개선이 이뤄질 것이라 믿는 것을 발견했다. 그러나 69%의 소작농은 최후에 그들이 경작하고 있는 토지를 얻게 될 것으로 믿었다. 토지개혁의 성공은 확실히 대만 농민들이 농업에 헌신할 수 있도록 이끌었다.

이러한 토지에 대한 일체감과 함께 1950-60년대의 대만 농촌에 출현한 것은 다수의 대만 농민들이 농업에 종사하는 것을 생계를 유지하는 수단으로서가 아니라 일종의 생활방식으로 인식했다는 점이다. 또한 그 중에서 안신입명(安身立命)의 의미를 발견하고, 이는 농업을 중시하는 심리의 두번째 특수한 측면이다. 이러한 태도와 토지에 대한 헌신은 상호적인 것이다. 동시에 대만의 농업사회적 특징을 반영하는 것이다. 농민의 농회에 대한 구심력의 크기는 다음과 같은 수치에서 드러난다. 농회 회원임을 자처하는 농민이 1952년의 20.7%에서 1955년의 85.6%가 되었고, 1959년에는 94.2%까지 상승하게 되었다. 결론적으로, 1950년대 초기 토지개혁의 성공은 농민들의 토지에 대한 헌신성을 높였다. 그리고 농민들로 하여금 농업에 종사하는 것을 하나의 생활방식으로 긍정하게 만들었다. 이러한 두 개념이 1950년 대만 농민들의 농업을 중시하는 심리를 구성하게 되었다.[7)]

그러나 우리들이 토지개혁이 강렬한 농본주의 정신을 만들어 낼 때 우리들은 동시에 토지개혁의 완성에 따라 대만 농촌 속의 지주와 소작농의

---

7) 參考廖正宏、黃俊傑：《戰後臺灣農民價值取向的轉變》(臺北：聯經出版事業公司, 1992)。

관계가 갈수록 긴장관계로 치달은 것에 주의를 기울여야 한다. 소작 갈등이 대만 전지역 농촌에서 빈번하게 발생했다. 전통 중국 농촌사회에서 볼 수 있는 소작농들이 운명을 하늘에 맡기고 지주들에게 착취를 내맡기는 형편이 점점 줄어들었다. 사실, 일찍이 토지개혁 정책이 실시되기 전에 지주와 소작농의 관계는 소작농과의 계약을 취소하는 지주들의 여러 행동들 때문에 점점 긴장관계로 치달았다. 국사관(國史館)에 현존하는 관방 공문들을 보면 당시 농촌의 상황을 잘 알 수 있다. 1947년 12월 3일, 대만성 경비사령부는 한 통의 전보를 성정부에 보냈다. 내용은 아래와 같다.[8)]

> 대만 성정부 민정청 귀중: 정부가 신문지상에 경자유기전(耕者有其田)을 선전하고 '25감세'(二五減租) 정령을 추진하기로 한 후, 줄곧 안정된 대만 농촌사회는 불안한 국면을 자주 드러냈다. 그 원인을 조사해 보면 큰 지주들의 지식이 부족해 정부의 이러한 정책에 대해 오해가 있었기 때문이다. 토지를 소작농을 위해 빼어간다는 두려움을 갖고 있는 것이다. 혹은 '25감세'(二五減租)가 이익을 많이 감소시키기 때문에 자경의 명목으로 소작을 철회했다. 소작 철회의 방식은 아주 교묘해서 토지소유권을 명목상 여러 명에게 나누고 한 가족이 여러 호가 되도록 만드는 것이었다. 정부의 땅에 대한 소유량의 제한을 속이기 위해 가을에 들어서면서 각지의 소작 철회 현상이 극에 달했다.

이와 같이 끊임없이 일어나는 지주와 소작농과의 분규는 농촌사회의 긴장을 높였다. 1954년 4월, 각 향진은 <경지조전위원회>(耕地租佃委員

---

8) 國史館藏臺灣省地政處檔：〈請制止非法撤佃〉, 044.1/3-1。

會)를 설립하고 적극적으로 정부가 경자유기전의 방안을 실시하는데 협조했다. 향진조전위원회는 11명의 위원으로 조직되는데, 그 중에는 지주 2명, 자경농 2명, 소작농 5명을 포함하고 있었다. 또다른 2명의 위원은 향진장 및 향진지정을 담당하는 관원으로 채워졌다. 향진장은 이 위원회의 주석을 겸임했고, 향진지정 담당 관원은 이 위원회의 비서를 겸임했다. 농민위원 9인의 선거는 우선 각 촌(리)의 지위가 다른 농민대표를 선출하고, 이후 이 향진 각 촌(리)의 각종 농민대표가 집중적으로 분류하여 토지임대 위원을 선출했다.

1950년대 대만 농촌 각지에서는 조전 위원 선거 시, 소작농이 선거에 참여하는 경우가 지주보다 그 비율이 더 높았고, 농민의 사회의식 중 지주와 소작농의 관계의 긴장을 누그러뜨리는 것에 있어서 더 큰 역할을 했다. 1950년대 토지개혁이 창조해 낸 '농본주의'는 1960년대 중기에 이르러 공업이 점점 발전하고 농업의 위기가 갈수록 두드러진 이후 점점 엄혹한 도전에 직면하게 되었다. 1960년대 중기부터 시작하여 대만 농업의 연평균 성장률은 형세가 날로 나빠졌다. 농업 생산량은 국내순생산액에서 차지하는 비율이 점점 떨어졌다. 농민 대만 전 지역 인구에서 차지하는 비율은 1960년의 41.6%에서 1980년의 23.8%로 떨어졌다. 동 기간에 전업농도 47.6%에서 9.0%로 떨어졌고, 겸업농은 52.4%에서 91.0%로 상승했다. 이 시기에 대만은 또한 빠른 경제성장, 교육의 발전, 대중매체의 확충, 운수의 개량 등이 이뤄졌는데, 이러한 발전은 50년대 초기 형성된 농본주의의 기초를 약화시켰다. 농업은 더 이상 국가경제의 명맥을 잇는 것이 아니었고, 농민은 더 이상 정태적이고 고정적인 생활방식을 유지할 수 없었다. 그들의 가치체계는 이미 변하게 되었다.

1960년대 중기 이후, 대만 농민의 가치체계의 가장 근본적인 변동은 중농(重農)적 심리의 소실에 있었다. 이러한 심리의 변화는 농민들의 토지와 농업에 대한 태도의 변화에서 그 변화를 가장 잘 느낄 수 있다. 우선 1960년대 중기 농업의 위기가 출현함에 따라, 농민들은 점점 과거 토지에 자신들의 삶을 바치던 모습을 보이지 않았다. 토지는 더 이상 '신성한' 가산이 아니었다. 토지는 '세속적'으로 전환할 수 있는 상품으로 변모했다. 이후, 토지 중개업자는 농촌사회에서 가장 활동적인 상인이 되었다. 법규상으로는 농민이 아닌 자가 농지를 구매하는 것을 금지하고 있었으나, 도시 상인들은 여전히 농민을 앞세워 토지를 구입하고 그들에게 계약서에 서명을 요구함으로써 토지 소유권을 취득했다. 많은 농지는 이러한 방식으로 농민의 수중에서 비농민의 수중으로 이전되었다. 당연히 많은 겸업농들이, 그리고 전업농들도 마찬가지로 이러한 토지매매의 게임에 빠져들었다. 농지의 시가는 여러 손을 거쳐 세네 배로 오를 수 있었고 많은 농민과 토지 중개상은 벼락부자가 되었다.

농지가 신성한 가산에서 세속적인 상품이 된 동시에, 농민들은 막스 베버(Max Weber, 1864-1920)가 말한 환멸(disenchantment)의 심리적 과정을 경험하고 근대적 이익을 추구하는 기업가로 변모했다. 그들은 국내외 농산품의 가격을 꼼꼼히 관찰하고 정부의 공허한 약속에 회의를 품고 있었다. 기꺼이 독립적으로 판단하고 행동하게 되었으며 가산을 계승하기 위해 농업에 종사하는 것이 아니라 이윤을 위해 농업에 종사하게 되었다. 이것은 농민들이 농산품을 통해 이익을 얻지 못할 때 거리 시위를 벌이는 주요 원인이다.[9]

전후 대만 농업의 발전 경험은 농본주의적 문화의 형성, 변화, 붕괴의

9) 參考廖正宏、黃俊傑：《戰後臺灣農民價值取向的轉變》。

한 과정이라 할 수 있다. 형성기는 1950년대 초기이며 일련의 토지개혁 정책은 농본주의문화의 강력한 형성 동력이었다. 변화기는 1960년대 중기의 농업과 공업의 불균형과 농업위기가 형성된 시기였다. 붕괴기는 1970년대에 시작되었다. 대만은 이미 경제구조의 전환을 이뤄냈고 농업은 이미 사양 산업이 되었다. 1980년대 경제 국제화와 자유화의 조류 속에서 소위 농본주의는 완전히 그 세력이 기울었고 역사의 길에서 사라졌다. 전후 대만의 경제기적은 전통 중국의 농본주의적 문화가 역사의 지평선에서 사라지게 만들었다. 이것은 중국 문명의 정신사에 있어서 매우 중대한 의미를 갖는 역사적 경험이라 할 수 있다.

제4절 결론

전후 대만 토지개혁의 역사적 경험은 매우 깊으면서도 어찌할 바를 알 수 없게 만드는 역사의 패러독스를 간직하고 있다. 역사의 당사자들은 행동을 취하고 자신들의 이념을 실천에 옮기지만 역사의 발전은 도리어 역설적으로 역사 당사자가 원래 품고 있던 뜻과는 반대 방향으로 움직이곤 한다. 이는 빌헬름 딜타이(Wilhelm Dilthey, 1833- 1911)가 말했던, 역사적 사건의 의미는 모든 시간의 경과를 거친 후에야 뚜렷하게 드러난다. 1949년 이후 대만의 토지개혁은 어떤 면에서 보면 딜타이의 이러한 생각을 인증해주고 있는 것이다.

수 천년 동안 내려온 중국의 농업전통 속에서 기술혁신과 시장경제라는 양대 특징은 모두 전후 대만에서 진정으로 그 현대적 의의를 갖는다. 일제 강점기의 농업시험장은 이미 집약적이고 계획적인 농업(精耕細作)

전통의 현대적 기초를 다지고 있었다. 광복 이후의 농부회는 기술혁신을 더욱 높은 경지까지 올려 놓았다. 근 백년 동안 대만의 자본주의화 추세는 대만 농업의 사장경제적 성격을 완전히 성숙화시켰다. 1950년대 토지개혁의 완성은 정부 역량이 농촌에 깊이 개입하는 것을 의미했고 대만 농촌의 경제질서를 새로 개편함으로써 '국가'와 '사회'의 관계를 더욱 긴밀하게 통합되도록 만들었다.

그러나 기이한 것은 대만의 농업이 성공적으로 공업의 도약을 촉진하고 그 역사적 임무를 완수함으로써 대만의 경제기적이 도래한 이후에 대만 농업은 도리어 황혼기에 접어들었고 농민들은 농업으로부터 소외되어 현대 공업사회 중에 표류하는 유혼이 되었다는 점이다. 대만 농민들은 현대화를 경험한 이후 다시는 초가집과 먼산을 바라보는 미소, 인간적 온정, 자족의 정신적 고향으로 돌아갈 수 없게 되었다. 그들은 현대 상공업사회에 표류하며 의지할 때 없는 부평초 신세가 되었다. 대만의 농촌과 농민은 이러한 역사의 패러독스의 소용돌이 속에서 부침을 거듭하며 무덤 속에 묻히는 것과 같이 되었다. 현재 대만의 농민들은 마치 떨어지는 낙화와 같고 그들이 역사의 한파 중에 눈물 지을 때 역사의 큰 수레바퀴는 이미 40년 전 토지개혁의 궤적이 돌려진 후가 된 것이며, '농업의 전문화'와 '조전제도 자유화'의 방향으로 내달렸던 것이다. (본 논문의 초고는 《역사월간》(歷史月刊) 제23호(1989년 12월)에 발간되었음)

제3장

전후 초기 토지개혁 전후의 자경농과 당면한 문제들

제1절 머리말

토지개혁은 전후(戰後) 대만 역사에서 매우 관건적인 사건이었다. 토지개혁이 농촌사회의 계급구조를 바꿨을 뿐만 아니라, 농업 생산력을 높이고 농촌의 권력관계를 재구성했다. 대만 학계에서는 최근 토지개혁에 관한 연구가 헤아릴 수 없을 정도로 나왔다.[1] 역사적 사건으로서의 토지개혁은 광복 초기 대만 역사 곳곳에 영향을 주었다. 필자는 본 글에서 그 내용에 대해 일일이 열거하여 논할 계획은 없다. 본 글은 토지개혁 이후 자라난 자경농 계급이 전후 대만 역사 상황 중에 직면한 문제와 그에 대한 대응 전략만을 논할 것이다. 이 주제에서 출발하여 광복 초기 대만 농

1) 黃俊傑：《農復會與臺灣經驗, 1949-1979》(臺北：三民書局, 1991), 頁92-93。

촌에 존재했던 복잡한 문제에 대한 이해를 이끌고자 한다. 우리의 분석은 한 사료의 해독에서 시작하고자 한다.

1955년 토지개혁의 가장 마지막 단계인 '경자유기전' 작업을 마친 뒤, 당시 중국국민당 중앙 위원회 제5조는 1955년 2월 4일 (44)중2자 제0028호 서한[(44)眾2字第0028號函]을 대만 성정부 지정국에 보냈다. 그 공문은 《당원사회조사보고》(黨員社調報告)를 인용하여 다음과 같이 말하고 있다.[2)]

> 본 성이 실시한 경자유기전 작업은 작년에 전부 순조롭게 완성되었고, 농민의 생활은 점점 개선되고 있으며, 농촌 경제 또한 점차 번영하고 있다. 다만 1년 이래로, 토지를 불하받은 농가가 천재와 인재로 인해, 혹은 권세의 유혹에 압박을 받아 농지를 판매, 양도 혹은 저당 잡히는 경우가 각 현에서 이미 고르게 발견되고 있다. 정부가 만약 소극적 방면으로 농업 대부금 등 경제적 원조를 준다거나, 적극적 방면으로 엄격한 제지를 하는 등 신속히 보호 방안을 제정하지 않는다면 이는 반드시 달성해낸 성과에 영향을 미칠 것이다.

이 사료는 비록 간결하지만 토지개혁 후 신흥 자경농 계급의 여러 가지 문제를 언급하고 있고, 깊이 분석할만한 가치가 있다. 1950년대 초기 토지개혁 정책 실시 과정 및 완성 이후, 직접 토지 개혁 정책을 추진한 중국 농촌 부흥 연합 위원회, 대만성정부 지정국, 각 현 시정부 및 농회 등 기구 외에도, 나머지 국민당 중앙 및 지방 당부, 심지어 대만성 경무처, 보안사령부 및 내정부 조사국 등과 같은 정보 기관 또한 대만 농촌의 여러

2) 侯坤宏編：《土地改革史料》(臺北：國史館, 1988), 頁734。

가지 상황에 대해 수시로 정보를 제출하였다. 이상의 사료가 바로 당시 중국 국민당 중앙 당부가 획득한 사회 조사 보고이며, 사료로서 가치를 지니고 있다. 이 사료를 자세히 분석하면 우리는 아래의 세가지 역사적 문제를 읽어낼 수 있다.

(1) 경자유기전 작업 완성 이후, 농촌의 사회 계급 구조는 어떠한 변화가 있었는가? 신흥 자경농의 농촌에서의 사회적 지위는 어떠했는가?

(2) 신흥 자경농 중 어찌하여 '불하받은 농지를 판매, 양도 혹은 저당 잡히는 경우'가 나타나게 되었는가? 그들이 직면한 어떠한 곤경이 이를 초래하게 되었는가? 이러한 문제의 근원은 어디에 있는가?

(3) 당시 정부 및 관련 기관은 자경농 계급 보호를 위해 어떠한 행동을 취하였는가? 효과는 어떠한가?

이 논문은 이상 세가지 문제를 가지고 순서대로 전개되며, 제2절은 토지개혁 운용 전과 그 후, 농부회 및 성 지정국이 진행하던 첫번째 조사 보고를 근거로 하여 1950년대 대만 농촌 사회의 새로운 변화를 분석한다. 제3절은 농부회 자료를 사용하는 것 외에, 국사관 소장 대만성 지정처의 자료를 주로 운용하여 당시 신흥 자경농 계급이 직면한 곤경을 분석하는데, 국가로부터 비롯된 곤경과 사회로부터 비롯된 곤경 두 종류가 있으며, 이들 모두 제도적 및 비제도적 근원이 있다. 본 논문의 제4절은 농부회와 대만성정부 등 관련 기관이 자경농을 보호하기 위해 취한 조치와 그 효과에 대해 분석한다. 마지막 1절은 짧은 소견으로 몇 가지 결론적인 견해를 제기한다.

제2절 토지개혁 후 자경농 계층의 형성

이 주제로 들어가기 전에, 먼저 간단히 광복 초기 토지 개혁 성공의 원인을 설명하고자 한다. 필자의 과거 연구에서 밝힌 적이 있듯이,[3] 광복 초기 토지 개혁의 성공에는 일제 시대의 역사적 배경과, 전후의 특수 요인이 있었다. 전자에 대해 말하자면, 일제시대 대만의 경지는 지주의 손에 집중되어 있었으며, 전체 농가 수의 0.13%가 경지의 9.90%를 차지하였다. 게다가 60% 이상의 농민이 소작농 혹은 반자경농이었다. 토지 분배의 분균등은 전후 토지개혁이 대다수 농민들의 공통된 희망이 되게 하였다.

광복 초기의 역사적 요인에서 보자면 첫 번째, 광복 이후의 정권교체는 대만 토지 개혁의 '정책의 제정자'와 '토지의 소유자'가 서로 중복되지 않게 하였다. 토지 개혁의 '정책의 제정자'는 중국 대륙으로부터 대만에 와서 돈 없고 직업 없고 사고무친 하여, 토지 개혁 정책을 제정 및 추진할 때 각 종 현실 이익의 속박을 적게 받았다. 다른 한편으로는, 대만 본지의 '토지의 소유자'는 정권에 참여하거나 공유하지 않았다. 이렇게 정책 제정자와 토지 소유자가 두 그룹으로 나누어진 상황은, 당시의 특수한 역사적 변국에 의해 형성된 것으로, '대만 경험' 중의 '특수성'의 일부분이다. 이 특수한 요인이 1949년 이후 대만의 토지개혁이 순조롭게 추진될 수 있었던 정치적 원인이다. 두 번째로, 광복 초기 토지 개혁은 경지 소유권의 전이에만 연관되었고, 소작농은 토지개혁 후에 토지의 소유권을 취득하였다. 소작농이 과거에 지주에게 납부하던 소작료가 정부에게 납부

---

3) 黃俊傑 :《農復會與臺灣經驗, 1949-1979》, 頁78-95。

하는 땅 값으로 변경되었다. 이러한 변화가 경영 면적의 변화에는 영향을 미치지 않았다. 게다가, 일제시대 이후, 대만 농민은 농업의 생산자와 정책 결정자 두 가지 역할을 하나로 결합하여, 그들이 충분한 능력과 지식을 가질 수 있게 하고, 토지개혁을 거치면서 획득한 새로운 토지를 경영할 수 있도록 하였다. 그리고 정부가 추진한 토지 개혁 방법과 절차의 정확성이 토지 개혁의 순조로운 성공을 보장하였다.

토지 개혁 완성 이후, 농업 성장력은 빠른 속도로 높아졌으며, 통계 자료로 보면 1946-1951년 간 대만의 농업 성장률이 10.3%에 달하고, 전쟁 말기(1937-1946)의 퇴보 (성장률-4.9%)에 비하면 실로 일약 상승한 것으로 나타나 있다.[4] 전후 초기 농업은 빠른 속도로 성장하였으며, 원인은 물론 많지만, 토지개혁 후 농민의 경작 의향을 높였다는 것은 의심의 여지 없이 결정적인 요인 중 하나라고 할 수 있다.

농업 생산력의 상승 외에도, 토지개혁이 대만 농촌 사회에 준 가장 큰 충격은 자경농 계급의 강대함을 만들었다는 것이다. 통계 자료로 보면, 광복 이전 자경농가는 전 성 농가 총 수의 3분의 1만 차지하였다. 예를 들어: 1922-1930년 간, 자경농가가 총 농가에서 차지하는 비율은 평균 29.24%, 1931-1940년은 31.32%, 1941-1950년은 32.87%를 차지하였다. 광복 후의 1951년은 37.79%, 1952년은 여전히 38.55%를 차지하였다. 하지만 '경자유기전' 정책의 실시 이후, 자경농가 수는 급속도로 증가하였고, 1953년 자경농가 수가 전 성 총 농가 수에서 차지하는 백분비는 54.85%까지 급증하였다. 이 후 지속적으로 증가하여, 1954년에는

4) Lee Teng-hui and Chen Yüeh-erh, *Growth Rate of Taiwan Agriculture*, 1911-1972(Taipei: JCRR, 1975), p. 3, Table 1.

57.59%, 1955년, 즉 본 논문의 제 1절에 사료를 인용하여 쓴 그 해에는 59.12%였다. 전체적으로 볼 때, 1951년에서 1960년까지의 10년 간, 자경농가 수는 총 농가수의 55.92%를 차지하였다. 게다가 대만 전국의 경작 가능한 땅 총 면적에서 차지하는 백분비도 대폭 상승하여, 1952년에는 57.24%를 차지하였으나, 1953년에 이르러 75.43%로 일약 상승하였다. 농가 수 및 경작 면적으로 볼 때, 토지 개혁을 거친 이후, 자경농 계층업은 대만 농촌 사회를 주도하는 역량이 되었다.[5)]

신흥 자경농 계층이 농촌 권력 구조에서 역량을 드러내었다. 향진 농회 이사 및 감사의 계급 배경의 변화로 이를 충분히 설명할 수 있다. 1949년 2월 21일, 농부회가 장멍린 위원(1948-1973 위원 역임, 1964-1973 주임위원 역임), 모이어(Reaymond T. Moyer, 1948-1951 위원 역임), 선종한(1895-1980) 등을 대만으로 파견하여 대만 농업 문제를 조사하도록 하였고, <대만농업조직조사위원회>를 조직하여, 조사 작업을 마친 뒤 7월 11일부터 8월 9일까지 4차례 심사 회의를 개최하여 <대만성농업조직조사보고서>를 저술하였다. 공개적으로 발행되지 않은 이 <조사보고서> 중 통계자료에서는 토지개혁 이전 대만의 향농회 이사 중 지주가 39.7%, 자경농이 34.9%, 반 자경농이 0.9%, 소작농이 13.9%, 기타 직업이 10.6%를 차지하는 것으로 나타나 있다. 감사 중 지주는 36.7%, 자경농 37.3%, 소작농 8.4%, 기타 직업이 17.6%를 차지하고 있는 것으로 나타나, 지주 계급이 주도 지위를 차지하는 상황이 확연하다.[6)] 그리고 북부의 타이베이, 신주

5) JCRR, "Rural Economics Division," *Taiwan Agriculture Statistics*, 1901-1965. (Taipei: JCRR, 1966), pp. 9, 12.

6) 黃俊傑：《中國農村復興聯合委員史料彙編》(臺北：三民書局, 1991), 頁2-4。

등지의 향농회 중, 지주가 차지하는 세력이 비교적 크고, 남부의 가오숑 및 동부의 타이동 현은 지주의 세력이 상대적으로 작다. 그러나 토지 개혁 완성 이후 농촌의 권력 구조는 이미 크게 변모하였는데, 통계 자료에서 1953년 전 성의 성, 현 시 및 향진 농회 중, 원래 자경농이면서 이사인 자가 이사 총 수의 81.3%, 자경농이면서 감사인 자가 전체 감사의 60.5%인 것으로 나타났다.[7] 자경농이 토지개혁 전의 지주를 이미 대체하였고 농회의 권력 핵심을 차지하였다. 전 성 각 급 농회의 회원 신분으로 볼 때, 자경농 신분을 가진 농회 회원은 1953년 이미 전체 회원의 75.52%를 차지하였으며,[8] 토지 개혁은 분명히 전후 대만에 소리없는 혁명을 가져왔음을 알 수 있다.

이러한 소리없는 혁명이 만들어낸 충격은, 농회 이사 및 감사의 권력 구조의 변화뿐만 아니라, 대만 농촌의 기타 방면에서도 큰 변화가 나타나게 하였다. 예를 들어 1952년 부농부회(府農復會)가 미국 공통 안전 총서 계획 평의 고문 레이퍼(Arthur F. Raper)가 이끈 학자들을 초청하여, 전 성 16개 향진 중 1,176개의 농가를 표본으로 추출하여 사회 경제 조사를 진행하였고, 통계자료에서 나타나기를: 1952년 연말 조사한 전 성 268개 농사 소 조장(절반 이상이 촌장 겸임) 중, 자경농 신분을 갖고 있는 자가 170명을 차지하였고, 조사한 16개 향진의 대표 579명 중, 자경농이 38%로 가장 높았고, 지주는 7%만을 차지, 소작농은 19%, 농업에 종사하지 않는 자가 36%를 차지하였다.[9] 이러한 수치는 1953년 1월 26일 <경자유기전

---

7) 蔡宏進：《臺灣農地改革對社會經濟影響的研究》(臺北：嘉新水泥公司文化基金會, 1967), 頁59, 表10, 表11。
8) 蔡宏進：《臺灣農地改革對社會經濟影響的研究》, 頁58, 表9。
9) 雷柏爾：《臺灣目前之農村問題與其將來之展望》(臺北：農復會, 1953), 頁169。

조례>가 효력이 발생하기 전인 1952년 연말, 전 2단계 토지 개혁 정책의 실현에 따라, 자경농 계층이 점차 자라나 농촌 사회의 주류 역량이 되었음을 반영할 수 있다.

하지만 더 주목할 만 한 것은, 이 신흥 자경농 계층이 토지개혁을 획득한 뒤, 심리적으로 안도감을 느껴, 농업에 종사하는 것을 생활 방식으로 여기고, 생명의 지업(지향하는 사업)으로 간주하며, 토지를 안심입명의 근거로 간주하여, 낙관적인 정신으로 충만하여 노력하고 분발했다는 것이다.[10] 1952년 연말 레이퍼가 방문한 소작농의 85% 사람들이 일단 '경자유기전' 정책이 추진된 이후 그들의 생활이 반드시 변할 것이라고 믿고 있었다.[11] 이러한 낙관적이고 분투하는 심리 상태와 '농본주의'의 정신은, 당시의 농촌 관찰자들에게 깊은 인상을 남겼다. 예를 들어 1953년 여름, '대만성 실시 경자유기전 연합 지도 감독 단'이 전 성 농촌 각지를 방문했을 때, 토지개혁 후 신흥 자경농의 웃음 가득한 얼굴에 크게 칭찬하였다.[12] 진실로 레이퍼가 1953년 7월 제기한 보고서에서 말한 것과 같다:[13]

> 본 보고 조사원의 소감과 통계 자료에 근거하여, 농민 심리와 농촌 경제를 고루 중시해야 함을 알 수 있다. 요약하면, 대만인은 대만 광복을 획기적인 국면으로 보고 있으며, 광복 후 국민 생활이 반드시 개

---

10) 廖正宏、黃俊傑合著：《戰後臺灣農民價值取向的轉變》(臺北：聯經出版事業公司, 1992)。

11) 雷柏爾：《臺灣目前之農村問題與其將來之展望》, 頁156。

12) 鄧雪冰：《臺灣農村訪問記》(臺北：出版者不詳, 1954), 頁93。

13) 雷柏爾：《臺灣目前之農村問題與其將來之展望》, 頁223。

선될 수 있다고 생각하고 있다. 이러한 태도가 […] 가장 뚜렷이 나타나는 것은 아래 사실에서 볼 수 있다. 만약 지방 영도자가 국민이 자유 관념을 강화해야 한다고 한다면, 자결성이 더 풍부해지고, 지방 장관이 국민들에게 더욱 관심을 기울여, 대만인이 공직에 임하는 자가 많아지고, 비료 등이 공평하고 순조롭게 각 농가에게 도달할 수 있어, 소작농이 지불하는 소작료가 낮아졌다. 소작농은 이미 정식 임대 계약을 가지고 있으며, 41년간 적지 않은 소작농이 논밭을 구매했고 농민들이 42년 초 모의 실시한 경자유기전 방안에 찬성을 표시했다. 현재 인구 사망률은 이미 감소하였고, 교육 수준이 증가하였으며, 일반적으로 농민이 응용하는 현대적 설비 (무선 전기 라디오 외에) 또한 이미 점차 증가하고 있다. 이러한 여러 가지가 농민들에게 깊은 영향을 미쳤으며, 농민의 평상시 생활 및 일상 작업과도 밀접한 관계가 있는데, 왜냐하면 국민들의 작업의 성취가 대다수 심리 상태 및 동기로부터 결정되기 때문이다.

이러한 미국인 전문가의 증언으로부터, 광복 초기 신흥 자경농 계층의 공통적 심리와 정신 상태를 구체적으로 그려볼 수 있다.

제3절 신흥 자경농 계층이 직면한 문제들

그러나, 이렇게 역사상 가장 운이 좋은 자경농이 토지를 획득하고 얼굴에 웃음이 가득해 졌을 때, 그들 중 약 10분의 1의 사람들은 오히려 민간 사회와 정부 당국으로부터 비롯된 여러 가지 압력에 직면하게 되었는데, 이는 그들이 '경자유기전'정책 실시 이후 1년 간, 본 논문 제 1절에서 인용한 중국 국민당 중앙 위원회 공문에서 말한 것 과 같이, '불하받은 농지를 판매, 양도 혹은 저당 잡히는 것으로 변칙한 자들이 각 현에서 고루 발견되었던 것'이다.이다. 아래 설명하려는 것 과 같이, 317,000농가 중, 3,497개의 농가가 경지를 이어받는 것을 포기하였고, 이러한 농가는 신흥 자경농 전체 수의 10분의 1만 차지하지만, 하나의 역사적 현상으로 간주하여 탐구할만한 가치가 있다. 도대체 자경농의 토지 매매, 양도, 저당 등은 그들이 새로 획득한 토지의 실제상황과 어떤 관련이 있는가? 도대체 신흥 자경농이 어떠한 문제에 직면하였는가? 이러한 문제는 어떻게 발생하게 되었는가? 이것이 우리가 이어 탐구하고자 하는 과제이다.

자경농이 1951년 이후, 그들이 받은 공지와 사지를 판매하는 것의 상세 상황에 관련하여, 농부회와 대만성정부 지정국은 1954년 5월부터 1955년 9월 간, 전 성 21개의 현과 시에 토지개혁을 거치며 생겨난 317,000개의 자경농가에 검사를 진행하였다. 이러한 검사 작업 항목에는 다음의 세가지가 있다. (1) 이어받은 경지의 불법 이전 상황. (2) 불하한 땅값의 상환 상황. (3) 신자경농 농업 경영 및 생활 상태의 개선 상황 등이다. 검사의 취지는 다음과 같다. (1) 신흥 자경농을 보호하고, 그들이 이어받은 땅을 상실하지 않게 하는 것. (2) 이어받은 농가들이 땅 값을 청산할 수 있게 협조하는 것. (3) 지금까지 했던 토지 개혁이 농업 경영 및 농민 생활에 미친 영향을 조사하는 것 등이다.[14] 농부회는 이러한 조사 작업을 마친 뒤 제기한 보고서에서 다음과 같이 밝히고 있다. 317,000 세대의 새

---

14) 中國農村復興聯合委員會：《中國農村復興聯合委員會工作報告》, 第6期, 民國43年7月1日至44年6月30日(臺北：農復會, 1955), 頁69。

로운 자경농가 중, 이미 3,497세대가 이어받은 토지 총 1,579헥타르를 포기하였고, 포기한 원인 및 상황은 아래와 같다: 1,632세대가 이어받은 토지를 판매한 것은 총 817헥타르, 1,015세대 농가가 이어받은 경지 총 464헥타르를 타인에게 증여하였고, 338세대가 이어받은 경지 총 80헥타르를 저당 잡힌 적이 있고, 367세대가 이어받은 경지 총 131헥타르를 다른 농민이 경작하도록 빌려준 적이 있고, 145세대는 이어받은 경지 총 38헥타르를 사람을 고용하여 경작하였다. 법률 규정에 따라, 이러한 자경농은 이어받은 토지를 직접 경작할 수 있도록만 허용되었는데, 21,900 세대의 새로운 자경농가가 불하 경지 땅 값을 1분기 이상 밀린 적이 있다. 농부회는 또한 일부 신 자경농가가 구입한 경지를 상실하는 주요 원인은 3종류를 벗어나지 않는다고 밝혔다. (1) 농가 부채의 과중 혹은 심한 빈곤, (2) 농가가 이어받은 토지를 판매하여 사리를 도모함, (3) 농장의 노동력 부족과 농가 주소 이전 등이다.[15] 이상 서술한 것이 전 성의 일반적인 추세이고, 이 조사 작업은 이란(宜蘭), 가오슝(高雄) 및 타이중(臺中) 3개 현에서 실시되기 시작했으며, 농부회는 해당 세개 현 내 51,987신 자경농가에 집집마다 조사를 한 적이 있고, 이 5만여 농가 농민이 경자유기전 계획 실시 1년 후의 상황을 보고하였다.[16]

(1) 토지 소유권 및 토지 사용 상황 변동 발생자는 3,853세대로, 조사 총 숫자의 7.41%를 차지한다. 그 중 이어받은 토지를 전매, 저당 및

15) 中國農村復興聯合委員會：《中國農村復興聯合委員會工作報告》, 第7期, 民國44年7月1日至45年6月30日(臺北：農復會, 1955), 頁65。

16) 中國農村復興聯合委員會：《中國農村復興聯合委員會工作報告》, 第6期, 民國43年7月1日至44年6月30日, 頁69-70。

임대해 준 자가 525세대이고, 승계 혹은 분가하여 토지가 분할된 자 2,857세대이며, 경지를 다른 용도로 사용한 자 471세대이다.

(2) 땅 값 체납자는 2,747세대로, 조사 총 수의 5.28%를 차지한다. 그 중 빈곤으로 인해 체납한 자 1,519세대, 가정 변화로 체납한 자 55세대, 재해 흉작으로 체납한 자 800세대, 납부 능력이 없어 체납한 자 132세대, 척박한 토지로 인해 체납한 자 69세대, 기타 원인으로 체납한 자가 32세대이며, 그 중 고의로 납부를 거절한 자는 140세대이다.

(3) 경영 및 생활 상황 개선자는 5,480세대로 조사 총 수의 10.54%를 차지한다. 그 중 소달구지 구입 및 농기구를 추가 구입한 자 1,500세대, 농가를 건축한 자 1,789세대, 퇴비 우리 및 돼지 우리를 건축한 자 1,915세대, 양수기 추가 구매한 자가 276세대이다.

이란(宜蘭), 가오슝(高雄), 타이중(臺中) 3개 현에서 조사한 데이터에서 드러나는 것은 아마 빙산의 일각일 뿐일 것이다. 왜냐하면 광복 초기 정부가 추진한 토지개혁 정책 환경 하에 신흥 자경농이 사적으로 이어받은 자경농지를 판매, 저당 혹은 임대해 주는 행위는 위법에 속하기 때문이다. 정부의 조사 작업으로 얻을 수 있는 것은 실제 상황 중의 극히 작은 부분이고, <중국 농촌 부흥 연합 위원회 작업 보고>에서 인정한 것 과 같이, 농민이 이어받은 자경농지를 판매할 때 '이어받은 토지의 이전은 모두 비밀로 하기 때문에, 앞의 통계 숫자는 일부분의 실제 상황만을 나타내는 것일 수 있다'[17] 이리하여, 신흥 자경농이 불법으로 이어받은 경지를 이

17) 中國農村復興聯合委員會：《中國農村復興聯合委員會工作報告》, 第6期, 民國43年7月1日至44年6月30日, 頁65。

전하는 실제 원인을 나아가 분석하기 위해, 우리는 관련된 조사 보고 문서와 공문을 맞추어보며 탐구해 보아야 한다.

광복 초기 토지 개혁의 관련 사료로 귀납하여 볼 때, 우리는 자경농이 '경자유기전' 정책 하에 경지를 획득한 이후, 많은 엄혹한 도전에 직면했음을 알 수 있다. 이 문제점들은 2가지의 범위로 나누어 토론할 수 있다:

첫번째 문제는 민간 사회 부문으로부터 비롯 것으로, 아래와 같은 몇 가지 종류로 구분할 수 있다.

[1] 농촌 고리대금과 '매청묘' (역자주: 풋곡식을 파는 것)의 착취

광복 초기의 대만 농촌은 여전히 고리대금이 매우 성행하고 있었는데, 일반 소작농의 경제 능력이 비교적 약했기 때문에, 어떤 때는 이어받은 경지 대금을 지불하기 위해 돈을 빌려야만 했다. 1953년 4월 18일, 타이중 시장이 대만성정부 주석에게 올리는 공문 중 밝히기를: '소수의 흉악한 지주들이 허황된 생각을 하고, 중간에 속임수를 쓰고, 소작농을 기만하고, 우둔하고 무지하고, 밭을 목숨과 같이 사랑하고 고심해도 구매할 능력이 없는 심리를 이용하여 가혹하게 착취하는 낡은 수법을 내놓아 소작농에게 고리로 대금을 해주고 구매한 경지의 대금으로 간주하였다. 오랜 시간이 지나고, 지주는 비록 원래 있던 밭만 남겼지만, 여전히 부활하여 고리 착취의 이익을 누리고 있다. 소작농은 이름은 비록 자경이지만 빚이 산더미 같아서, 반드시 일년 내내 고생해야 하지만 여전히 수확이 아무것도 없다.'[18]

타이중 시장이 이 공문에서 서술한 상황은 비교적 빈곤한 농촌 지역에

18) 侯坤宏編：《土地改革史料》, 頁664。

서는 평범한 일이다. 예를 들어 1953년 '대만성 실시 경자유기전 연합 감독단'이 화리엔현을 방문했을 때, 국민당 화리엔현 당부 책임자 보고를 기재하였는데, 화리엔 지역에 고리대금이 횡행하고, 위리(玉里)의 농민이 벼 한 계절은 한 분기로 하여 반년의 시간도 되지 않아, 벼를 빌린 것의 이자를 상환해야 한다. 이 당부 책임자는 현지의 한 농가를 서술하였다: [19)]

올해 봄 보릿고개일 때, 어떤 지주에게 2천근 벼를 빌렸는데 차용증에는 4천근으로 쓰였고 수확 하자마자 채권자에게 원금과 이자 4천근을 상환하라 하였으나, 소송 결과가 매우 좋지 않아 채권자는 돈이 많아 변호사를 선임할 수 있어, 농민이 패소하였고, 상소 또한 실패였다. 이러한 상황이 화렌(花蓮) 뿐 아니라 타이동현(臺東縣) 및 서부 농촌에서도 자주 발생하였다. 벼농사 파종 혹은 수확 시, 농민은 자주 고리대금에 의존할 수 밖에 없었다. [20)]

고리대금 이외에, '매청묘' 또한 광복 초기 신흥 자경농이 자주 맞닥뜨린 일종의 착취였다. '대만성 경자유기전 연합지도 감독단'이 1953년 타이동에서의 농촌 상황을 다음과 같이 보고하고 있다.[21)]

> 우리가 타이동에서 농민이 말하는 것을 듣기를, 일부 농민은 풋곡식을 팔고, 풋곡식을 판 손실은 고리대금 보다 더 크다. 예를 들어 올해 봄, 현지 벼의 시가가 1만 킬로그램당 1,4000위안(元)이었는데, 사전에 팔면 4,000위안(元)으로 밖에 팔 수 없었고, 심지어 팔리기도 어

---

19) 鄧雪冰：《臺灣農村訪問記》, 頁86。
20) 侯坤宏編：《土地改革史料》, 頁737-739。
21) 鄧雪冰：《臺灣農村訪問記》, 頁87。

려웠으며, 겨울이 되어 수확할 때, 채무자가 풋곡식 매도증을 가지고 농지에 와 벼를 수취하였다. 농민이 풋곡식을 판 결과, 수확 소득은 매우 적었으며, 만약 벼 가격이 하락하면 봄과 동일해져 그 농민의 손실은 3배 이상이 되었다. 농민이 고리대금과 풋곡식 파는 것의 착취를 받아, 실로 가난을 감당할 수 없었으며, 농민이 고리 대금과 풋곡식을 파는 것은 어쩔 수 없이 비롯된 것이었다. 그 중 원인은 매우 복잡한데, 고산족 동포만은 소수가 낭비와 먹고 술 마시기를 좋아한 원인이었으며, 일반 농민은 가정 내 경조사가 많거나, 혹은 질병으로 인해 빚을 지게 되었다. 예를 들어 최근 어떤 촌의 농민 하나는 그의 연로한 부친이 병에 걸려 1년간 병상에 있자 고리대금으로 벼 1만 킬로그램을 빌렸으나, 결국 부친이 낫지 않고 돌아가셔서, 부친의 병사로 인해 이중 부담을 피할 수 없었다는 것이 하나의 예시이다.

이상 언급한 고리대금과 '풋곡식을 파는 것'의 착취 하에, 신흥 자경농 계층 중 많은 사람들이 다시금 가난한 농부가 되었고, '경자유기전'의 좋은 뜻은 물거품이 되었다.

[2] 농촌 농지를 구매하는 유휴 자본의 침입

1955년 11월 18일 경제부 농림사(農林司)가 대만성 농림청에 보낸 공문의 첨부 서류는 이러한 상황에 대해 다음과 같이 서술하였다: [22]

현재 농촌에 '돈 있는 자는 고민하고, 돈 없는 자는 고통스럽다'는

22) 侯坤宏編 :《土地改革史料》, 頁744。

논조가 자주 있는데, 소위 돈 있는 자가 고민한다는 것은 자금이 수중에 있지만 운용하기가 어렵기 때문인데, 은행에 저축하면 이자가 너무 낮은 것을 불만스럽게 생각하고, 고리 대부를 하자니 대금을 회수하지 못할까 두렵고, 물자를 사재기 (매점)하자니 법령을 거스를까 두렵고, 상업을 경영하자니 세금이 많다. 게다가 최근 통일 연수증 제도 방법 실시 뒤, 장사에 더 어려움을 느끼고 있어, 향촌 유휴 자금은 토지 구매로 집중되게 되었다. 전해지는 말에 의하면 375제 임대 계약 규정 상 매 갑 토지에서 매년 2,864근(대만 계량)의 벼를 빌려줄 수 있으며 각 종 임대 세 납부 외에 그 소득의 순수 이익은 은행에 저축하는 것보다 좋다고 한다. 원금이 보장될 뿐만 아니라 확실히 믿을 수 있어 농촌 논밭의 매매가 빈번히 발생하였다.

유동성 자금이 농촌 토지 구매에 침입한 것은 나약한 자경농 계층에게 또 다른 타격을 주었다.

[3] 지주가 '경자유기전' 정책 실시 전 미리 소작 준 땅을 회수하거나 혹은 사후 소작농에게 불하 토지를 되사는 것

토지개혁 정책이 실시에 옮겨지기 전, 많은 지주들이 토지가 소작농에게 불하 되는 것을 피하고자 소작 준 땅을 미리 회수하였는데, 이 종류의 사료는 아주 많아 이루 열거할 수 없다. 1947년 12월 9일 대만성 민정청 지정국이 제기한 '공지 임대 검사 보고'에서 밝히기를: '이렇게 감조 운동은 짙은 구름이 끼었지만 비가 오지 않는 (조건은 성숙되었으나 아직 일은 벌어지지 않은) 상황 중으로, 지주들이 서로 대응하여, 소작료를 올리는 자가 있고, 연달아 소작 준 땅을 회수하는 자가 있는데, 후자의 수가 매우 많

다' 이 문장은 당시 역사의 실정을 확실히 묘사하고 있다.[23] 1953년 여름 '대만성 실시 경자유기전 연합 지도 감독단'이 소작 준 땅을 회수하는 행동에 대해 직접적으로 시찰한 보고가 있었다.[24]

> 우리는 윈린현(雲林縣)에서 매우 나쁜 지주를 하나 발견했는데, 그의 토지는 농민에게 빌려주어 경작하게 하고, 불하를 징수하지 않으려 했을 뿐만 아니라, 소작 준 땅을 회수할 것을 강요하여, 소작위원회의 중재를 거쳤는데, 그를 세지 않더라도, 비열하고 위협적인 수단을 써서 몇 명 불량배를 매수하여, 리(李) 씨의 소작농을 한대 때리고, 이후 현정부 지정과가 궈(郭) 씨 과원을 파견하여 권고하자, 그는 또다시 불량배를 부추겨 사람을 때리려 하였고, 다행히 궈(郭) 씨 과원이 민첩하여 얻어맞지 않았고, 근처 경찰에게 알려, 경찰이 불량배를 압송하여 법원에서 그 죄를 심문하였고 형벌을 정하였다, 많은 농민들이 이 사건에 대하여 불공평함에 분노하였고, 지주를 추궁해야 한다고 생각했으며, 지주의 부추김을 받아 사람을 때린 불량배만을 구속 처리하는 것은 불충분 하다고 생각하였다.

이 시찰 보고 또한 기타 정부 당국 문서의 검증을 받았다. 1954년 7월 31일, 내정부 조사국은 대만 토지개혁 정책 실시 정황에 대해 조사 휘보를 제기한 적이 있는데, 그 중 구체적인 실례를 들어 지주가 소작 준 땅을 회수하는 행동이 토지개혁 정책에 미친 방해에 대해 설명하였다. 보고 내

23) 侯坤宏編：《土地改革史料》, 頁464。
24) 鄧雪冰：《臺灣農村訪問記》, 頁135。

용은 다음과 같다.[25)]

타이중 베이스둔구(市北屯區) 지주인 라이차오쉰(賴朝訓), 린원슝(林文雄)이 공유한 베이스둔구(北屯區) 자두대자(子頭大字) 제170-1호 경지 21건, 총 3.2313갑 등에 대해, 36년 우왕(吳旺), 우톈지(吳天技) 등 3인에게 임대해주어 경작하게 하였고, 실제로 나누어 임대하였다. 38년에 이르러 우(吳) 등이 분가하여, 혼자 경작하는 것으로 바꾸고, 장(張)에게 법에 따라 '삼칠오 감조' 임대 계약을 체결할 것을 요구하였으나, 장(張)은 이를 거절하였다. 41년에 이르러 제2분기에 장(張)은 정부가 경자유기전 정책을 실시할 것을 알게 되어, 그 토지가 징수되어 불하될까 두려워, 임대해준 토지를 회수하여 자경할 것임을 즉각 표명하였다. 우(吳)는 이에 베이둔구(北屯區) 소작 위원회에 신청하였는데, 몇 차례 중재를 거쳤으나 모두 효과가 없었다. 42년 2월 18일 위원회는 중재 기록을 시 소작 위원회에 보내 중재를 요청하고, 위원을 지명 파견하여 전문 조사를 하였는데, 지주가 확실히 375감조 조례 규정을 위반한 상황을 발견하여, 법에 따라 사법 기관에 보내 처리하기로 결정하였고, 경자유기전을 실시할 때에 이르러, 시정부는 부지자(府地字) 제 371호로 대표인 린원슝(林文雄)에게 징수 확정을 통지하였으나, 잠시 불하를 늦추고, 타이중 법원이 해당 안건을 정부의 심사 결정을 거쳐 징수할 때 , 분쟁이 없는 경우, 원고가 제기한 소송을 철수하고 종결하기로 하였고, 다시 베이둔구(北屯區) 소작 위원회의 의결을 거쳐, 여전히 우(吳)가 이어받고, 장(張) 등은 이를 알고 바로 지정

25) 侯坤宏編：《土地改革史料》, 頁713-714。

> 과로 가 부당함을 질책하며, 징수 불하해선 안된다고 하였다. 2월 13일에 이르러, 다시 23인을 모아, 상기 경지 내로 가 사탕수수를 심고, 우(吳)가 다시 이어받는 것을 방해하려 하였고, 게다가 우(吳)는 장(張) 등이 고의적으로 국가 정책을 타파한다고 하여 시정부에 엄중 처벌을 요청하였다. 이 분쟁은 아직까지도 합리적으로 해결되지 않았다.

이러한 종류의 지주가 소작준 땅을 회수하려는 행동은 신흥 자경농 계층이 직면한 도전이었다. 두번째로, 많은 지주가 토지가 불하된 후, 각종 방식으로 경제적 어려움이 있는 소작농에게 토지를 되샀는데, 이 역시 자경농 계층의 역량이 약해진 주요 요인이었다. 1954년 8월 27일, 대만성 보안사령부의 보고는 화리엔을 예로 지주가 토지를 구매하는 실제 정황을 설명하였다:[26)]

> 근래 화리엔현 일반 농민은 경제적 어려움 때문에, 혹은 이익을 목적으로, 놀랍게도 정부가 불하한 경지를 암암리에 암시장 지주에게 전매하고, 사적으로 증서를 써, 부채 명목으로 토지를 채주에게 저당 잡힌 뒤, 법원에 가 공증하였는데, 이는 해당 채주가 바로 토지 소유권을 갖게 하는 것과 같고, 이러한 투기 요령의 행위는 실로 경자유기전 정책을 파괴하고 있다.

이 안건은 절대 특수한 예가 아니고, 당시의 보편적인 현상으로, '경자유기전' 정책으로 하여금 부분적으로 실권을 잃게 하였다.

---

26) 侯坤宏編：《土地改革史料》, 頁718。

[4] 농민이 이어받은 경지를 사적으로 불법 처분

'경자유기전' 정책의 목표는, 대만 농업과 임업에 자경농 계층을 만들기 위한 것에 있었으나, 일부 소작농이 경지를 받은 뒤 사적으로 용도를 바꾸고, 심지어 토지를 판매하여, 직접적으로 자경농 계층의 기초를 약화시켰다. 우리는 1954년 7월 조사국의 한 보고서만을 예로 들고자 한다: [27]

> 신주현 주난진(新竹縣竹南鎮)의 소작농 황더인(黃德印) 42년 경자유기전을 실시할 때, 법에 의거하여 주난진 남단 250-1에 있는 면적 0.8056갑 경지 하나를 이어받았고, 황(黃) 씨는 올해 (43년) 5월 상순, 해당 경지의 4분의 1을 무단으로 변경 사용하여 점포 5개를 세우고, 2개는 본인이 사용하고 나머지는 모두 이웃에 거주하는 3인에게 양도하였고 이들은 상업을 경영하였다. 해당 3개 건물은 약 84평을 차지하고, 매 평당 80위안을 불러 계산해 6270위안을 받았으며, 별도로 그 땅의 임대료를 납부하여 매년 매 평당 소작료쌀 4근(대만 계량), 매년 소작료로 쌀 336근을 받았다.

이 사례 중, 소작농이 토지를 개축하여 타인에게 상업을 경영하도록 제공하여, '경자유기전'정책 목표를 물거품으로 만들었다. 신흥 자경농이 맞닥뜨린 두 번째 종류의 문제는 정부 부문에서 비롯된 것으로, 현존하는 사료로부터 귀납하여, 아래와 같은 몇 가지 문제점으로 세분화 할 수 있다.

---

27) 同上註。

[1] '공지 불하' 정책을 전면 실시할 수 없었음

1950년대 토지개혁의 목표 중 하나는 바로 자경농 계층을 만들어 낸다는 것에 있었고, 농촌을 안정시키고 생산을 높이는 기초로서 삼았다. 이 목표를 완성하는 것에 있어서, 가장 직접적으로 효과가 있었던 것은 바로 토지개혁의 제 2단계 정책-공지 불하였는데, 광복 초기 정부 및 국영 기업이 장악하던 토지가 상당했기 때문으로, 만약 이 토지를 소작농에게 풀 수 있다면 자경농의 수량이 분명 점차 증가할 것이었다. 하지만 아쉬운 것은 '공지 불하'정책이 전면적으로 시행될 수 없었다는 것인데, 이는 광복 초기 자경농 계층이 빠른 속도로 자라날 수 없었던 주요 원인이다. 어찌하여 '공지 불하'정책이 전면적으로 실행될 수 없었는가? 이는 분명히 광복 초기 토지개혁 정책과 경제 정책 간의 모순에 연관된다. 광복 초기, 대만은 전후 겹옥을 겪고, 각종 지체된 일들이 시행되기를 기다리고 있었으며, 게다가 근 백만명의 신 이민으로, 군량미의 부담이 높아졌고, 외화 결핍으로 쌀과 설탕을 수출하여 외화로 바꾸어야 했다. 이에 대만제당과 같은 국영기업이 대량의 공지를 독점할 명목이 있었고, 소작농에게 불하하려 하지 않았다. 나는 다른 논문 중, 1952년 9월 중국 농촌부흥 연합 위원회의 요청에 응하여 대만을 방문한 미국 농림부 토지 고문 전문가 라진스키(Wolf Ladjinski)가 장제스 총통에 제기한 서신을 중심으로, 광복 초기 대만 토지 개혁 추진 과정 중 나타난 국가 자본 주의 하에 농민이 국영기업에 대한 불만과 토지개혁 정책과 경제 정책의 모순 등 현상을 탐구하였다.[28] 광복 초기 대만제당 회사는 4대 설탕 제조 회사의 토

28) 黃俊傑：〈光復初期臺灣土地改革過程中的幾個問題：雷正琪函件解讀〉, 收入本書第4章。

지 총 121,362갑을 접수하였고, 미국인 토지 전문가 라진스키는 장제스 총통에게 전부 소작농에게 불하하여야 한다고 건의하였다.[29] 그러나 대만제당 회사는 외화 창출을 이유로 넘겨주기를 거부하였고, 정부는 극단적인 외화 결핍 상황 하에, 대만제당 회사의 요구에 순응할 수 밖에 없었다. 심지어 대만제당 회사는 각지의 설탕 제조 공장에서 일제시대에 자주 스스로 임대료를 올리거나 중개인을 거쳐 소작농에게 전대하여 중간에서 사리를 취하도록 하였다. 이러한 사건은 광복 초기 비일비재 하였는데, 예를 들어 1946년 10월, 타이중 우르 제당공장이 소속 땅을 경작하는 소장농에게 임대료를 올려 받아, 중간에서 사리를 취했고, 소작농들이 타이중 현정부에 고소하여 성 정부 민정처 지정국으로 넘어갔으나, 후에 지정국이 원래 임대 계약을 취소하라고 명령하였다. 게다가 각 지의 설탕 공장이 자주 임의로 소작 준 땅을 회수하고, 임대 경지를 자영으로 회수하여 소작농의 생계에 영향을 미쳤다. 이러한 사건은 광복 초에 거듭 발생하였는데, 예로 1947년 1월 28일 장화 시후 제당공장 소작농이 공유 토지에 검은 참깨를 심었는데, 설탕 공장이 토지 자경을 회수하려 하여 충돌을 일으켜, 2월 6일 농민, 설탕 공장, 경찰 각 기관에서 농민대회를 개최하여 해결해 나가기 시작했다.[30] 농부회가 비록 대만제당 토지를 소작농에게 불하하여야 한다고 분명히 주장한 적은 있다:[31]

대만성의 공지 면적은 18만 갑에 달하며, 경지 총 면적의 4분의 1

---

29) 侯坤宏編：《土地改革史料》, 頁414-415。

30) 侯坤宏編：《土地改革史料》, 頁430。

31) 中國農村復興聯合委員會：《中國農村復興聯合委員會工作報告》, 民國37年10月1日至39年2月15日(臺北：農復會, 1950), 頁47。

을 차지한다. 이 공지는 과거에는 일본 정부 혹은 공영 및 민영 기업 회사 소유의 토지, 혹은 일본인 사유의 토지로, 광복 후 몰수하여 국가에 귀속된 것이다. 이러한 토지 중 약 12만 갑은 대만제당이 사용하고 있다. 그 나머지는 농림청 사회처 및 토지은행과 같은 정부 기관이 사용하는 토지로, 이 외는 현,시정부가 불하한 토지이다. 이 토지는 여전히 대개 농민에게 임대되며, 악습이 특히 많다. 이 공유 토지의 사용을 개선하기 위해, 공지의 일부분을 농민에게 불하하여 자경하도록 하여, 소작농과 고용농이 자경농민이 될 수 있도록 해야 한다.

하지만 농부회가 제기한 불하 공지 '소작농과 고용농이 자경농민이 될 수 있도록 한다'의 주장은, 끝내 실현되지 않았다. 이는 광복 초기 자경농 계층을 형성하는 과정 중 내재된 한계점이다.

[2] 토지 행정 기구의 부실이 '경자유기전' 정책이 실현될 수 없게 만듦

광복 초기 토지개혁은 전란으로 세상이 어수선한 가운데 급하게 전개되었고, 대만 각 향진 관공서 등 기구도 그다지 완전하지 않았는데, 1955년 4월 4일 타이중 현정부가 대만성정부에게 보낸 공문 중 적시한 것과 같다. '현행 향진 관공서의 편성은 민정과 내에 1, 2명만을 배치하여 토지 행정 업무를 처리하게 하고,《357》감조, 공지 불하 및 경자유기전 각종 업무 모두를 1, 2명에게 의존하여 처리를 견디고 있어, 사람은 적고 일은 많아 매번 일을 망친다'[32)]

지방 토지 행정 기관이 무엇으로 인해 일을 망치는가? 현존하는 사료

32) 侯坤宏編：《土地改革史料》, 頁735。

로 볼 때, 주요 원인은 계획이 완전하지 못하다는 것인데, 토지 행정 인원이 경지 불하를 처리할 때, 지주와 결탁하여, 소작농이 경지를 받을 수 없게 한다는 것이다. 우리는 1954년 7월 31일 내정부 조사국의 조사 휘보를 예로 설명하겠다: [33)]

> 타오위안 토지 행정과 직원은 해당 현 소작위원회사무처와 난컹 파출소 등을 이용하여 직무상의 편의를 위해 소작농 여우진청(游金城)을 협박하고, 이어받은 업주 라이위파(賴玉發)가 징수당한 토지를 포기하게 했다. 해당 안건은 금년 (43년)1월 8일 조사하여, 성 토지 행정 당국 부민지독자(府民地督字) 제60호로 전부 징수하고 불하하여 지정료를 징수할 것으로 지시하였고, 타오위안 토지 행정처, 난컹 파출소, 누주향 관공서 및 업주 라이위파 등에게 토지를 징수하여 불하할 것을 명령하였다. 하지만 하지만 이 소작농은 여우진청에게 통지하지 않고 고의적으로 미루어, 금년 (43년) 2월 25일 여우(游)가 다시 재발급을 요청하였으나 본 소작농은 이를 방치하고 의도적으로 난처하게 만들어, 업주 라이위파(賴玉發)가 해당 징수된 경지의 벼를 약탈하여 베는 분쟁 사건이 발생하게 만들었다.

이와 같은 종류의 각종 사건이 전 성에서 비일비재하게 일어났다. 이 역시 광복 후 초기의 자경농 계층이 빠른 속도로 성장할 수 없었던 요인이다. 이 1절을 종합하여 토론해 보면, 우리는 광복 초기 토지개혁 후 신흥 자경농이 안팎으로 협공하는 곤경 속에 처해 있었음을 알 수 있다. 농

---

33) 侯坤宏編：《土地改革史料》, 頁712-713。

촌 사회 내부로 보면, 고리대금 및 '매청묘'의 성행으로, 유휴 자금의 투자 토지 구매, 지주의 교활하고 완고함이 자경농의 성장을 약화시켰다. 외부 요인으로 보면 '공지 불하' 정책이 확실히 실현될 수 없었고, 토지 행정 기관의 계획이 완벽하지 못했다는 점이 자경농 계층이 빠른 속도로 성장할 수 없었던 요인이었다.

제4절 정부의 자경농 보호 조치

제3 절에서 말한 신흥 자경농의 여러가지 곤경에 대해, 정부 관련 부처는 자경농을 보호하는 조치를 취하기로 결정하였다. 그러나 보호 조치를 실시에 옮기기 전에, 먼저 농부회가 자경농 상황에 관한 조사 작업을 추진하였다. 자경농 보호 계획의 기본 원칙은: 불하 땅 값을 청산하기 전, 토지개혁은 신흥 자경농 320,000세대 농민이 이어받은 토지를 상실하도록 유인당하거나 강요 당해서는 안 된다. 그 실시 절차는 3가지가 있다: (1) 정부 규정에 따라, 농민이 땅 값을 상환하는 10년 기간에 부적절하게 이어 받은 토지를 처리하는 것을 제한한다. (2) 농민이 토지를 포기하는 진정한 원인을 조사 및 분석하고, 방지 방법의 초안을 작성한다. (3) 땅 값을 상환할 능력이 없는 농민을 조사하고, 그에 필요한 자금 공급 방법을 강구한다. [34)]

농부회가 추진한 이 자경농 보호 계획은 10년 분할 땅값 납부 기간 동

---

34) 中國農村復興聯合委員會：《中國農村復興聯合委員會工作報告》, 第4期, 民國42年7月1日至43年6月30日(臺北：農復會, 1954), 頁113-119。

안, 일상 검사 제도 및 농민 토지 기록 관리를 수립한다. 매년 불하 땅값을 징수할 때, 즉시 정부 조사원이 두 번에 걸쳐 320,000세대 농민의 지적, 지권 혹은 토지 사용 변동 상황 및 그 경제 상황을 조사하고, 그 결과를 조사 표 내에 기입한다. 조사원은 현장에서 분쟁을 해결하고 농민이 불법으로 토지를 처리할 수 없도록 상기시켜야 한다. 조사 결과는 반드시 분석 및 정부에 보고(상신) 하여 악습을 방지하고 관련 문제를 해결하는 방법의 초안을 작성할 수 있도록 한다. 해당 검사 작업은 땅 값 원금과 이자가 청산될 때까지 매년 지속하여 진행한다. 농부회는 이 검사제도의 실시로 320,000세대 모든 농민이 이어받은 토지를 판매, 임대해 주는 등의 상황을 관제할 수 있기를 바랬고, 자경농 토지를 적극적으로 보호하는 각 종 효과적인 방법이 뒤따라 점진적으로 추진될 수 있기를 바랬다.[35)]

농부회가 추진한 이 조사 보고 작업 외에도, 대만성정부는 1955년 6월, '대만성 실시 경자유기전 보호 자경농 방법 초안'을 작성하였고, 이 초안이 행정원에 보고된 후, 내정부, 재정부, 경제부, 사법행정부 등 다른 위치에서 각자 많은 의견이 있었으며, 다수의 담판을 거쳐 최종 결정을 시행하였다. 이 방법 하에 대만 성 정부 소속이던 대만 토지은행으로부터 〈대만 토지 은행 시험 육성 자경농 토지 구매 대출 방법〉초안을 작성하였고, 1957년 9월 30일 통과하여 실시에 옮겨졌다.

대만 토지 은행이 집행하던 이 대출 방법은 자경농이 경지를 취득할 수 있도록 육성하기 위함으로, 그 대출 대상은 375임대 계약의 소작농 혹은 반자경농으로 하였으며, 그 경영 면적은 수전 二甲 이하 (갑절로 계산), 지주가 보류한 임대 경지를 구매하려는 자에 한하였으나, 좌기 상황 중

35) 同上註。

하나인 자는 대출해 주지 않았다.

갑. 구입하려는 경지에 대해 확실히 자경 능력이 없는 자
을. 농업을 주업으로 하지 않는 자
병. 상환 신용이 불량하거나 품성이 좋지 않은 자
정. 땅 값을 체납하는 등 상황의 자

매세대 농가의 최고 대출 액수는 구매한 경지의 전체 대금의 60%를 넘어서는 안되며, 나머지 40% 혹은 40%이상의 대금은 대출자 스스로 조달해야 한다. 대출 상환 기한은 가장 길게는 10년을 넘어서는 안되며, 가장 짧게는 5년보다 적어서는 안되고, 대출자의 상환 능력에 따라 심사하여 결정한다. 대출 이자율은 잠정적으로 연 5%로 한다.[36] 이 대출 방법은 대출 농가들에게 상당한 특혜였는데, 예를 들어 대출금은 매년 균등 분할 상환하도록 규정하였고, 대출 농가의 수확 계절에 맞추어, 매년 두번 원금과 이자를 분할 상환하는 것을 원칙으로 하였으나, 한 계절만 수익이 있는 농가는 매년 한번 원금과 이자를 상환하도록 하였다. 대출 농가가 만약 중대한 재해를 당하여 기한 내에 원금과 이자를 상환할 수 없을 시, 해당 현, 시정부가 발부한 재해 당한 비율 증명서를 제출하여야 하고, 해당 기간에 납부하여야 하는 원금과 이자 전부 혹은 일부를 사정을 감안하여 상환 유예를 허가한다. 이 대출을 통해 자경을 육성하려는 계획은 신흥 자경농에게 정말로 큰 도움이 되었으며, 상인 혹은 지주가 풋곡식을 매수 및 고리대금의 착취에서 벗어날 수 있도록 하였다.

36) 侯坤宏編：《土地改革史料》, 頁751。

정부가 취한 상기 자경농 보호 조치의 실제 효과는 어떠하였을까? 현존하는 사료로는 이 문제에 정확히 대답하기 어렵다. 하지만 통계 자료로 볼 때, 토지개혁 이후 자경농 계층은 지속적으로 수직 상승하는 상태이며, 1946년 전 성 농가 중 자경농이 32.70%, 1952년에는 38%로 상승하였고, 1955년에는 59%, 1960년에는 64%로 상승하였다. 이후 계속 증가하여 1974년에는 80%를 차지하였고, 1984년에는 82%, 1989년에는 86%를 차지하였다.[37] 자경농 계층의 전후 대만의 발전은 '부자는 논에 논두렁길이 계속하여 이어져 있고, 가난한 자는 입추의 여지조차 없다'라는 중국 역사상의 전통을 철저히 변화시켰고, 역사적인 의의를 가지고 있으며, 자경농의 농업에의 헌신은 1960년대 이후 공업의 발전에도 도움을 주었다.

제5절 결론

본 논문은 1955년 국민당 중앙 위원회가 대만성정부 지정국에 보낸 하나의 사료에서 출발하여, 광복 초기 토지개혁 이후 부분적으로 신흥한 자경농 계층이 맞닥뜨린 문제점과 그 해결 방안을 분석하였다. 본 논문의 논증에 근거하여 우리는 광복 초기 부분적 신흥 자경농이 맞닥뜨린 농촌 고리대금 및 매청묘의 착취, 농촌 경지 구매에의 유휴자금의 침입, 지주의 소작 땅 회수 혹은 소작농에게 불하 경지를 되사는 등 과 같은 문제점을 알 수 있었고, 이는 모두 상업 자본의 발달과 직접 혹은 간접적인 관계

37) 同上註。

가 있었다. 정부의 공지 불하 정책이 전면적으로 실행될 수 없었던 것과 같은 나머지는 국가 자본주의의 발달과 국영 기업의 방대함과 매우 관계가 있었다. 그리고 정부 관련 무처가 취한 자경농 보호 전략 또한 자본의 방출을 통하여 신흥 자경농이 자본가 혹은 지주의 침습을 피할 수 있도록 한 것이었다.

우리가 이 논문 중 탐구한 광복 초기 신흥 자경농이 직면한 문제점은, 기본적으로 지난 한 세기 동안 자본주의화의 발전 추세와, 대만 농촌 에 새겨진 상처를 반영하고 있다. 1950년대 초기, 대만 농촌의 신흥 자경농 계층은 한편으로는 상업 자본으로부터 온 학대에 직면하였고, 다른 한편으로는 국영기업이 대표하는 국가 자본주의의 압력을 받아 고난에 처해 있었다. 정부의 자경농 육성 전략 또한 자본의 방출이라는 경로로 착수한 것이다. 이 역사적 사실의 발전은 자본주의화의 추세에서 지난 한 세기 동안 대만 역사상의 중요성을 우리에게 다시 한번 상기시켜 준다. (본 논문은 라이저한(賴澤涵)이 펴낸《대만 광복 초기의 역사》중앙연구원 중산인문사회과학연구소 전문 저서 (31) 1991년 11월, 1-20p에 출판되었음.)

제4장

전후 초기 토지개혁 과정 중의 몇 가지 문제점

—울프 라진스키의 서신 분석을 통해

제1절 머리말

전후의 토지개혁은 대만 근대사 상 한 획을 그은 역사적 사건이다. 1950년대의 토지개혁은, 대만의 토지 소유권 구조를 변화시켰을 뿐만 아니라, 자경농 계층을 만들어 냈고, 농촌의 정치 권력 관계를 변화시켰으며, 자라나고 있는 자경농이 점차 농촌 정치의 주도권을 가질 수 있도록 하였다. 그리고 토지개혁이 완성되면서 가져온 농업 생산력의 상승은 직접적으로 1960년대 중반 이후 공업 급성장의 기초를 닦게 하였다. 광복 초기의 토지 개혁에 관하여 학계에 현존하는 연구 성과는 이미 많아 다 헤아릴 수 없을 정도이다. 수많은 연구 논저들의 대부분이 토지개혁의 적극적인 공헌을 긍정적으로 논술하고 있다. 혹은 이론 및 역사 배경으로 토지개혁의 성취를 논술하거나,[1] 혹은 행정 운영으로 토지개혁이 성공한 원인에 대하여,[2] 혹은 토지개혁이 대만 농업 발전에 미친 영향을 분석하거나,[3] 토지개혁의 대만 공업 발전에 대한 공헌을 토론하거나,[4] 토지개혁이 대만 농촌 사회 경제에 미친 영향을 탐구하거나,[5] 혹은 중국 근대사상의 선구 역사적 사실로 거슬러 올라가 대만 토지 개혁의 역사적 의의를 상세히 설명한다.[6]

현존하는 광복 초기 대만 토지 개혁에 관한 연구 논저를 전체적으로 살펴보면, 토지 개혁 과정 중 나타난 문제점에 대한 분석은 많지 않다. 본 논문은 1952년 9월 중국 농촌 복흥 연합 위원회(농부회, 1948년 10월 1일부터 1979년 3월 16일까지)의 초청을 받아 대만에 방문한 미국 농업부 토지 고문 전문가 라진스키(Wolf Ladjinski)가 장개석(蔣中正) 총통에 제기한 건

---

1) Tseng Hsiao, "Theory and Background of Land Reform in Taiwan," in James R. Brown and Sein Lin eds., *Land Reform in Developing Countries* (Hartford: University of Hartford Press, 1968), pp.324-346.

2) S. K. Shen, "Administration of the Land Reform Program in Taiwan," in Brown and Lin eds., *op.cit.*, pp.380-433.

3) T. H. Shen, "Land Reform and Its Impact on Agricultural Development in Taiwan," in Brown and Lin eds., *op. cit.*, pp.347-366; 王益滔：〈臺灣土地改革農業現代化〉, 收入：《臺灣農業結構變動之研究》(系列之二)(臺北：中國農村復興聯合委員會, 1972), 頁148-176。

4) C. F. Koo, "Land Reform and Its Impact on Industrial Development in Taiwan." in Brwon and Lin eds., *op. cit.,* pp.367-379.

5) 蔡宏進：《臺灣農地改革對社會經濟影響的研究》(臺北：嘉新水泥公司文化基金會, 1967)；楊懋春：《臺灣土地改革對鄉村社會制度影響之研究》(臺北：國立臺灣大學農業推廣學系, 1970)；李登輝編著：《臺灣農地改革對鄉村社會之貢獻》(臺北：作者自印, 1985)；黃俊傑：〈土地改革及其對臺灣農村與農民的衝擊〉, 《歷史月刊》第23期(1989年12月), 頁106-118, 收入本書第2章。

6) 侯坤宏編：《土地改革史料》(臺北：國史館, 1988), 〈導論：近代中國土地改革的意義〉, 頁1-31。

의 서신을 중심으로, 광복 초기 대만 토지 개혁을 추진하는 과정 중 나타난 3가지 현상에 대해 탐구할 것이다.

(1) 국가 자본주의 하에 농민의 국영기업에 대한 불만
(2) 토지개혁 정책과 경제 정책의 모순
(3) 토지개혁 중 농부회의 지위와 역할

본 논문은 역사적 관점으로부터 이상 세가지 현상에 집중하여(현상을 가지고), 라진스키의 서신 중 숨겨져 있는 현상에 대해 관련 사료와 함께 분석하고자 한다.

제2절 라진스키 서신의 내용

토론상의 편의를 위해, 라진스키가 장개석(蔣中正) 총통에게 보낸 서신 전문을 아래와 같이 인용한다.[7]

> 총통 각하:
>
> 앞서 대만 농촌 상황에 관하여 진술할 때, 몇 가지 토지개혁의 매우 중요한 문제에 대하여 아직 말로 다 표현하지 못했는데, 이는 바로 공유토지 및 공유토지와 토지개혁의 관계입니다. 1951년 중국 정부에

7) 〈雷正琪博士函為公地放領事〉: 收入:《土地改革史料(民國16年至49年)》(臺北:國史館, 1988), 下篇, (23)附件, 頁544-545。

속하던 공지는 총 82,000 갑으로, 전체 경작 가능한 토지 면적의 21%를 차지하였고, 공영 기업이 소유한 공유 토지는 145,000갑을 차지하는데, 대만제당(臺糖)이 122,000갑으로 공지의 3분의 2를 차지하고 있습니다. 개인적으로 관찰한 바로는, 대만의 소작농들은 해당 토지를 매우 부러워하고 있고, 정부는 각 해당 공지의 지주로, 소작농들은 그 토지를 매우 취득하고 싶어하며, 소작농의 눈에는 실제로 대만제당(臺糖)이 다른 지주와 대등하게 비추어 지고 있습니다.

이러한 상황은 토지는 적고 농민은 많은 모든 국가에서 동일하게 발생하고 있는 것으로, 대만 또한 예외는 아닙니다. 이리하여 모든 농민들이 정부의 토지 불하 계획은 공유 토지에서부터 시작하여야 한다고 여기고 있으며, 이 점에 대하여 저는 토지개혁의 충실한 옹호자의 지위로서 각하께서 이 문제에 대하여 매우 관심을 가지고 있다는 것을 잘 알고 있습니다. 개인적으로는 정부가 단호한 정책을 취하여 공유 토지를 최대한 소작농에게 팔아야 하고, 각 공유 기업, 특히 대만제당(臺糖)이 그 수요에 맞는 최저 한도의 토지를 보유하게 하여야 한다고 생각합니다. 이로서 농민 및 지주들에게 정부가 전력을 다해 토지개혁 작업에 종사하고 있음을 보여주어, 물질적으로는 토지 재 분배의 묘(畝) 수를 늘릴 수 있고, 정치적으로는 대만인의 보편적인 지지를 얻을 것입니다. 만약 다른 방법을 취하여 공유 토지 판매 문제를 해결한다면, 정부가 채택한 토지개혁 계획의 조치에 대하여 의심을 불러 일으킬 것입니다.

상술한 점에 관하여 저는 1951년 5, 6월 및 1952년 8월 시찰에서 부득이 알게 된 것으로, 비교했을 때 매우 적은 공지가 소작농에게 판매되고 있는 상황을 보고 드립니다. 지방 정부가 팔려고 한 공지

3,6000갑 중, 실제 이미 판매한 것은 총 28,000갑, 대만제당(臺糖)이 판매하려고 하는 것 총 29,000갑 (대만제당(臺糖) 전체 122,000갑 소유) 중 약 17,000갑은 이미 판매하였고, 사실상 대만제당(臺糖)이 판매하려는 토지는 대부분 지질이 나쁜 것 입니다. 상술한 상황은 최근 대만에서 시찰 시 농민들이 모두 대만제당(臺糖)에 불만을 드러내고 있고, 공지 불하 계획에 대하여서도 실망을 금치 못하고 있습니다.

1년 전, 본인은 진정한 공지불하 계획은 전체 토지분배의 이정표라 말한 적이 있으나, 이 계획을 실시하고자 하면 공영기업은 현재 실시 상황보다 더 많은 토지를 팔아야 하고 현재 대만 소작농의 수요에 적응하여야 전체 토지개혁의 성공을 보장할 수 있습니다. 이상의 상황을 각하께 말씀 드리는 것은, 토지개혁의 두 번째 단계인 공지불하가 일부분만 실시되고 있으며, 만약 상술한 내용이 정확하다면 공지불하의 범위를 넓히고 최대한 실시하여야 경제 및 정치, 정부 및 국민에게 모두 도움이 될 것입니다. 저는 이 문제로 각하를 곤란하게 하려는 것이 아니며 총통의 주장을 실현하고 손중산(孫中山) 선생의 유지를 받들어 중국이 '경자유기전'의 철학을 완성할 수 있도록 하고자 하는 것입니다.

경의를 표하며, 농업 참사 라진스키 배상

이 서신은 1952년 9월초 당시 미국 주화(駐華) 대사관 대리인인 종화더(鍾華德)가 총통에게 보낸 것으로 층층의 검열을 거쳐 1952년 9월 24일 행정원 비서처가 원래 서신을 첨부하여, 재정부장, 대만성정부 주석, 내정부장(장관) 및 경제부장(장관)에게 보내져 처리되었다.[8] 이 제안 서신은 대만 토지개혁 운영사 상의 중요한 사료이며, 이 서신은 아래의 몇 가지 문제점을 포함하고 있었는데 이는 깊은 토론이 필요한 부분이기도 하다.

[1] 라진스키는 다음과 같은 말을 했다. "개인적으로 관찰한 바로는, 대만의 소작농들은 해당 토지를 매우 부러워하고 있고, 정부는 각 해당 공지의 지주로, 소작농들은 그 토지를 매우 취득하고 싶어하며, 소작농의 눈에는 실제로 대만제당(臺糖)이 다른 지주와 대등하게 비쳐지고 있습니다." 그렇다면 이러한 견해는 확실한 근거를 갖고 있는 것인가?

[2] 라진스키의 또 다른 발언이다. "사실상 대만제당(臺糖)이 판매하려는 토지는 대부분 지질이 나쁜 것입니다. 상술한 상황은 최근 대만 시찰 시 농민들이 모두 대만제당(臺糖)에 불만을 드러내고 있고, 공지불하 계획에 대하여서도 실망을 금치 못하고 있습니다." 이러한 발언과 의견은 사실에 부합하는가? 도대체 당시 대만제당(臺糖)의 공지불하 상황은 어떠했던 것일까? 당시 대만제당(臺糖)와 소작농의 관계는 어떠했던 것일까?

[3] 라진스키는 또한 이렇게 말했다. "1년 전, 본인은 진정한 공지불하 계획은 전체 토지 분배의 이정표라 말한 적이 있으나, 이 계획을 실시하고자 하면 공영기업은 현재 실시하고 있는 것보다 더 많은 토지를 팔아야 하고, 현재 대만 소작농의 수요에 적응하여야, 전체 토지개혁의 성공을 보장할 수 있습니다." 라진스키의 주장은 당시 대만에 있어 실현 가능한 일이었을까?

서신이 포함하고 있는 이 세 가지 문제점은 모두 우리가 앞 절에서 제

8) 侯坤宏編：《土地改革史料》, 頁543。

기한 토지개혁에 숨겨진 세 가지 현상과 깊은 관계가 있다. 하지만 이 세 가지 문제를 분석하기 전에, 라진스키와 토지개혁과의 관계에 대해 분석해 보겠다.

라진스키는 미국 농업부의 토지 문제 전문가로, 농부회가 창립 초기 토지 개혁을 추진할 당시, 그 일에 참여했다. 1949년 7월 25일 농부회에서 25감조 방안이 통과했다. 당시 서남 지역 군정장관 장췬(張群; 岳軍, 1889-1990)과 쓰촨성 정부 주석인 왕링지(王陵基)의 적극적인 지지로, 농부회가 추진한 감조 정책은 쓰촨에서 아주 성공적으로 실시되었고, 당시 쓰촨의 토지개혁을 시찰한 사람은 다음과 같이 말했다. "하룻밤 새 깊은 질곡에 처해있던 쓰촨의 농민계급의 정신과 활기가 우후죽순과 같이 넘쳐 흘렀다."[9] 쓰촨(四川)의 토지개혁 사무를 주관하던 사람들에는 농부회 토지조 조장 탕휘순(湯惠蓀: 錫福, 1989-1966)과 전문가인 빠오더덩(鮑德澂, 1897- ?), 미국인 전문가 라진스키, 저우즈여우(周之佑), 슝딩성(熊鼎盛), 린스단(林詩旦), 천렌롱(陳人龍) 등이었다. 라진스키는 쓰촨(四川) 토지개혁의 성공에 깊은 인상을 받았고,[10] 이를 매우 찬양하여 '소형의 기적'이라고 불렀다.[11]

대만의 토지개혁은 1949년 3월 정식으로 시작되었는데, 시작되기 전인 1947년 대만 성 정부는 이미 성 소유 공지를 농민에게 임대해 주어 경

---

9) 中國農村復興聯合委員會：《中國農村復興聯合委員會工作報告》, 民國37年10月1日起至39年2月15日(臺北：中國農村復興聯合委員會, 1950), 頁51。

10) 參看蕭琤：《土地改革五十年》(臺北：中國地政研究所, 1980), 頁330-331。

11) 同註9。대만으로 이주해 오기 전 중국대륙에서 추진한 사업에 대해서는 다음의 연구를 참고하시오. Joseph A Yager, *Transforming of Agriculture in Taiwan: the Experience of the Joint Commission on Rural Reconstruction*(Ithaca and London: Cornell University Press, 1988), pp. 24-34.

작하기 시작하였고, 농부회가 1949년 대만으로 이전한 후 성 정부의 감조 작업 추진에 협조하였다. 농부회는 1949년 9월 대만 감조 작업 추진 성과에 대해 두 차례 조사하였고, 한 번은 농부회 토지조 조장 탕휘순(湯惠蓀)과 대만성 지정국 국장 선스커(沈時可)가 공동으로 주관하였고, 다른 한 번은 라진스키가 주관하였다.[12] 라진스키가 장개석(蔣中正) 총통에게 보낸 서신은 그가 대만 토지개혁의 성과를 시찰한 후 제기한 건의이다. 이 서신은 뜻 밖에 1950년대 대만 토지 개혁에 숨겨져 있던 지뢰를 폭발시켰고, 대만토지개혁의 여러 가지 문제를 완전히 노출시켰기에, 매우 높은 사료로서의 가치가 있고 상세히 해석할 가치가 있다.

제3절 일제시대 역사적 배경과 대만제당 토지의 유래

나는 본 논문 제2절에서 첫 번째 문제의 핵심이 광복 후 대만제당(臺糖)의 방대한 토지에 있다고 라진스키의 서신으로부터 제기하였다. 이 토지의 유래는 그 역사적 배경이 있다. 1985년 일본이 대만을 점령한 이후, 일본 자본가가 식민 정부의 날개(세력) 하에 대만에 들어와 많은 제당 회사를 설립하였다. 이러한 제당회사는 1940년대 이후 대만 제당 주식회사 등 4개의 큰 회사(대기업)로 합병되었다. 이 4개의 큰 회사의 공장은 42곳이 있었고, 부설 알코올 공장은 15곳, 사설 철로 길이가 2,900마일로 이러한 풍부한 자원으로 대만 농민을 억압하였다. 일제시대 대만 농업 역사상 볼 수 있는 '미당상극' 현상은 사실 일본 제국주의 식민자에서 발전된 하

12) 同註9。

나의 미당 관계 체제로, 대만의 발전 과정 중 고의로 농업의 '쌀'과 '당(설탕)' 다른 부문 간의 불평등한 분업을 강화시켜 상대적 낙후를 야기하였다. 일제시대의 '미당상극' 문제는 대만 농민과 일본 자본가 간의 모순에서 파생된 부문 불평등 분업이다.[13] 이 '미당상극' 현상은 자본주의가 대만 농촌에 새긴 상처의 심각성을 부분적으로 반영하고 있다. 이러한 자본주의 선봉부대의 신식 제당주식회사가 지배하던 토지로서 전 대만 경지 면적의 약 8분의 1이나 차지하였다.

이 4대 제당회사의 토지는 광복 후 완전히 대만제당(臺糖)에게 접수되어 대일본제당회사 25,142갑, 대만제당회사 54,819갑, 명치(메이지)제당회사 23,979갑, 염수강(엔스이코)제당회사 17,422갑으로 총 121,362갑 이었으며, 매 갑당 0.97으로 계산하여 환산하면 117,721헥타르이다. 이 광대한 면적의 토지 중 대만제당(臺糖)는 1952년까지 45,560헥타르를 내놓았고, 이는 접수한 전체 면적의 38.7%이며, 그 나머지는 공장, 철로, 농로, 도랑, 임지, 평야 및 자영 농장 혹은 토지 임대 등으로 사용하였다.[14]

대만제당(臺糖)이 이 토지를 취득한 과정 또한 우여곡절을 겪었다. 원래 대만 광복 이후, 당시의 대만 행정 장관 공서는 대만제당(臺糖) 토지를 포함한 대만성 공유 토지를 전부 농민에게 분배할 뜻이 있었으나, 이 구상은 대만제당(臺糖)를 긴장하게 하여, 당시 대만제당(臺糖)를 주관하던 자원위원회가 정식으로 행정원에 보고서를 제출하여 대만제당(臺糖) 소

13) 쌀과 설탕의 생산과 관련된 모순에 대해서는 다음의 연구를 참조하시오. 柯志明 :〈所謂的「米糖相剋」問題--以日據臺灣作為一個邊陲資本主義發展的案例〉, 《臺灣風物》第40卷第2期(1990年6月30日)。

14) 〈臺糖土地節略〉, 收入侯坤宏編 :《土地改革史料》, 頁545-549。

유의 12만 갑 토지를 보류해 달라고 요청하였다.[15)]

행정원은 자원위원회의 보고를 받은 후, 바로 관련 기관 공동 심사를 소집하였고, 그 심사 결론은 다음과 같다. "지원위원회 대표 보고에 의하면, 대만에 원래 있던 4개의 제당회사는 광복 후에 정부에 접수되었고, 대만당업회사로 합병되었으며, 원래 4개 제당 회사는 정부와 상인(민간)이 공동 경영하는 성격의 것으로, 민간 주는 일본인 외에 대만 국민 또한 주주권에 포함되어 있고, 접수 후 공동으로 대만당업회사를 조직하였다. 행정원의 심사 및 허가를 거쳐, 그 주주권은 60%가 중앙, 40%가 지방에 속하며 민간 주도 포함되어 있고 오직 민간 주만 정리되지 않았고, 정리를 마치는 대로 바로 정식으로 그 주주권을 인정한다. 대만과 기타 각 성의 상황은 다르기 때문에, 광복 후 대만 국민들의 모든 합법적인 권리는 인정을 받아 이에 대만 각 제당회사는 원래 대만 국민의 주주 자본에 속하며, 괴뢰 산업으로서 국유로 회수되어서는 안된다. 현재 대만당업회사 소유의 주식 자본은 토지, 공장, 철로 및 모든 자산이 포함되어 있으며, 토지를 정부 주로 분할해서는 안되는데, 이는 모든 토지를 공유토지로 해서는 안된다. 원래 4개 제당 회사가 완전히 일본 정부와 일본인 민간 합자 경영이었던 것과 같고, 대만 국민 주주권이 포함되어 있지 않았다. 적의 재산 접수를 공유 토지로 보는 것 또한 안될 것은 없다. 당업회사와 토지는 뗄 수 없는 관계인데, 제당은 사탕수수 밭에서 원료를 공급해야 하기 때문이며, 대만당업회사 토지는 배부분 사탕수수 밭으로, 대만성 공유경지 임대 방법에 맞추어 임대해 준다면 사탕 수수밭과 당업 회사가 분리

---

15) 國史館藏行政院檔：〈資委會為臺糖公司土地請免予分配農民, 144.17/1〉, 收入侯坤宏編：《土地改革史料》, 頁498-499。

되어 당업 회사가 존재할 수 없다. 이런 연유로 이 토지는 당업 회사 소유가 확실하다. 안건은 상세 토론을 거쳐, 모든 회사는 법인으로서 직접 부동산을 살 수 있다. 현재 대만 당업 회사가 갖고 있는 토지는 공유토지인지 아닌지, 원래 4개 회사가 직접 산 것인지 아니면 일본 정부가 유용한 것인지? 조사하여 밝혀야 한다. 만약 제당회사가 직접 산 것이라면 공유토지가 아니고, 만약 일본 정부가 유용한 것이라면 제당회사는 사용 수익권만 가지게 되어 그 권리와 재산은 일본 정부에 속하게 되고, 접수 후 응당 국유에 속하게 되니, 이 점을 관련 기관에서 분별하여 조사한 뒤 행정원에 보내 처리하여야 한다."[16] 후에 대만성정부는 조사를 거친 뒤, 행정원에 보냈고, 1948년 10월 13일 행정원 제 20회 원회 결의를 거쳐, "대만 당업 회사가 현재 관리하고 있는 토지는 해당 회사 소유로 귀속되어야 하고, 해당 회사로부터 법에 따라 소유권의 등기를 처리하여야 한다."고 결론을 내렸다.[17] 광복 이래로 논쟁이 그치지 않았던 대만제당(臺糖) 안건은 이로서 완전히 일단락되었고, 대만제당(臺糖)는 전국 최대의 지주가 되었다. 이에 라진스키의 서신 중의 '소작농의 눈에는 실제로 대만제당(臺糖)이 다른 지주와 대등하게 비추어 지고 있습니다.'는 실제 상황에 부합하는 설명이다.

---

16) 國史館藏財政部檔：〈臺灣糖業公司土地產權, 11卷1號第29宗〉, 收入：侯坤宏編：《土地改革史料》, 頁501。

17) 侯坤宏編：《土地改革史料》, 頁502。

제4절 국가 자본주의 하 농민과 대만제당 회사의 긴장 관계

그럼 라진스키 서신 중 제기한 두 번째 지적인 '농민이 모두 대만제당(臺糖)에 불만을 표하고 있다'의 원인은 도대체 어디에 있는가? 관련 사료로 귀납하여 볼 때, 광복 초기 대만 농민의 대만제당(臺糖)에 대한 불만은 적어도 아래 몇 가지 원인이 있다.

(1) 각지의 제당 공장이 스스로 임대료를 올리거나, 중간인을 통해 전대하여 중간에서 사리를 취하였다: 이러한 종류의 사건은 광복 초기 비일비재했다. 예를 들어 1946년 10월, 타이중(타이중縣) 우르(烏日) 제당 공장이 그 소속 전답을 경작하는 소작농에게 임대료를 올려 받아 중간에서 사리를 취하여, 소작농이 타이중(臺中縣) 정부에 이를 고하여 성 정부 민정처 지정국으로 전달되었다. 후에 지정국이 원래 임대 관계를 취소하라 명하였다.[18] 이 외에 대만제당(臺糖)의 방대한 토지는 자주 중간인을 거쳐 소작농에게 하청을 주었으며, 중간인은 중간에서 이익을 획득하였다. 예를 들어 1947년 7월 5일 지정부는 대만성정부에 공문을 보내, '해당(臺糖)회사가 소수 중간인에게 임대를 해주고, 중간인이 농민에게 전대하여 경작을 하고 있어, 소작농이 부담하는 임대료가 수확 총 량의 50% 혹은 60% 등에 달한다. 게다가 중간인은 정상적인 생산물 천분의 375에만 맞추어 제당 공장에 납부한다'를 조사하여 밝힐 것을 요청하였다. 예를 든 것과 같은 사례가 여기 저기에서 끊임없이 일어났는데, 이는 민원이 쌓인 중요한 요인이다.

(2) 각지의 제당 공장이 임의로 소작 준 땅을 회수하여, 임대 경지를 회

18) 侯坤宏編：《土地改革史料》, 頁414-415。

수하여 자영하였는데 이는 소작농의 생활에 영향을 미쳤다. 이러한 사건은 광복 초 거듭해서 발생하였다. 예를 들어 1947년 1월 28일 장화(彰化) 시후(溪湖) 제당공장 소작농이 공유토지에 검은 참깨를 심었는데, 제당공장이 의도적으로 토지를 회수하여 자경하자 충돌을 일으켰고, 2월 6일 농민, 제당 공장, 경찰 각 기관이 농민 대회를 개최하여 해결해 나가기 시작하였다.[19] 이러한 충돌 사건은 228사건 전야를 반영할 수 있는데, '산에 비가 막 쏟아지려는지 누각에 바람이 가득하다.(폭풍 전야)'처럼 전 성 각지 농촌이 불안정한 편린 이었다. 까오숑(高雄縣) 각지에서도 제당회사가 임의로 소작준 땅을 회수하여 민중의 분노를 일으킨 사건이 발생했는데, 1947년 7월 11일 까오숑(高雄縣) 정부가 성 정부에 보낸 공문의 내용은 당시의 상황을 잘 설명하고 있다.[20]

> 현존하는 토지는 모두 일제시대에 일본인들의 강요로 매수되고, 대만제당회사를 창립한 뒤, 횡포한 수단을 이용하여 일부분의 전답만 저렴한 임대료로 경작하게 하였다. 광복 후에도 제당 회사는 국영정책이라 하며 거듭하여 경작지를 포기하라 재촉하였다. 그러나 현재 물가가 급증하고, 실업자가 너무 많으며, 삶을 도모하기가 너무 어려운 상황이다. 이들은 원망의 마음을 품고 있으나 감히 말하지 못 하고 있지만, 그 상황이 일제 치하 때보다 더 가혹하다.
>
> 본 현과 유사한 상황은 치산구, 펑산구, 다랴오향 등지에서도 찾아

19) 侯坤宏編：《土地改革史料》, 頁418-425。

20) 國史館藏臺灣省地政處檔：〈制止各地糖廠非法任意起耕撤佃, 121/40〉, 收入侯坤宏編：《土地改革史料》, 頁430-432。

> 볼 수 있다. 현재 경작하는 모든 대만제당의 토지는 제당 공장용이라는 이유로 허가를 받아 강제로 빼앗은 것이다. 이로 인해 민심이 격분하고 고통을 호소하는 소리가 끊이질 않아, 사회의 안정에 커다란 영향을 미치고 있다.
>
> 또한 찾은 것은 대만제당(臺糖) 토지가 허가를 받아 계속하여 사용하던 중, 원래는 자영의 것이고, 정부가 그 자영을 허가하였으나, 만약 농민이 개간하는 자는 여전히 임차 농가가 계속해서 임대해야 하였고, 그 생산 종류 및 기술을 허가하여 제당 공장의 지도를 받아들여야 했다. 오늘날 제당 공장은 놀랍게도 정부의 취지를 위배하고 터무니 없는 말로 억지를 쓰고 있으며, 농촌을 어지럽히고, 농민 생계를 중단하여 전체 천명의 실업 농민을 어떻게 안치할 것인지가 이미 지금 가장 심각한 문제가 되었다. 만약 빨리 합리적인 해결책을 모색하지 않고 이런 식으로 나아간다면 위험한 현상이 우려된다.

까오슝(高雄縣) 정부의 이 공문은 절대로 고의로 과장하거나 날조하여 듣는 사람을 놀라게 하는 것이 아니며, 당시 소작농과간의 긴장 관계를 구체적으로 묘사하고 있다. 대만 각지의 농민이 광복 후 대만제당(臺糖)에 대하여 보편적으로 분노를 느꼈으며, 이러한 분노는 한데 모여 1947년 4월 대만성 국민 대회 대표 친목회가 정식으로 행정원에 전보를 쳐 대만 국민들의 불만을 표현하였다. 전보문에는 다음과 같은 내용이 적혀 있다.[21)]

---

21) 國史館藏行政院檔：〈資委會為臺糖公司土地請免予分配農民, 144.17/1〉, 收入侯坤宏編：《土地改革史料》, 頁472-473。

> 항전에 승리하여 대만성이 광복한 뒤부터 정부는 여러 이유로 농민들이 과거에 받았던 고통에서 구해내기 위해, 대만성 공유토지 임대방법을 공포하여 한 때 모든 농민들이 이를 경축하고 50여년의 질곳이 없어지리라 굳게 믿어 의심치 않았다. 그러나 어떤 이유에서인지 해당 방법은 지금까지 철저하게 실시되지 않았다. 예전 적들이 강점했던 농지는 여전히 대만 제당회사가 계속해서 경영하고 있다. 비록 농지를 임대 받는 농민이 생겨났지만, 소수의 자질구레한 불모지일 뿐이었기 때문에 국민들의 실망은 크고 실업자는 날로 늘어나고 있다. 토지 개혁 정책은 정부의 중요한 정책 중 하나인데, 본 성(역자주: 대만성을 일컬음)은 일본의 50여년의 착취에 이미 지쳐 있다. 인민들은 필사적으로 일하는 것에 모든 힘이 소진되었다. 농촌의 절박한 상황을 구제하고 더 이상 정책이 지연되는 것을 감당할 수 없기 때문에 이렇게 전보문으로 평가와 심사를 요청한다.

본 절의 설명으로 라진스키의 서진 네번째 단락에서 설명한 "농민들이 모두 대만제당에 불만을 표하고 있습니다"는 객관적인 사실을 충분히 반영한 의견이라는 것을 증명할 수 있다. 대만제당(臺糖)에 대한 농민들의 불만은 본질상으로는 광복 초기 농민들이 국가 자본주의 하에 전전하며 국영기업의 착취를 받아 드러낸 불만 정서의 일부분이다. 왜 광복 후 대만 농민들은 대만 최대의 지주인 대만제당(臺糖)에게 이렇게 불만이었는가? 우리는 두가지 각도로 착수하여 이 문제를 생각해 볼 수 있다.

먼저 1895년 일본이 대만을 점령한 이후부터, 야나이하라 다다오(矢內原忠雄)가 밝힌 바와 같이, 경제 구조상으로 볼 때 대만은 경제 식민 정책의 인도 하에 점차 자본주의화로 나아가고 있었으며, 1904년 (明治 메이지

37년)의 화폐제도 개혁, 1905년 토지 조사의 완성, 1908년 종관 철로의 개통과 基隆, 高雄 개항의 성공과 같이 많은 중대 건설이 전개되어 대만 자본주의의 발달을 가속시켰으며, 이는 일본 제국주의자들이 대만을 착취하기에 유리했다.[22] 1895년부터 대만은 근대 자본주의 체계로 편입되었으며, 자본주의의 '중심'(전후 일본 및 전후 미국 과 같이)에 상대적으로, 대만은 '변경'으로서 의존하는 성격이 날로 뚜렷해졌고, '중심'국가의 수요를 위해 생산하였다. 내부적으로는 근대 자본주의의 침입으로 인해 전통 농촌 구조는 재조직되기 이르렀고, 대만 농촌이 明清 시대의 '폐쇄된 촌락 공동체'에서 점차 '개방적 농촌'으로 진화하게 하였으며 자본주의의 경제 논리의 제약을 받았다.

특히 결정적인 발전은 일제시대이래 자본주의의 침입이 대만 농업 생산이 나날이 상품화되게 하여 점점 더 많은 국내 및 국제 시장 경제의 지배를 받게 되었다는 것이다. 게다가 토지, 노동력과 같은 농촌의 모든 생산 물자와 기재의 '상품화'성격 또한 날로 강해졌다. 이러한 자본주의화의 발전 추세는 광복 이후 수출 지향의 경제 체계에 발맞추어 점차 형성되었고, 대만 농업 발전이 세계 자본주의 시장 논리의 제약을 더 깊게 받도록 촉진하였다. 일제시대의 대만 농민은 한 편으로는 일본 제국주의 식민 통치의 괴롭힘을 겪을 대로 겪고, 다른 한 편으로는 또 자본주의의 착취를 심하게 받아, 광복 후 어두운 세상을 헤치고 밝은 세상을 만나기를 기대하였다. 하지만 대만제당(臺糖)이 대표하는 국가자본주의가 오히려 지속하여 그들을 착취할지는 미처 생각하지 못했다. 이 것이 대만 농민들이 잇달아 일어나 항쟁한 기본 원인이다.

---

22) 矢內原忠雄, 周憲文譯 :《日本帝國主義下的臺灣》(臺北 : 帕米爾書店, 1985), 頁12。

두 번째로, 농민들이 대만제당(臺糖)의 착취에 분노한 까닭은 그들의 생활이 어렵고 고통스러웠고, 기아의 가장자리에서 신음하고 전전했기 때문이다. 1952년 농부회가 대만의 농가 수익에 대하여 조사를 진행한 적이 있었다. 이 조사는 전 성 13개 주요 농업구 전반에 걸쳐 진행되었으며, 백개의 鄉鎮을 포함하여 농가 표본 약 4천세대를 대표하였다. 조사 설계 작업은 1952년 10월에 시작되었고, 1953년 2월에 조사 작업을 마쳤다. 이 전 성 적 조사로 아래 몇 가지 중요한 사항을 발견하였다: [23]

(1) 조사한 4천 농가 가운데, 평균 매 세대가 1.3헥타르의 경지가 있고, 매 헥타르 경지 내에 평균적으로 6.3인이 있다. 경지 면적이 협소하기 때문에, 농가가 토지로부터 얻는 수익이 큰 영향을 받게 하였고, 토지 이용률의 고도 발전을 촉진하였다. 4천 세대 농가의 평균적인 토지 이용률은 복합 재배 지수에 따라 약 20을 나타냈는데, 다른 말로 말하면 매년 경지의 이용이 2번에 가깝고 어떤 지역은 3~4번에 이른다.

(2) 1952년 대만 농가 총 수입 평균은 매 세대 약 신 타이완 달러(新臺幣) 12,500元으로, 농가가 소비하는 농산품 가치도 포함되어 있다. 농가 수입의 많고 적음과 경영 경지 면적의 크기는 직접적인 관계가 있는데, 농가 수입 중 5분의 4가 농업으로부터 오기 때문이고, 그 중 작물 생산, 가축 사육, 임목 재배 및 어획 등 주요 항목이 포함되어 있다. 농업 외 수입인 월급, 이자, 임대료 및 기타 부차적인 수

23) 《中國農村復興聯合委員會工作報告》, 第5期, 民國42年7月1日至43年6月30日(臺北 : 農復會, 1954), 頁6-8。

입원은 농가 총 수입 가운데 아주 적은 비율만을 차지한다.

(3) 1952년 대만 매 세대 평균 농업 지출은 약 신 타이완 달러(新臺幣) 7,000元으로, 그 중 작물 생산 및 가축 사육에 사용하는 것이 약 95%를 차지하고, 그 나머지 극소한 부분은 부차적인 농산물의 생산 및 고정 설비의 개량에 쓰여진다.

(4) 1952년 대만 농가 수입 평균은 매 세대당 약 신 타이완 달러(新臺幣) 7,000元으로, 경지 면적이 큰 자일수록 수입도 더 많다. 수입 중 3분의 1이 현금, 3분의 2는 현물이고, 경지 면적이 작은 자일수록 현금 수입 비율이 더 높다.

(5) 1952년 대만 농민 매 개인 평균 수입은 약 신 타이완 달러(新臺幣) 900元으로, 외화 결제 증률로 환산하면 약 미국달러 60원쯤과 같고, 매 개인이 해당 해에 의식주행, 교육, 오락, 의약 등 비용과 가능한 저축은 모두 이 수입 내에서 지불한다.

농부회 조사인원이 얻은 이러한 발견은 기본적으로 모두 장기적인 자본주의화 추세 하의 필연적 결과이다. 예를 들어 대만 농민 평균 경지 면적이 지나치게 작은 것은 일제시대 이래 대자본가의 대면적 토지 점유의 직접적인 결과이다. 이러한 고된 생활 환경 하에다가, 대만 농민은 각 종 가렴잡세의 착취를 겪을 대로 겪었다. 1950년 농부회가 당시 농민을 대상으로 조사를 한 결과 1950년 대만 농민이 부담하는 세금 항목이 많은 것을 발견하였고, 그 중 특히 군사 종류 및 경찰세금이 아래 표와 같이 절반 이상을 차지하였다.

표 1 : 대만 농민이 납부하는 각 종 세금 통계표, 1950

(단위 : 매 1 헥타르)

세금종류	자경농		반자경농		소작농	
	NT$	%	NT$	%	NT$	%
군사를 위한 세금1)	29.31	30.77	14.89	28.87	14.98	32.38
경찰을 위한 세금2)	24.16	25.36	11.14	21.59	14.24	30.78
교육을 위한 세금3)	19.43	20.40	11.43	22.15	9.10	19.66
지방 건설을 위한 세금4)	16.44	17.26	11.10	21.52	5.78	12.50
구제를 위한 세금5)	2.78	2.92	1.04	2.04	0.83	1.80
지방 복지를 위한 세금6)	0.91	0.95	0.57	1.10	0.08	0.17
지방 행정을 위한 세금7)	2.23	2.34	1.41	2.73	1.25	2.71
총 계	95.26	100.00	51.58	100.00	46.26	100.00

1) 군대 위문비, 주둔군 병영 건축세, 목재특세, 방공비, 신병안착비, 지방 방위비, 군로 수리비, 신병위로금, 군인 우대곡물값 등 포함

2) 보안대비, 경찰제복비, 경민협회비, 파출소 건축비, 방한 경계비, 방호단체비, 의용경찰비, 의용경찰위로금 등 포함

3) 기숙사 건축비, 교육협진회비, 학부모회비 등 포함

4) 교량 수리 건축비, 홍수 예방비, 도로정비금, 수로 수리비, 삼림협회비 및 수리위원회비 등 포함

5) 겨울 구제금, 보통 구제금 및 대륙 이재민 구제금 등 포함

6) 소방기비, 위생 및 동리 복지비 등 포함

7) 향진 축하비, 동리 사무비 등 포함

자료 :《중국농촌부흥연합위원회공작보고》, 제33기, (1952), 119-120면.

위 글의 토론으로 볼 때, 광복 후 농민들은 국민 정부에 대한 실망과, 어렵고 고통스런 생활과 세금의 무거운 부담까지 더해져 국가 자본주의에 불만을 가진 공통적 배경이 되었다. 이러한 불만의 감정은 대만제당(臺糖)의 소작 준 땅 회수, 전대 등이 야기한 충돌사건에 따라 완전히 폭발하게 되었다. 이에 라진스키가 서신 중 말한: '농민이 모두 대만제당(臺糖)에 불만을 드러내고 있다'는 실정에 부합할 뿐 아니라, 일제시대의 역사 배경과 광복 초 어려운 생활의 요인이 농민들의 불만에 촉매 역할을 하였다.

제5절 광복 초기 토지개혁 정책과 경제 정책의 모순

본문 제 2절 라진스키 서신 내용을 토론할 때, 그의 서신에 최소 3가지의 문제점이 포함되어 있다고 제기한 바 있는데, 그 중 세 번째 문제점은: 그가 국영기업 대만제당(臺糖)이 대량으로 소유 토지를 불하하여 토지개혁의 목표를 완성하여야 한다고 건의하였다. 이 건의는 광복 초기 토지개혁 정책 하에 깊게 묻혀진 지뢰를 정식으로 폭발시킨 것이었다. 이는 바로 토지개혁 정책과 경제 정책의 모순이다.

라진스키가 장개석(蔣中正) 총통에게 서신을 올린 후, 1952년 9월 9일 총통은 행정원 재경 팀에게 이를 인계하며 '상세히 연구 토론', '속히 처리 방법을 준비하여 보고 심사하라'라 하였고,[24] 행정원은 경제부, 내정부, 농부회, 대만성정부 등 기관에 지시하여 연구토록 하였다. 이 때 타이난, 윈린, 자이 등 4개 현, 시 및 소속 향진 농회 책임자가 또한 농부회에 요구한 내용은 다음과 같다.[25]

> 대만제당(臺糖) 공지를 불하하여 고용농의 생활을 개선해야 한다. 타이난, 윈린, 자이 현에 각각 9곳, 4곳, 3곳의 제당 공장이 있는데 일제시대 강제 매수 혹은 불하된 공지가 약 10,000; 7,700; 5,000여 갑으로, 전 현 경지 면적의 2.0, 0.9, 0.6 퍼센트를 차지한다. 현재 본 성의 광복은 이미 6년 이상이 되었는데, 지역은 여전히 고용농 제도를 채

---

24) 國史館藏：〈行政院秘書處臺41(內)5316號函〉, 收入侯坤宏編：《土地改革史料》, 頁543。
25) 國史館藏臺灣省地政處檔：〈公營事業耕地放領, 156.4/2〉, 收入侯坤宏編：《土地改革史料》, 頁550-552, 引文見551。

택하고, 월급이 낮으며, 수만명의 고용농이 어려운 생활을 하고 있다. 정부가 대만제당(臺糖)회사의 공지 중 품종 개량에 꼭 필요한 용지만을 제외하고 전부 해방하여 농민이 이어받게 하여 토지정책에 부합하고 국민의 기대에 어긋나지 않게 하라. 민간 농촌 지도자의 이 요구는 대만제당(臺糖) 토지의 역사적 연원으로부터 말하자면 지지할 수 있는 것이다. 대만성정부가 1948년 행정원에 보낸 공문에서 말한 것과 같이: '대만제당(臺糖)이 경영하는 전체 공지 중:(갑)전 대만 총독부가 직접, 간접적으로 지불 유용한 것, 혹은 각 일본인 제당회사의 토지에 투자한 것, 총56,995갑, 이 항목 공지 외에:(을)총독부가 정치적 역량으로 강제 징수한 국민 사유 토지를 각 해당 제당회사에게 전하여 사용하는 것으로 수가 64,367갑에 이른다. 이 6만여갑 토지는 회사 소유로 나누어 등기되어 있다.'[26] 대만 광복 후, 농민이 일제시대에 강제로 징수당한 국민 사유 토지를 불하하라 요청하는 것은 공정하고 합리적인 것이다.

이러한 발전에 대만제당(臺糖)는 긴장 하여, 《대만제당(臺糖) 토지 요지》문서를 제출하고 토지를 보류해야 하는 3대 이유에 관하여 상세히 설명하였다.[27]

(1) 원료 사탕수수 싹 공급의 보장

26) 侯坤宏編：《土地改革史料》, 頁503。

27) 國史館藏臺灣省地政處檔：〈公營事業耕地放領, 156.4/2〉, 收入侯坤宏編：《土地改革史料》, 頁545-549, 引文見548。

사탕수수는 수분이 많고 체적이 커서 저장이나 준비 (비축)해 놓을 수 없고 또한 생리 전화 관계로 자당이 손실되기 쉬워, 수확 후 바로 압착해야 한다. 이로 인하여 사탕수수 산지는 공장과 너무 멀어서는 안되며, 제당공장 원료 공급은 시간과 지역의 엄격한 제한을 받는다. 임의로 외부로 가 구매할 수 있는 밀이나 목화 솜과는 다르다. 만일 설탕 가격이 하락한다면 농부들이 사탕수수를 심지 않을 것이고, 제당공장에 필요한 사탕수수를 매입할 곳이 없어질 뿐만 아니라, 농민들도 사탕수수를 심지 않은 상황에서 후에 설탕 값이 좋아졌을 때 다시 사탕수수를 심고자 하면 사탕수수 싹 또한 얻을 수 없다. (주석2) 제당공장은 원료를 확보하고 사탕수수 싹의 공급을 보장하기 위해 반드시 사탕수수를 심을 자기 소유의 토지가 있어야 한다.

(2) 제당 공장의 손실과 빚의 부담을 줄임

농민이 설탕을 매입 시 현재 당미 보장 가격으로 계산할 때 톤당 대만화폐로 7백여원을 손해보고 있으며, 만약 이후 쌀 값이 여전히 오른다면 대만제당(臺糖)의 환율 고시 가격은 조정할 수 없어 손실과 빚이 날로 증가하게 된다. 게다가 현재의 1대1 설탕 값 보장에도 농민들은 너무 낮다고 불평하며 사탕수수를 심으려 하지 않아서, 대만제당(臺糖)은 설탕의 자본을 낮추기 위하여, 그리고 매입 손실과 빚이 지나치게 많아져 부담을 감당할 수 없지 않도록 어쩔 수 없이 사탕수수를 심을 토지가 있어야만 한다.

(3) 사탕수수 단위 생산량을 높임

대만에서 사탕수수를 재배하는 토지 면적은 현재 정부의 엄격한 제한을 받고 있어서 임의로 늘릴 수 없고, 제당 공장에 필요한 원료인 사탕수수는 제한 면적 이내에서 단위생산량을 높이려 노력하고 있다. 하지만 이러한 노력은 농민의 측면에서 세대 수는 너무 많고 세대 당 재배 면적은 작아서 효과를 거두기 매우 어렵다. 근대 생산 기술을 이용하여 사탕수수 단위 생산량을 높이기 위해서 농민의 개선을 이끌어야 하기 때문에, 대만제당(臺糖)은 자기 소유의 사탕수수 토지가 있어야 한다.

또한 이러한 논쟁에 대한 처리 의견을 제기하였다: [28)]

(1) 회사가 현재 가지고 있는 자영 농장 및 농도 도랑(관개 수로), 토지 전체는 반드시 보류해야 한다.

(2) 공장 건물, 창고, 철로, 수원, 임지는 반드시 보류해야 한다.

(3) 회사의 나머지 임대 토지는 비록 정부의 심사 비준을 거쳐야 하겠지만, 그 면적이 집중되어 있어, 회사로부터 보류하여 사탕수수 농민 경영 개선을 지도할 수 있도록 하여야 한다. 하지만 또한 불하로 내놓을 수 있으며, 단지 정부로부터 이어받는 농민이 반드시 사탕수수 재배에 집중하도록 규정하여 근대 농업 기술 증산을 추진할 수 있도록 하길 바란다.

1952년 10월 13일 오후, 경제부는 각 정부 기관을 소집하여 대만제당(臺糖) 토지 문제 처리에 관하여 회의를 열어 토론하였고, 처리에 대한 결론을 내었다: [29)]

---

28) 同上註。

29) 國史館藏臺灣省地政處檔：〈公營事業耕地放領, 156.4/2〉, 收入侯坤宏編：《土地改革史

(1) '대만제당(臺糖) 토지 요지'에서 열거한 제3절 제2항 '임대 토지' 6,536헥타르 전부를 불하하여 현재 경작 농민에게 이어 받도록 하고, 변함 없이 행정원의 이전 규정에 따라 대만성정부에 위탁하여 처리하도록 하고, 모든 수속 역시 원래 규정에 따라 양측이 협상하여 진행한다.

(2) 이전 항 요지 제3절 제 7항 '황무지 벌판' 13,234헥타르(유실지 2,000여 헥타르 포함) 전부 국방부에게 주고 퇴역 군인 경작 용으로 사용한다.

(3) 대만제당(臺糖) 임대 토지는 불하 후에 제당 원료 확보를 위하여, 지방 정부가 책임져야 하고 (담당해야 하고) 사탕 수수 재배를 보장하여 사탕수수 농민에 대한 대만제당(臺糖)의 협조 방법은 변함 없이 예전 그대로로 한다.

(4) 대만제당(臺糖)은 과거 성 지정국에 토지를 인도받는 중 불하받지 않을 것의 숫자를 쌍방이 상세히 대조하기로 한다.

(5) 본 결론은 경제부가 행정원에 심사 결과를 보고한 뒤 시행되며, 부본을 각 출석 기관에 보내 참조하도록 한다.

이러한 논란은 마침내 일단락되었고, 대만제당(臺糖)은 자영 토지 65,384헥타르를 보유하여[30] 변함없이 전 대만의 가장 큰 지주였다. 주목할 만한 것은 대만제당(臺糖) 토지 논란을 처리하는 과정 중 경제부가 갖

料》, 頁554-561, 引文見560-561。

30) 臺灣糖業股份有限公司編：《臺糖三十年發展史》(臺北：臺灣糖業公司, 1976), 頁281-282。

춘 태도이다. 위 회의를 주관한 주석 당시 경제부장 쉬딩은 이렇게 말했다. '대만제당(臺糖)이 생산하는 설탕은 현재 가장 대량으로 수출되는 상품으로, 또한 가장 큰 외화원 이기도 하여, 국가에 대한 공헌이 매우 크기 때문에, 이러한 문제의 처리는 반드시 토지 정책 및 경제 정책 양 쪽 모두 동시에 고려해야 한다.'[31]이 말은 광복 초기 대만 토지 개혁 정책 및 경제 정책의 모순성을 구체적으로 설명하였다. 통계 자료에 1952년부터 1965년까지 대만의 주요 수출 농산품인 벼, 바나나, 차, 사탕수수, 파인애플 통조림, 레몬그라스 기름 중, 사탕 수수가 계속하여 1위를 차지하는 것으로 나타나 있다. 대만제당(臺糖) 토지 논쟁이 발생한 1952년을 예를 들면, 사탕수수의 수출 금액은 이 한해 전체 주요 농산품 수출 금액의 69.1%를 차지한다.

이로 인하여 대만제당(臺糖)는 당당하게 국가 외화 창출을 이유로 대량의 자영 경지를 보류해 달라고 요구할 수 있었던 것이다. 게다가 1950년대 초기 대만은 외화가 극단적으로 모자란 상황 하에 있어, 정부 또한 어쩔 수 없이 대만제당(臺糖)의 요구를 받아들일 수 밖에 없었다. 광복 초기의 공지 불하 정책은 여기에서 가장 설득력 있는 완강한 저항에 맞닥뜨리게 된 것이다.

그럼 당시의 상황이 이왕 이렇다면, 어찌하여 라진스키는 대만제당(臺糖) 토지의 불하를 건의하였는가? 이는 라진스키가 토지 문제 전문가이기 때문에, 그는 완전히 토지개혁의 입장에서 출발하여 문제를 본 것이며, 토지문제와 당시 대만의 경제 문제를 함께 놓고 고려해보지 않았다.

---

31) 國史館藏臺灣省地政處檔：〈公營事業耕地放領, 156.4/2〉, 收入侯坤宏編：《土地改革史料》, 頁558。

제6절 토지개혁의 과정에서 농부회의 역할

라진스키가 대만에 온 것은 농부회의 요청에 응하여서 였는데, 그가 야기한 이러한 충돌은 농부회를 곤경에 빠뜨렸다. 농부회는 이러한 곤경을 어떻게 해결할 수 있었는가? 도대체 농부회는 대만 토지 개혁 중 어떠한 역할을 담당하였는가? 이는 이어서 탐구하려는 문제이다.

농부회는 1948년 설립된 후 농업 생산을 중시하였을 뿐만 아니라, 생산 후의 공평 분배 문제를 더욱 중시하였다. 1949년 6월, 농부회는 조직개편을 진행하여, 각 부문 조직을 조정하고 '토지개혁조'를 설립하여 토지 개혁 작업을 담당하게 하였다. 농부회 초임 주임위원 장멍린은 선종한, 모이어 등의 사람들을 대동하고 1949년 2월 21일 上海에서 臺北로 와, 당시 대만 성 정부 주석 천청 및 재정청장 옌자간(靜波, 1905-1993)등의 사람들과 협상하여 농부회 타이베이 연락사무소를 기획 설립하였다. 장멍린은 천청과 대화를 나눌 때, 특히 토지개혁의 중요성을 강조하여 천청의 전폭적인 지지를 받았다고 회상한 적이 있다.[32] 이 대화로 농부회의 臺北 이전이 결정되었고[33] 농부회가 토지개혁 작업에 개입하는 것 또한 결정되었다. 농부회가 제 1기 작업 보고 중 토지개혁의 중요성을 강조하며 말하길: [34]

32) 見：蔣夢麟：《西潮》(臺北：傳記文學出版社, 1967), 頁14-16。

33) 〈1988年11月1日蔣彥士第一次訪問記錄〉, 收入：黃俊傑編：《中國農村復興聯合委員會史料彙編》(臺北：三民書局, 1991, 以下引用簡稱《史料彙編》), 頁115。

34) 中國農村復興聯合委員會：《中國農村復興聯合委員會工作報告》, 民國37年10月1日至39年2月15日(臺北：農復會, 1950), 頁53。

본 회는 1년 반의 작업 경험으로 모든 농촌 부흥 작업에 대해 깊게 알게 되었으며, 기간 동안 추진한 효과와 성과가 영원하길 바란다. 동시에 토지개혁을 개최하거나 혹은 먼저 토지개혁이 선도하도록 해야 한다. 토지 분배가 불균등하게 임대되는 제도의 가혹함은 중국에서 특히 뚜렷이 나타나는데, 이러한 토지제도 하에 뒤덮여 농민은 의식에 여유가 없음에 발버둥 치고 있고 토지 사용과 농업 개량에 관심을 기울이기를 바라고 있다. 이는 농민이 토지를 획득하게 하거나 혹은 최소한 경작하고 있는 토지의 소작권이 확실한 보장을 받을 수 있도록 하는 것뿐이고 극심한 소작료의 부담이 줄어들 수 있게 하는 것이다. 그 다음에 새로운 농사 기술, 위생, 교육 및 인권 민주 정치에 대한 사조가 비로소 열렬히 받아들여질 수 있다. 하지만 일반 농촌 생활이 보편적인 개선을 받게 하려 한다면, 오직 영구적인 토지개혁 방안만이 비로소 전체적인 효과를 마치게 할 수 있다. 이에 대한 인식은 농부회가 대만으로 이전한 후 적극적으로 1950년대 대만 토지 개혁 작업에 개입하였다.

지금 우리는 농부회가 라진스키가 일으킨 대만제당(臺糖) 토지 안건을 어떻게 해결했는지 알아보고자 한다. 본 논문 제5절에 臺南, 雲林, 嘉義 등 4개 현, 시 및 그 소속 鄉鎮 농회 책임자에 대해 언급한 적이 있는데, 이 안건이 논쟁할 당시 1952년 농부회에 대만제당(臺糖)이 토지를 소작농에게 불하해야 한다는 요구를 제출하였다. 농부회는 1952년 10월 22일 이 신청서를 행정원에 전달하여 회의 판정을 소집하였다. 농부회 공문 중 아

래와 같은 문구가 있다:[35)]

> 대만제당(臺糖)는 본 성의 큰 공업 중 하나로, 매년 수출 소득 전체 외화의 약 70%를 차지하고 있다. 대만제당(臺糖)의 토지가 불하되어야 하는지 여부는 대만제당(臺糖) 자체의 경제 기초와 관련이 있고, 국가 경제 정책 문제에도 연관되어 있다. 어떻게 토지정책과 경제정책을 전반적으로 고려할 것인지, 서로 협력하여 행정원의 전반적인 고려를 기다린 후 결정해야 하고, 본회가 독단적으로 주장하기는 어렵다. 이상의 사례로 우리는 농부회가 토지개혁 중 단지 전문가의 입장에서 정부 주관 부문에게 건의하여 참고하도록 하였고 기본적으로 일종의 중개적인 역할을 했을 뿐이었다는 것을 알 수 있다. 하지만 우리가 궁금함을 참지 못하는 것은 : 농부회 기술 관료는 대만제당(臺糖) 토지 안건에 대해 도대체 개인적인 의견이 있었던 것인가 없었던 것인가? 답은 있었다는 것이다. 제 1기《중국 농촌 부흥 연합 위원회 작업 보고》중, 농부회는 명백히 밝힌 바가 있다:[36)]

대만성의 공유경지 면적은 18만 갑에 달하며, 경지 총 면적의 4분의 1이다. 이러한 공지는 과거에 일본 정부 혹은 공영과 민영 기업 회사 소유의 토지, 혹은 일본인 사유 토지로, 광복 후 몰수를 거쳐 공지로 회수되었다. 이러한 토지 중 약 12만 갑은 대만제당회사가 사용하고 있다. 그 나머

---

35) 〈臺糖公司土地放領, 須俟行政院通盤考慮後決定〉, 收入侯坤宏編 :《土地改革史料》, 頁551。

36)《中國農村復興聯合委員會工作報告》, 民國37年10月1日至39年2月15日, 頁47。

지는 농림청사회처 및 토지은행과 같은 정부 기관이 사용하는 토지로, 그 외는 현, 시정부가 임대해 주는 토지이다. 이 토지는 대체로 변함 없이 소작을 주는 방식으로 농민에게 임대를 주고 있으며, 악습이 특히 많다. 이 공유토지의 사용을 개선하기 위해, 공지의 일부분을 농민에게 불하하여 자경하도록 하고, 소작농과 고용농이 자경농민이 되도록 해야 한다.

이로부터 농부회가 실제적으로 미국인 토지 전문가 라진스키의 의견에 찬성하였다는 것을 알 수 있으나, 정식 공문 중 행정원에게 명백히 표명할 수는 없었다. 왜냐하면 농부회는 광복 후 토지개혁의 과정 중, 기본적으로 전문적인 지식으로서 협조를 윤활하게 하는 작용을 발휘할 뿐이었기 때문이다. 농부회가 발위한 제 2종 작용은 정책의 협력과 협조이다. 농부회 초임 주임 위원 장멍린(蔣夢麟)은 토지개혁의 필요성을 매우 강조하였다. 이에 농부회가 설립된 이후 국민정부의 토지개혁 작업에 전력 협력하였는데, 예를 들어 1949년 10월 1일 설립된 후부터 2개월 내에, 푸젠 룽옌에 토지 개혁 중심(센터)를 설립하는 데에 경비를 보조하였고, 이를 농부회 제 1기 작업의 3대 시범 중심 중 하나로서 하여, 국민 정부의 토지 개혁 방안에 따라 토지개혁을 추진하였다. 농부회는 중국 대륙에 있었던 시기의 경험을 종합하여 대만 토지 개혁 추진에 전력으로 협조하겠다고 한 바가 있다. 농부회 미국측 위원인 모이어는 이렇게 말했다.[37]

> 본 회는 룽옌의 토지개혁이 지방 인민들의 열렬한 지지를 받았고 광둥의 열악한 소작 상황에 비추어, 토지개혁을 본 회 이번 기간의 중요한 작업 중 하나로 결정하였다. 본 회는 현재 추진되고 있는 위생,

37) 〈穆懿爾1949年12月10日致克利夫蘭函〉, 收入黃俊傑編：《史料彙編》, 頁41-45。

농업, 수리 등의 작업의 성과가 대다수 지주의 소득이 되고 농촌의 다수 소작농의 소득을 구성하지 않음을 다시 보게 되었다. 만약 현존하는 소작 상황에 근본적인 변화가 없다면 상술한 상황은 변경될 방도가 없을 것이다. 본 회는 감조를 실시하여 소작농 생활을 개선하고, 소작농의 최저 권익을 보장하며, 이를 정부 측에서 속히 실시해야 한다고 생각한다. 이에 대만성 38년 6월 실행한 토지개혁 당시 본 회는 다방면으로 곁에서 협조하며, 이러한 개혁의 진행을 장려하였다.

1949년 12월 말, 농부회는 조직을 개편하여 '토지개혁조'를 설립하고, 대만 토지 개혁 정책의 추진 작업에 전면적으로 개입하였다. 농부회가 토지개혁 중 발휘한 제 3종 작용은 경비의 보조와 업무의 지원이다. 1950년대 대만의 토지개혁을 실제 집행한 시스템은 대만성정부의 지정국 및 각 현 시정부의 지정사무소였다. 농부회 토지조는 湯惠蓀 조장의 영도 하에 정부 직원의 출장비, 여행비 등 토지개혁의 실제 추진에 도움이 될 수 있도록 경비를 보조하였다. 토지조의 업무 지원 외에, 농부회의 농민 조직조와 식물생산조 또한 간접적으로 토지개혁에 참여하였다. 張憲秋(1915-2005)씨는 아래와 같이 밝혔다.[38)]

농부회는 토지개혁에 대해 지정조가 담당한 정면 역할 외에도, 기타 조 또한 측면의 역할을 담당하였다.

(갑) 농민조직조- 공지불하 및 경자유기전 방안 모두 농민이 벼로 땅 값을 분할 상환할 것을 규정하였다. 토지 채권은 기한이 되면 현금

38) 〈1989年6月張憲秋先生訪問記錄〉, 收入黃俊傑編：《史料彙編》, 頁153-155。

또는 벼로 지불하였기에 각 鄉鎮 농회가 벼 창고 용량을 늘려야 했다. 농부회는 농회가 창고를 세우는 것을 보조해 주었다. 양식국은 농회 토지에 창고를 세웠고, 농회에 위탁하여 농민이 납부하는 땅값 벼를 대신 받고, 저장하게 하였으며 기한이 되어 현금으로 바꾸는 토지 채권 벼를 지불하게 하여 이러한 작업에 수수료를 지급하였고, 이는 당시 鄉鎮 농회의 믿을만한 수입원이 되었다.

(을) 식물생산조- 375 감조 방법이 소작농이 2분기 벼 경작, 혹은 동일 시기에 심은 가뭄 작물의 소작료만 지불하라 규정하였다. 겨울과 여름의 이작 (2분기 수로 수확 및 재배간에 심은 단기 작물)에 대해서는 소작료를 지불할 필요가 없었다. 농부회 식물 생산조는 농림청 각 구역 개량장이 겨울 여름 계절 이작 재배 실험을 진행하는 것을 보조하였고, 이작 작물 종류를 늘려 가장 좋은 재배 방법을 선택하고, 2분기의 벼와 이작의 총 수입 총 자본 및 총 이윤을 계산하였다. 우수한 것을 골라 보급하여 대만의 복합 재배 지수를 매년 향상시켰고, 1960년대 중기 최고치를 달성하였다.

장셴추(張憲秋)의 의견은 농부회가 1950년대 대만 토지 개혁 사업 중 넓고 깊게 개입하였다는 것을 잘 설명할 수 있다. 농부회가 국민정부가 추진하는 토지개혁에 대해 경비를 보조한 방식에 관련하여, 그 해 실제로 토지개혁에 참여한 천렌룽(陳人龍)이 더 상세한 설명을 하였는데, 그가 밝히기를:[39] 농부회가 농업 및 향촌 건설에 대해 많은 다른 계획을 추진했고, 이러한 계획이 지출한 항목을 보조했는데, 대다수는 씨앗, 재료 및 설

39) 〈1989年6月陳人龍訪問記錄〉, 收入黃俊傑編：《史料彙編》, 頁137-140。

비 등이었다. 행정 비용의 보조도 있었지만 재료만큼 많지 않았다. 왜냐하면 집행 인원(직원)의 경비는 정부가 제공하는 것이기 때문이다. 하지만 토지개혁의 보조에 필요한 경비는 대부분이 행정 경비였다. 왜냐하면 토지개혁 추진에 대량의 인력이 필요했기 때문이고, 정부의 기존 조직 편성으로는 이를 대응할 수 없었고, 재료 경비는 매우 적었다. 행정 경비는 여행비, 월급, 아르바이트비 등 인사비용이 포함되었다. 농부회가 토지개혁에 보조한 경비는 종합적인 통계가 있는데, 거의 매 계획마다 지원한 예산은 모두 몇십 만에 달한다. 40년 전의 화폐 가치로 말하면 매우 큰 숫자인데, 이러한 상황은 다른 계획에는 거의 없는 것이었다. 이렇게 방대한 예산 항목은 각 현, 시, 향진 및 촌리(村里) 지원과 각 종 설계, 집행, 훈련, 감독, 시찰, 고용한 인원 지원이었다. 이러한 인원은 가장 많았을 때 그 수가 3만 3천명에 달했다.

농부회의 토지개혁에 대한 보조를 가장 잘 설명할 수 있는 것은 1954년 5월 농부회가 추진한 32만 세대 자경농 보호 계획이다. 왜냐하면 1949년 토지개혁 실시 이래 새로 생겨난 반자경농 및 순 자경농은 약 320,000세대였기 때문이다. 그러나 1951년 이후, 어떤 농민은 그 토지를 판매하기 시작하였다. 최초로 판매한 것은 불하한 공지로, 경자유기전 계획을 실시하여 완성한 뒤 점점 불하의 사유경지 징수가 보급되었다. 이러한 현상에 대하여 농부회는 1954년 5월에 조사하였고, 본 성 남부 6개 현 중 농민이 이어받은 사유토지를 판매, 저당 및 임대한 안건이 이미 1천건에 달하는 것을 알게 되었다. 이러한 이어받은 토지를 불법으로 처리하는 것의 동기는 일부분은 경제적인 곤란이었고, 일부분은 사리를 취하는 목적이었다. 농부회가 추진한 자경농 보호 계획은 10년의 기간 동안 땅 값을 분할하여 납부하는 것이었는데, 평소 제도를 검사하고, 농민 토지를 관리하는 기록을 건립하였다. 매년 불하 땅 값을 징수할 때 정부 조사원이 두차례에 나누어 320,000세대 농민의 지적, 지권 혹은 토지 사용 변동 상황 및 그 경제 상황을 검사하는 것이었고, 그 결과를 조사표 내에 기입하였다. 조사원은 해당 토지의 분쟁 중재 및 농민들이 불법으로 토지를 처리할 수 없도록 상기시켰다. 조사 결과는 분석해야 하고 정부에 보고되어 악습을 방지하고 관련 문제를 해결하는 초안을 작성할 수 있게 하였다.

이 검사 작업은 매년 지속하여 진행되었고 땅 값 원금과 이자를 청산할 때까지 지속되었다. 이러한 검사 제도를 실시한 결과로부터 320,000세대 농민이 이어받은 토지를 판매하는 등의 현상에 관제를 가하고 자경농 토지를 적극 보호하는 각종 유효한 방법이 이에 따라 점차 집행될 수 있기를 희망하였다. 이 검사 작업은 1954년 6월 실시되기 시작하여, 남부의 高雄, 중부의 타이중(臺中), 북부의 이란(宜蘭) 3개 현을 시범 구역으로 하였다. 이 3개 현 중 공유 및 사유 경지를 이어받은 농민은 67,000세대에 달하였고 모두 1949년 이후에 생겨난 것이었다. 농부회는 92명을 파견하여 조사에 종사하게 하였으며, 3개월을 기간으로 하고, 기간이 만료된 후 다시 3개월을 기한으로 하여 통계 보고를 편제하고 조사 결과에 근거한 각 종 건의를 준비했다. 1954년도에 종료되었을 때, 이 3개 현 중 3분의 1의 조사작업이 이미 완성되었다.[40]

위 서술을 종합하면, 농부회는 1950년대 대만 토지개혁 사업 중 지도적인 역할을 담당했으나, 실제적인 집행자는 아니었다. 토지개혁 추진 과정 중, 각 종 이익 충돌에 연관되었을 때, 농부회가 초청한 외국 토지 문제 전문가는 '외인부대' 였기 때문에 기본적으로 건의의 역할만 했고, 농

40)《中國農村復興聯合委員會工作報告》, 第5期, 收入黃俊傑編 :《史料彙編》, 頁137-162。

부회가 이익충돌 중 담당한 윤활유 역할은 최후 정책 결정에 영향을 미칠 수 없었다. 전체적으로 말해서 농부회가 토지개혁 중 발휘한 것은 '촉진적인'(promotive) 역할인 것이지 '규범적인'(regulative)인 역할은 아니었다.[41)]

제7절 결론

본 논문은 라진스키의 서신을 중심으로, 광복 초기 대만 토지 개혁 과정 중 나타난 3가지 현상을 해석하였다. 본문 제2절 라진스키의 서신 내용으로부터 3가지의 구체적 문제점을 제기하여, 이 3가지 문제점으로부터 제3절 대만제당(臺糖) 토지의 유래에 대해 설명하였다. 본 논문 제4절은 농민들이 대만제당(臺糖)에 가진 불만의 원인에 대한 분석을 거쳐, 광복 후의 국가 자본주의 하에 대만 농민과 대만제당(臺糖) 간의 긴장 관계를 탐구하였으며, 일제시대의 역사적 원인과 광복 후 농민 생활의 고통을 배경으로 하였으나, 더 중요한 것은 대만제당(臺糖)이 국가자본 및 관료의 역량을 가지고 임의로 소작준 땅을 회수하거나 혹은 중간인을 거쳐 임대하여 사리를 추구하는 등의 행위로 농민의 원한이 더 깊어지게 하였다는 것이다.

---

41) 농부회(農復會)와 토지개혁에 관한 상세한 설명은 다음을 참고하시오. 黃俊傑：《農復會與臺灣經驗, 1949-1979》(臺北：三民書局, 1991), 第2章第2節。야거(Yager)는 농부회가 대만 토지개혁 추진에 참여한 것에 대해 논의할 때 농부회가 당시 대만의 특수한 정치경제적 환경에서 조심스럽게 중립적 역할을 유지한 것에 대해 깊이 있게 다루지 못하고 있다. 다음을 참고하시오. Joseph A. Yager, *op. cit.*, pp. 99-124.

우리는 더 깊은 탐구를 통해 본 논문의 제5절에서 라진스키 의 서신이 더 근본적인 문제점을 포함하고 있다는 것을 발견하였다. 이는 바로 광복 초기 국민 정부가 추진한 공지 불하 정책과 당시 농산품 수출로 외화를 획득하던 경제 정책 간에 실제로 조화될 수 없는 모순성이 존재한다는 것이다. 미국인 전문가인 라진스키는 완전히 토지개혁의 소속 부서 입장에서만 문제점을 보았고, 결국 무의식 중 이 지뢰를 폭발시켰다.

이어 본 논문 제6절은 농부회(라진스키를 초청해 대만에 오게 한 기관)가 토지개혁 중 담당하는 역할에 대해 분석하였고, 그 결과 우리는 농부회가 토지 개혁 중 주로 전문가의 협조, 정책의 협력 및 협조 및 경비의 보조 등 3가지 방면에서 작용하였음을 알 수 있었다. 농부회는 기본적으로 토지 문제의 최종 정책 결정자가 아니며, 농부회의 대만제당(臺糖) 토지 안건에 대한 처리로부터 농부회 기술 관료의 장점과 국한성을 볼 수 있었다. 그들은 모두 학문이 완성된 전문가로 중립적인 위치에 있어 기득 이익의 속박을 받지 않아서, 전문적인 입장으로부터 그들의 건의를 제기할 수 있었으며, 라진스키는 토지개혁의 순수한 입장으로 장개석(蔣中正) 총통에게 대만제당(臺糖) 토지를 농민에게 불하하라 건의하였는데, 이는 이러한 지식에의 충성에 기반한 것이다. 그러나 라진스키는 어디까지나 토지 문제 전문가로 1952년 당시 대만이 사탕수수 수출로 외화를 취득해야 했던 전체적 경제 상황을 고려한 적이 없다. 게다가 농부회는 대만제당(臺糖) 토지에 대해 어떠한 판정도 할 수 있는 권력이 없었고, 이 것이 농부회의 국한성이다. 라진스키와 대만제당(臺糖) 토지의 이 역사적 안건으로부터 우리는 기술 관료의 장점을 볼 수 있으며, 또한 그들의 단점이 어디에 있는지 자주 볼 수 있다. (본 논문은《인문 및 사회과학 집간》제5권 제1기에 간행된 적이 있다. 중앙연구원중산인문사회과학연구소, 1992년 11월)

제5장 전후 대만 농촌 사회문화 발전의 해석
— 양마오춘의 관점과 한계

제1절 머리말

양마오춘(楊懋春) 선생(1904-1988, 이하 존칭 생략)은 20세기 중국 학술계에서 최고의 성취를 이룬 향촌사회 연구자이다. 양마오춘은 젊은 시절 치루대학(齊魯大學, 산동기독교대학)에서 수학했고, 옌징대학(燕京大學)을 졸업한 후 미국 유학을 떠나 코넬 대학교에서 석사 및 박사학위를 받았다. 치루대학교, 코넬 대학교, 스탠포드 대학교에서 가르친 바 있고, 1958년 대만으로 돌아와 대만대(臺灣大學)와 동오대(東吳大學)에서 교편을 잡았다. 양마오춘은 일생을 학술과 교육에 바쳤고 수많은 인재들을 배출했다. 제자들에 대한 교육과 농촌봉사 사업을 통해 그는 30여년간 대만의 농업 보급에 상당히 중요한 지도자적 역할을 담당했다. 이러한 지도자적 역할을 통해 양 선생은 전후 대만 농촌 및 농업사상 역사적인 역할을 발휘했다. 이것이 바로 필자가 양마오춘을 이 논문의 연구대상으로 삼은 첫 번째 이유이다.

양마오춘이 전후 대만 농업사에서 또 하나의 두드러진 점은 그가 대만 농업과 농촌사회에 대한 관점이 다른 이들과 다르고 남다른 주장을 펼쳤다는 점에 있다. 큰 흐름에서 보면, 전후 대만 농업과 농촌의 발전은 기본적으로 1949년에 중국대륙에서 대만으로 넘어온 일군(一群)의 기술관료(technocrats)와 경제건설 관료(technocrats)에 의해 설계된 경제정책을 주요 방향으로 삼았다.[1] 이 일군의 기술관료들이 행정원(行政院) 경제 담당 부문에서 근무하면서 초기의 행정원 경제안정위원회(經濟安定委員會, 1953년 7월부터 1958년 8월까지 제1기와 제2기의 [대만경제건설 4개년계획]의 설계와 추진 작업을 책임진 부처), 행정원 국제경제협력발전위원회(國際經濟合作發展委員會, 1963년 9월부터 1969년 8월까지),[2] 그리고 이후의 행정원 경제건설위원회 농업기술관료들은 대부분의 경우 중국농업부흥연합위원회(中國農業復興聯合委員會)에서 근무했다.[3]

이 일군의 실무 작업을 추진한 기술관료들과 비교할 때 양마오춘의 대만 농촌사회의 총체성에 대한 중시 및 그의 농촌문화에 대한 강조는 그로 하여금 아주 남다른 이론을 형성하도록 만들었다. 경제건설의 급류 속에서 한줄기의 맑은 물이 되어 특별히 우리가 회고할 가치가 있도록 한 점

---

1) 전후 대만의 농업정책의 변천에 대해서는 다음을 참고하시오. 廖正宏、黃俊傑、蕭新煌：《光復後臺灣農業政策的演變：歷史與社會的分析》(臺北：中央研究院民族學研究所, 1986)。

2) 參考李國鼎：〈一個參加經濟設計老兵的回顧與展望〉, 收入：陸民仁編,《臺灣經濟發展總論》(臺北：聯經出版事業公司, 1975), 頁31-50。

3) 參考黃俊傑：《農復會與臺灣經驗, 1949-1979》(臺北：三民書局, 1991)；並參考Joseph A. Yager, *Transforming of Agriculture in Taiwan: the Experisnec for the Joint Commission on Rural Reconstruction*(Ithaca and London: Cornell University Press, 1988)。

은 우리가 양마오춘의 사상을 연구하는 두 번째 원인이다.

이상의 두 가지 사항을 고려한 기초 위에, 본 논문은 양마오춘이 대만 농촌사회 문화에 대한 관점을 분석의 주제로 삼았다. 본 논문의 제2절은 우선 양마오춘이 대만 농촌사회문화의 두 가지 방법론적 경향인 역사관과 총체적 이론에 대해 논의할 것이다. 제3절에서는 양마오춘의 농촌 사상의 배경과 사상의 연원을 더듬어 볼 것이다. 제4절에서는 양마오춘이 대만 농촌사회문화에 대한 관찰의 인상을 귀납하고 그가 제기한 문제해결의 방안을 연구하고 그의 관점과 한계를 설명할 것이다. 마지막 절에서는 몇 가지 초보적 결론을 도출할 것이다.

제2절 농촌 사회문화의 분석에 있어서 양마오춘의 방법론적 경향

양마오춘의 저서는 매우 풍부하다. 출판한 저작물이 20여 종에 이르고 백여 편의 논문을 썼다. 부지런히 연구와 교육에 힘썼을 뿐만 아니라 학술 분야에서 지도자적 임무를 담당했다. 1958년 가을, 양마오춘은 대만으로 돌아와 대만대 농업보급학과(農業推廣學系)와 향촌사회경제연구소(鄉村社會經濟研究所, 역자주: 대만에서의 연구소는 대학원 과정을 지칭함)를 세웠다. 또한 대만대 사회학과를 세우는 데 참여했고, 대만제당회사(臺灣糖業公司)가 타이난 신잉 난광(臺南新營南光) 중학에 보급인원훈련반(推廣人員訓練班)을 설립하는 과정에도 참여했다.

또한, 양마오춘은 종종 농촌에 내려가 각 향진 농회의 농업 보급 작업에 힘썼다. 내정부 향촌 사회 발전 훈련 연구센터 계획의 제작과 추진에 참여했다. 대만대학교에서 퇴임한 후 양마오춘은 동오대학교의 초빙에 응해 동오대학교에 사회학과와 린시(臨溪) 공동체 발전계획을 만들었다. 국내에서뿐만 아니라 양마오춘은 해외학술단체들의 초대에 응해 1년 혹은 수개월 동안 해외에서 가르치고 향촌건설 지도인력을 훈련시키는 데 참여했다. 우리들은 우선 양마오춘에 대해 다음과 같은 질문을 할 필요가 있겠다. 그것은 양마오춘의 수많은 학술 저작과 수십 년의 교육사업 중에 일관된 방법론적 경향이 있는지에 관한 것이다.

필자는 이 질문에 대해 긍정적인 입장을 갖고 있다. 대체적으로 양마오춘은 농업 및 향촌 문제를 사고할 때 종종 두 종류의 방법론적 경향을 드러냈다. 하나는 역사관이다. 그는 농업과 향촌문제를 논할 때 특별히 역사적 연속성을 강조했다. 두번째는 총체론이다. 그는 농업 혹은 농촌의 어떠한 부분도 고립적인 존재로 여기지 않았다. 그는 부분과 다른 부분 간의 관계를 매우 중시했다. 이하에서 필자는 양마오춘의 이 두 가지 사고 방법의 경향을 논하려 한다.

1) 역사관

양마오춘은 여러 논저에서 매우 인상적인 역사적 시야를 보여주고 있다. 그는 농촌사회에 대한 분석은 반드시 그 역사의 원류와 변천을 먼저 파악해야 한다고 주장했다. 역사적 시야의 중요성을 강조한 그의 생각을 가장 잘 드러내고 있는 것은, 그가 저술한《근대 중국 농촌사회의 변천(近代中國農村社會之演變)》의 서문(序文)에서이다. 그는 다음과 같이 말했다.[4)]

---

4) 楊懋春 :《近代中國農村社會之演變》(臺北 : 巨流圖書公司, 1980), 〈序〉, 頁3。

대만이 광복한지 벌써 30여 년이 지났다. 그 사이에 이미 각 대학과 관련 학술기구에서 농업경제학, 향촌교육학, 그리고 향촌사회학 등과 같은 방면에서 수많은 청년 학자들을 양성했다. 이러한 청년 학자들은 잇따라 대만 농업 및 향촌 사회 등에 관한 다양한 연구를 해왔고, 이미 이 분야에 속하는 여러 저작들을 출판했다. 이 분야를 가르치는 교사들은 수업 외의 시간에 조금도 게으름을 피우지 않고 농촌에 대한 현지조사와 연구를 해왔다. 그리고 그 연구의 소득들을 저작에 담았다. 이에 따라, 국내외 인사들은 대만성(臺灣省)의 향촌 인민, 향촌 사회, 그리고 향촌 문화 등에 대해 상당히 풍부한 학식을 갖게 되었다. 그러나 중국 대륙의 연구자는 물론이고 대만지역의 연구자들도 포함하여 위에 거론한 연구와 저작들을 보면, 그 내용이 거의 모두 당대 향촌사회의 투시와 서술, 즉 횡단면적 연구에 머물러 있다. 역사성을 갖는 연구와 저작이 없이는 향촌 중의 각 사회제도와 문화체계의 기원과 변천을 제대로 알 수가 없는 것이다. 그 기원과 변천을 모른다는 것은, 오늘날의 갖가지 상황들이 얼마 동안의 시간을 거쳤고, 어떻게 축적되고 변화하여 이뤄진 것이지 이해할 수 없게 되는 것이다. 향촌 인민들이 오늘날 보이고 있는 향민(鄕民) 성격과 생활 행태를 연구하고자 한다면, 과거 백년 혹은 수백 년 동안 누적되고 진화된 과정을 거슬러 올라가야 한다. 그렇지 않으면 분명하고 합리적인 분석에 이르기 어렵다.

상술한 내용은 양마오춘이 '발전적(developmental)' 관점에서 농촌문제를 사고해야 한다는 기본입장을 아주 잘 보여주고 있다. 양마오춘은 저명한 사회학자이지만 역사학에도 지대한 관심을 갖고 있었고, 과거에 발표한 10편의 사학 관련 담론을 모아 1974년 12월에《사학신론(史學新論)》[5]을 출판했다. 이 책의 서문에서 양마오춘은 사회학자인 자신이 왜 그리고 어떻게 역사를 좋아하게 되었는지, 그 과정을 설명하고 있다. 그는 역사학과 사회학이 서로 협력할 수 있도록 노력했다. 그는 사회학자는 사회학으로 역사를 해석하고, 역사학자는 역사로 중요한 사회원리와 사상(事象)을 예증하기를 희망했다. 1982년 봄에 양마오춘과 필자는《사상과 언어》라는 잡지의 요청에 응해 '역사학과 사회학 사이' 및 '사회과학연구의 중국화'라는 두 주제를 놓고 두 차례의 필담을 진행한 적이 있다. 이 두 번의 필담에서 양마오춘 선생은 그의 입장을 다음과 같이 설명했다.[6]

> "역사와 사회학을 한 곳으로 끌어 당기는 것은, 그 문제가 양자의 차이나 유사성에 있지 않고 양자간의 관계, 혹은 그 양자가 어떠한 관계여야 하는지에 있습니다. 토론해야 할 것은 두 가지라고 생각합니다. 하나는 사회학이 살아있는 역사를 도와 역사 사건으로 해석하는 것입니다. 역사가 당대의 사회적 사건(事象)의 연구를 도와 그 사건(事象)의 배경과 연원을 밝혀낼 수 있도록 하는 것입니다. [중략] 역사와 사회학의 토론 속에서 제가 제기하고자 하는 두번째 사항은 역사의 사회화(社會化) 혹은 대중화입니다. [중략] 제가 말하고자 하는 것은 하나의 중요한 역사적 사건의 창조나 진전을 사회 대중 혹은 사회적으로 많은 관련을 맺고 있는 사람에게 공과를 돌리는 것입니다. 과거처럼 그저 한 사람 혹은 소수의 사람이 책임지도록 하지 않아야 합니

---

5) 楊懋春：《史學新論》(臺北：華欣文化事業中心, 1974)。

6) 楊懋春：《新勉齋文集》, 上輯, 頁532-534。

다. 우리는 어떠한 중요한 역사적 사건도 절대로 한 사람 혹은 소수의 성현이나 영웅에 의해 만들어지는 것이 아니라고 믿습니다. '영웅이 시세(時勢)를 만드는가? 시세(時勢)가 영웅을 만드는가?'라는 이 두 질문에 오로지 사회학만이 유효한 답을 해줄 수 있습니다. 겉으로 보기에는 많은 중대한 역사적 사건들이 한 명 혹은 소수의 위대한 인물의 행위 같습니다. 그러나 깊게 관찰해 보면, 사실 이 모든 것들이 다수의 사람들 또는 사회가 이루어내고 완성시킨 것임을 알 수 있습니다."

양마오춘은 사회학과 역사학의 결합을 강조하는데, 이것은 그의 아주 선명한 학술적 주장일 뿐만 아니라, 그 자신의 학술 연구에서도 구체적으로 실천한 사항이었다. 양마오춘이 역사적 시야에서 출발하여 농촌문제를 연구한 가장 좋은 예가 바로 1969년 여름에 양마오춘 선생이 중앙연구원 중미인문사회과학 협력위원회의 위탁을 받아, 타오위안 현의 다위안 향을 사례로 진행한 연구였다.[7]

양선생은 다위안 향에서의 연구를 세 단계로 나누어 진행했는데, 첫번째 단계는 다위안 향의 역사적 배경을 거슬러 올라간 것이었다. 즉 그 지역의 역사를 연구한 것으로, 특히 토지의 개간과 조전(租佃) 제도와 관련된 역사에 주의를 기울였다. 두번째 단계는 이 토지개혁 계획의 실시의 경과와 그것이 야기한 각종 현상, 분쟁, 문제 등에 대한 연구를 진행했다. 세번째 단계는 토지개혁 실시가 완성된 후 20여년이 경과한 후 사회, 경제 및 문화 등의 방면에서 어떠한 영향이나 성과가 있었고, 이것이 대다

---

7) 楊懋春：《臺灣土地改革對鄉村社會制度之影響研究》(臺北：國立臺灣大學農業推廣系, 1979年10月, 打字稿, 未公開發行)。

수의 향촌 인민들에 의해 어떻게 받아들여졌는지, 또한 이것을 뿌리로 어떤 새로운 제도, 새로운 생활의 이상, 새로운 가치관념 등이 탄생했는지를 연구했다. 즉, 어떤 변화가 있었고, 지금까지 받아들여지지 않는 것이 있는지, 혹은 이미 토지개혁 이전의 상황으로 돌아가거나, 아니면 여전히 불안한 상태에 처해 있는지를 연구한 것이다. 또 어떤 사항 혹은 현상이 간접적으로 토지개혁의 영향을 받아 새로운 문제가 발생했는지도 연구했다. 양선생이 이 연구보고서의 머리말에서 밝힌 것과 다르지 않았다.

"이 세 단계의 연구는 서로 연결되어 있다. 역사가 개혁 이전의 나쁜 토지 제도와 불합리한 조전 관계, 그리고 토지제도와 조전 관계를 기초로 한 각종 사회, 경제, 문화 등의 제도를 변화시켰다. 깊게 뿌리내린 폐단이 사회 전체를 낙후하고 빈곤하며 희망이 없는 상태에 빠지게 만들었다. 그리하여 부득불 혁명적인 개혁의 실시를 통해 이러한 폐단을 제거함으로써 가장 급박하게 필요로 했던 생존의 길을 연 것이다. 혁명적 개혁은 반드시 수많은 정서적 갈등과 문제를 일으키게 되어 있다. 갈등과 문제는 파괴력을 갖고 있지만, 창조력도 갖고 있다. 이 창조력은 한편으로 썩은 찌꺼기들을 걸러내고 다른 한 편으로 새로운 역량과 새로운 이상, 그리고 새로운 제도를 탄생시킨다. 중요한 사회개혁에 대해 연구할 때는 모두 이 세 단계에 따라 진행해야 할 것이다."[8)]

이 세 단계의 연구는 비록 상호 연관된 것이지만, 첫번째 단계는 확연히 두번째 단계와 세번째 단계 연구의 기초가 된다. 이 연구 계획에서 양마오춘 선생은 다위안 향의 역사적 배경을 연구했다. 특히 이 지역의 이민 정착 상황 및 토지 제도의 건립과 발전(당국의 설명뿐만 아니라 민간의 실

---

8) 同上書,〈序〉。

제 상황에서도), 조전 제도의 형성과 변천, 씨족과 대가족의 공동체사(史), 지주와 소작인 관계에서의 특수 인물과 이야기, 농업 상에서의 특수 제도와 습관의 형성 및 변천 등에 주의를 기울였다. 역사적 배경에 대한 분석을 거치고 난 후 양마오춘은 토지개혁이 다위안 향의 사회제도에 미친 영향을 논술하면서 그 현상 속에 근원이 되는 것이 있음을 잘 보여주었다.

역사적 원류에 대한 중시 때문에 양마오춘의 연구는 동시대의 사회학자나 농업 전문가들에 비해 전통을 존중했다. 양마오춘은 인하이광(殷海光)의 '전통'에 대한 생각을 비판하는 글에서 '전통'은 대다수 사람들의 생활 경험임을 특별히 강조했다. 전통이란 것이 점진적으로 형성된 것이고 고정불변의 것이 아니라 수시로 수정될 수 있는 것이므로 명확한 조문이 아니며 전통과 개인이 매우 밀접한 관계를 맺고 있음을 설명했다.[9] 이러한 분석들을 정리해 보면, 양마오춘은 역사적 시야를 중시했기 때문에 향촌 사회와 문화의 문제를 다룰 때 '혁명적'(revolutionary)이라기보다는 '진화적'(evolutionary) 시각에서 사고했음을 알 수 있다.

2) 총체론

양마오춘이 향촌 사회문화 문제를 사고할 때의 두번째 방법론적 성향은 총체론(holism)적이었다. 소위 '총체론'적 사고 방법론은 양마오춘이 농업과 농촌문제를 고려했을 때, 그가 항상 농업과 농촌의 어느 한 '부분'(기술변천과 같은)과 기타 '부분'(향촌사회와 문화와 같은)이 유기적 상호관

9) 楊懋春：〈傳統的意義與特性--讀殷海光先生幾篇論文後〉, 收入：《新勉齋文集》, 上輯, 頁447-460。

계에 있음을 유념했고, 농업 혹은 농촌을 하나의 구조적 전체로 삼았음을 가리킨다. 양마오춘은 이러한 총체론적 입장으로 그의 많은 논저에서 아래와 같은 몇 가지 구체적 논점을 드러냈다.

농업기술의 변화는 필연적으로 향촌사회 생활에 총체적인 영향을 발생시킨다. 이 논점은 양마오춘의《농업기술 변화가 향촌사회에 미치는 영향》이라는 책에서 매우 명확히 드러나고 있다. 양마오춘은 다음과 같이 말했다. "농업기술의 변화는 농민의 물질적 생활을 개선시킬 뿐 아니라, 향촌사회와 농민의 비물질적 생활에도 지대한 영향을 끼친다. 고급문명의 관점으로 볼 때, 후자가 전자보다 마땅히 더 중요하다. [중략] 그러므로, 농업기술의 발전 혹은 진보의 영향력을 연구할 때, 농민의 물질생활의 개선을 관찰하는 것 외에도, 향촌인민의 사회생활, 예술생활, 정신생활 혹은 그 모든 문화 수준의 영향을 주목해야 한다."[10)]

위와 같은 구체적인 논점은 1968년 양마오춘의 농촌기술 변화가 향촌사회에 미친 영향에 대한 연구에서 드러났을 뿐 아니라, 1945년 9월, 양마오춘이 미국에서 출판한《A Chinese Village》라는 명저(名著)에서도 구체적으로 나타난다. 양마오춘은 그의 고향인 산둥 타이토우촌을 묘사한 이 저서에서 농업기술의 발전을 서술하였고, 특히 기술적 상황이 향촌인민의 사회심리 및 행동에 끼치는 영향 및 그것이 문화를 형성하게 되는 특징에 중점을 두었다. 마을 내의 가옥, 도로, 공공시설, 곡식을 너는 마당(타작 마당) 및 채소밭 등의 배치와 형식, 또한 그 각각이 가진 사회적 및 문화적 의의를 중시하였다. 촌민의 지역의식, 사회관계 및 씨족조직 모두

10) 楊懋春：《農業技術改變對鄉村社會的影響》(臺北：臺灣商務印書館, 1968),〈序〉, 頁 2-3。

가 이러한 요소와 서로 영향을 미친다고 보았다. 양마오춘은 동태적 관점으로 타이토우촌 주민의 사회관계, 사회구성, 사회생활, 사회화, 개인 인격의 형성, 각종 사회제도의 의의와 기능, 지방 지도자의 탄생과 역량 및 기능 등을 분석했다. 그는 농촌을 하나의 전체로 보기 때문에 그가 타이토우촌을 분석하는 것은 가장 초급적(primary)에서 이차적(secondary)으로, 이차적에서 더욱 부차적인 방법이며, 따라서 항상 가장 극단층 혹은 최상층으로 도달한다. 동적 관점(a dynamic point of view)으로 볼 때, 하나의 사회(혹은 마을)는 몇몇 사람과 사람들 간의 복잡한 관계이자 그 형성이다. 이러한 복잡한 관계의 가장 기본은 초급단체에서의 개인과 개인이 만나는 것이고, 그 다음은 큰 단체 혹은 차급 단체에서의 소그룹과 다른 소그룹이 만나는 것이다. 양마오춘은 이러한 방법을 사용하여 타이토우촌의 사회 네트워크에 대해 관찰한 후 다음과 같이 말했다.[11)]

> 타이토우촌에서 필자가 발견한 것은 가정이 가장 기본적인 초급단체라는 것이다. 비록 하나의 복합적인 가정 안에는 두 개 내지 세 개 또는 다섯 개에 이르는 더욱 작고 더욱 초급적인 친족단위가 있을 수 있지만, 예를 들어 젊은 부부와 자녀로 구성된 집이 있고, 이 집에서 그들이 거주, 일, 생활을 함께 한다면, 이 역시 하나의 초급단체로 볼 수 있다. 마을(村)은 하나의 차급 단체이다. 가정과 마을 사이에는 또 씨족, 골목과 같은 중간 단체 혹은 조합, 여러 경제적 또는 사회적 요소로 구성된 무형적 혹은 비공식적 연합, 종교 결합, 학교당파 등이 있을 수 있

---

11) Martin M. C. Yang, *A Chinese Village: Taitou, Shantung* (New York: Columbia University Press, 1945), pp. ix-x.

> 다. 마을 외에도 더 작은 마을들에서는 두 개 혹은 세 개의 마을이 지역적 근접을 이유로 또는 기타 요소로 밀접한 관계를 가지고 있다. 몇 개의 개별 마을과 몇 개의 작은 마을의 사람들은 모두 같은 집진에서 경제적, 사회적, 그리고 많은 다른 활동을 하기 때문에, 집진은 어느 정도의 서비스 기능을 가지고 있고, 이러한 기능들은 한 구역 내의 각 농촌들을 연계하여 마을과 마을로 하여금 관계를 맺게 함과 동시에, 또 집진과 관계를 갖게 하여 하나의 집진구를 형성하게 한다. 이러한 집진구에서는 활발하게 활동이 이루어지고 있으므로 마땅히 하나의 사회단체라 볼 수 있다. 이 사회단체는 당연히 차급적이다. 그 안에서 각각의 사람들 간의 관계는 매우 뚜렷하기도 하고 또 매우 불분명하기도 하지만, 관계의 존재 자체에 대해서는 의문을 가질 수 없다.

이러한 논점의 제기는, '총체론'을 그의 방법론으로 여기는 토대라고 할 수 있다. 토지개혁은 농촌사회에 변화를 일으킨다. 양마오춘은 줄곧 농촌을 불가분한 전체로 삼기 때문에, 그의 토지개혁에 대한 연구가 다른 학자들과 다른 점은 그가 특히나 토지개혁이 대만 농촌사회에 야기한 영향을 중시한다는 것이다. 양마오춘의 이러한 견해는 그의 대만 토지개혁에 대한 두 권의 중, 영문판 저서에서 매우 뚜렷하게 드러난다.[12] 그가 1970년 미국 하와이 동서문화센터에서 출판한 《대만 토지개혁의 사회경제적 효과》라는 영문서적은 성 전체를 대상으로 하여, 토지개혁이 농민의 근로 의향, 농업생산, 지주의 직업, 농민생활수준 및 지역 내

12) Martin M. C. Yang, *Socio-economic Results of Land Reform in Taiwan* (Honolulu: East-West Center Press, 1970)；楊懋春：《臺灣土地改革對鄉村社會制度之影響》。

에서의 참여 및 사회 구성, 권력 구성 등의 방면에 야기한 영향을 분석했다. 같은 해에 간행된 중문판 연구보고서에는 타오위안현을 주제로 토지개혁이 향촌 가정제도, 사회제도, 향민 사회참여, 향민 교육, 향촌 경제, 생활 수준 및 가치관념 등의 방면에 발생한 충격과 관련한 심도 있는 연구가 정리되어있다. 이 두 저서에서의 연구는 모두 '총체론'을 방법론의 토대로 삼았다.

(3) 농업보급인과 농업기술 전문가는 불가분한 관계이다. 양마오춘이 미국에서 유학했을 때, 그는 농업을 보급시키는 일에 종사하기로 마음 먹었고,[13] 학문을 연구할 때도 농업 보급 업무의 중요성에 초점을 두었지만, 그렇다고 해서 그는 결코 농업을 보급시키는 일을 독립적으로 존재하는 일로 여기지 않았으며, 항상 농업 보급인과 농업기술전문가가 반드시 상부상조해야 할 것을 강조했다. 1945년 10월 21일, 양마오춘은 그의 일기에서 다음과 같이 주장한다.[14]

---

13) 1944년 6월 7일, 양마오춘의 일기 중에는 다음과 같은 기록이 남겨져 있다. "앞으로 귀국 후에 어떻게 농업을 촉진할 것인지 걱정하던 중에 다음과 같은 몇가지 생각을 얻게 되었다. 첫째, 정부에 나를 고향에 파견해 달라고 부탁하여 고향에 내려가서 농업 촉진 위원을 한다. 둘째, 고향에 돌아간 후 먼저 본가의 친척들, 마을 사람들, 그리고 부근의 마을 지도자들과 감정을 나누고 그들로 하여금 나의 봉사에 대한 열정을 믿도록 해야 한다. 나를 믿어야 실제로 그들을 효과적으로 도와줄 수 있다. 셋째, 기회를 얻어 촌민들과 개별 면담(비형식적)을 갖는다. 그들의 농작의 상황과 가정생활, 그리고 어떤 특수한 곤란을 겪고 있는지에 대해 질문한다. 그들의 특수한 문제를 안 이후 성실한 태도와 드러나지 않는 방법으로 그들에게 경제적 도움을 준다(만약 필요로 하는 경우에). 넷째, 기회를 얻어 무리의 농민들(5-6명, 혹은 10여명도 가능)과 함께 간담회를 갖는다. 그들에게 최근 몇년간 농작에 있어서 최대의 문제가 무엇인지, 일상생활에서의 최대 문제가 무엇인지를 질문한다. 다섯째, 만약 그들이 문제를 해결할 유용한 방법이 없다면 그들을 이끌어 해결하는 길을 찾아 낼 수 있도록 생각하게 한다." 이상의 내용은 다음을 참고하시오. 楊懋春：《海外家國戀》下集(留學日記)(臺北：道聲出版社, 1982), 頁23, 글 속에 농업의 촉진 작업에 대한 열정이 드러나고 있다.

14) 楊懋春：《海外家國戀》, 下集, 引文見頁370。

우리나라의 향후 농업 교육 및 농업 건설 방침은 한 편으로는 전문적 농업과학자를 양성해야 하고, 농업에서의 새로운 발명을 추구해야 하며, 또한 농업 건설에서의 전문기술인을 육성해야 한다. 다른 한 편으로는 반드시 농과 학생들을 장려하고 그들이 농민의 전체 생활 및 그 생활 안에서 갖고 있는 각종 문제들을 깊이 있고 종합적으로 연구할 수 있어야 한다. 그 후에는 농업기술인들이 농업과학에서의 새로운 발명을 이끌어 내어 이를 농업에 응용하고 농민 생활에 응용하여, 모든 농촌문화에서의 발전을 추구해야 한다. 그렇다면 과연 누가 이를 위한 세 번째 인재인가? 바로 농업보급자이다.

그는 대만에서 돌아온 이후 이러한 견해를 더욱 발전시켜 논하였다.[15)]향진 농업보급인(농사, 가정(家政) 및 4-H 클럽 지도자를 포함한다)은 농업대학, 농업 대학원 및 모든 고급 전문가들과의 협력과 합작이 필요하다. 그렇지 않으면 향진 보급인의 업무 효과는 만족스럽지 않을 것이다. 이 결론에서 파생되는 질문은, 그렇다면 어떻게 각 고급 농업종사자 혹은 농사연구기관과 향진 농업보급인이 관계를 맺고 합작할 수 있는가이다. 도의(道義) 혹은 개인의 우애로 생긴 업무 상의 관계 외에도, 필히 입법을 근거로 한 합작제도가 있어야 한다. 반드시 공식적인 방법이 있어야 하는데, 이 두 방면에서 합작에 대한 권리와 의무가 있어야 한다.

그러나 어떠한 제도 혹은 입법에 근거하여도, 향진 농업보급인은 필요할 경우 반드시 농업기술전문가 또는 농사연구자를 요구할 권리가 있고, 그들에게 기술 상의 협조 업무를 부여하여, 해결할 수 없었던 문제들을 그들이 이해하고 해결할 수 있도록 도와야 한다. 이와 같은 주장의 주

15) 楊懋春：〈農業推廣員與農業技術專家的關係〉, 收入：《新勉齋文集》, 下輯, 頁400-401。

된 이유는 양마오춘이 농업과학기술의 연구와 농업보급을 새의 두 날개처럼 모두 똑같이 중시하기 때문이다. 이러한 관점은 전형적인 총체론적 입장이다. 위에서 논한 양마오춘이 견지하는 세가지 견해는 그저 양마오춘의 총체론적인 대표 예시일 뿐이다. 사실상, 양마오춘의 저서에는 이러한 총체론이 그가 문제를 사고하는 방법론적 토대를 구성하는 경향이 있으므로, 이는 그의 많은 논저에 드러나있다.

제3절 양마오춘의 농촌사회문화 경험과 사상적 근원

이제 우리는 양마오춘이 농촌사회문화에 대한 문제를 사고할 때 드러나는 역사관과 총체론의 두 가지 경향이 무엇을 배경으로 형성되었는지 검토해 볼 수 있다. 이 문제의 해답은 (1) 양마오춘의 중국 및 미국 농촌 생활 경험과 아울러 (2) 그의 기독교 신앙이란 두 개의 배경에서 찾을 수 있다.

1) 중국과 미국에서의 농촌경험

양마오춘은 산둥성 자오현에서 태어나, 어려서부터 농촌에서 성장했으므로 그가 유년시절에 쌓은 농촌경험은 그의 농촌연구에서 뼈와 살로 드러났을 뿐 아니라 그의 연구작업은 그의 인생과 완벽히 어우러졌다. 이 점은 그의 《A Chinese Village》라는 책에서 가장 눈에 띄게 드러나는데,

그는 스스로 이렇게 말했다.[16)]

이 책은 매우 생동감 있게 중국의 어느 농촌의 실생활을 모두 담아냈고, 이는 독자의 눈앞에 보여진다. 중국 농촌에 대해 조금도 모르는 미국인이 이 책을 읽고 나면, 분명 그 농촌 사람들에 대해 동정심과 공감을 느낄 것이다. 마치 그 일에 관련된 것처럼, 그들과 오랜 이웃처럼 말이다. 이 책의 인덱스 작업을 해 준 사람이 특별히 나에게 편지를 보냈는데, 그녀는 출판사에서 인덱스 업무를 이미 20여 년을 했지만 단 한 번도 《A Chinese Village》처럼 읽으면서 웃음과 눈물이 났던 책은 본 적이 없다고 말했다. 이 책을 읽고 난 후 그녀는 중국인에 대해, 특히 중국의 그 농촌 사람들에 대해 매우 깊은 감정이 생겼고, 그들을 그녀 자신이 매우 잘 아는 사람 혹은 이웃으로 보게 되었다. 진실하게 말하건대, 그 책을 쓸 때 수없이 내 마음은 어린 시절로 돌아갔다. 그리고 그 책은 수없이 나를 웃게 했고, 내 얼굴에 열이 오르게도, 나를 울리기도 했다. 이는 내가 몸소 경험했던 여러 옛일들이 모두 내 마음에서 되살아났기 때문이었다.

양마오춘은 스스로 이와 같이 말했다. "내가 서술한 것들은 모두 나의 실제적 경험에서 나온 것이지, 내가 탁상공론이나 상상의 나래를 펼친 것이 아니다."[17)] 그의 중국 농촌에서의 경험은 그로 하여금 중국의 농촌생활이 전체적이라는 것을 체험하여 이해하게 했고, '부분'을 단독으로 뽑아내 관찰하지 않았다. 또한 그는 중국의 농촌 생활이 장기간에 걸친 역사의 누적이라는 것을 깊게 깨달았다. 중국에서의 농촌 경험 외에도, 양마오춘은 1939년부터 1945년까지 미국에서 유학하면서, 그리고 1951년

16) 楊懋春,〈中國文化是活抑死的問題〉, 收入:《新勉齋文集》上輯, 引文見頁442。
17) 楊懋春:《新勉齋文集》,〈自序〉。

부터 1958년 동안 미국에서 교편을 잡으면서 미국에서의 풍부한 농촌 경험을 얻었고, 특히 학생시절일 때 그는 일기를 쓰는 습관을 들였는데, 그는 이렇게 말했다.[18)]

출국 이후로부터, 즉 민국 28년(1939년) 10월 20일을 시작으로 매일 저녁 일기를 쓴다. 이 때부터 계산해보니, 어느덧 1945년, 민국 34년에 이르렀고, 11월 28일 귀국하는데, 먼저 상하이로 가는 배에 올라, 12월 8일에 칭다오에 도착해 가족들과 오랜만에 모인다. 체류 기간을 계산해보니 6년하고도 2개월이다. 마지막 미국에서의 장거리 열차와 태평양선에서의 파도가 요동치거나 극도로 피곤해진 탓에 글을 쓸 수 없어 빼먹은 몇 차례를 제외하고는 매일 글을 썼다.

오늘날 우리는 이 유학일기에서 양마오춘이 유학시절에 매우 세심하게 미국 농업과 농촌의 갖가지 상황을 관찰하여 사고했음을 알 수 있는데,[19)] 그는 또 미국 농촌의 농민회에 가입하기도 했으므로, 그가 가진 중국 및 대만 농촌 건설에 대한 많은 견해들은 모두 그의 이러한 유학기간에 형성된 것이었다. 양마오춘은 스스로 다음과 같이 말했다. "만일 향촌을 배경으로 가진 한 청년이 국내에서 이미 향촌사회학에 대한 상당히 많은 책을 읽었고, 또 미국대학의 연구원에서 향촌사회학을 연수했다. 그렇다면 그는 미국 강의실에서 강의를 듣고 연구를 할 때, 또 그 향촌에서 현지시찰을 하고 인터뷰를 할 때, 모두 고국의 상황 또는 자신의 경험을 미

18) 楊懋春 :《海外家國戀》, 下集, 〈序〉, 頁2。

19) 1945년 5월 3일의 일기는 다음을 참고하시오. 楊懋春 :《海外家國戀》, 下集, 頁204-205。1944년 5월 23일의 일기에는 양마오춘이 미국 농촌을 참관한 후의 생각을 기록하고 있다. "이 모임은 대체로 아주 좋다. 중국의 향촌에서도 이러한 성격의 일을 할 수 있으리라 믿게 된다." 이에 대한 내용은 다음을 참고하시오. 楊懋春 :《海外家國戀》, 下集, 頁71。

국에서 보고들은 것과 서로 참고하여 비교할 것이고, 미국의 특정 상황 혹은 사물이 우리에게 있는 것보다 우수하기 때문에, 우리가 그들의 것을 본보기로 삼아 우리의 상황을 개선해야 한다는 점에 주목할 것이다. 특정 상황 혹은 사물이 미국보다 우수하다면 더욱 기쁠 것이며, 또 우리가 마땅히 우리의 장점을 발휘할 수 있음을 믿게 되어 언제 어디서나 미국인에게 우리의 장단점을 알려줄 수 있는 기회를 얻을 수 있기를 바랄 것이다. 이처럼 한 명의 유학생이 공부하고 돌아와 향촌에서 일하거나, 또는 농촌과 관련 있는 일을 한다면 여기에는 어떠한 조정도 필요치 않다. 내가 미국에서 향촌사회학을 공부하고 또 그 향촌에서 현지시찰을 하고 인터뷰를 했을 때, 오로지 이런 마음이었다. 따라서 내가 고국으로 돌아와 일을 할 때, 향촌에서 농업을 보급하는 일을 하거나 또는 대학에서 향촌사회학을 가르치는 것을 막론하고, 조금의 조정이 필요한 것이 없었다."[20] 양마오춘 스스로가 바로 이러한 말의 증거였다.

2) 기독교 신앙

양마오춘의 농학사상의 또 다른 근원은 그의 독실한 기독교 신앙이다. 그는 기독교 집안에서 자랐고, 또 기독교 교회가 운영하는 학교(미션스쿨)에서 교육을 받았다. 1929년 6월, 그는 산둥 지난에 교회가 운영하는 치루대학교의 사회학과를 졸업하자마자 모교에서 조교로 1년을 근무했고, 이후에 교회가 운영하는 베이핑시에 위치한 옌징대학교 연구원에서 향

---

20) 楊懋春、蔡宏進、廖正宏、黃俊傑：《我國農業建設的回顧與展望》(臺北：時報出版公司, 1983), 頁208-209。

촌사회학을 전공했다. 1931년, 칭다오시에 있는 교회가 운영하는 원더 여자중고등학교 및 시립여자중고등학교에서 교원으로 근무했다. 1931년 가을을 시작으로 기독교 루동 루터교에서 관직을 맡아 모현의 루터 중고등학교의 교장으로 5년간 근무했다. 1937년 가을, 모교인 치루 대학교의 부름을 받고 향촌사회학 전임강사로 부임했으며, 교내 향촌사회봉사 연구소의 부주임도 겸했다. 양마오춘은 유학기간에도 늘 미국의 기독교 인사들과 왕래가 잦았고, 이러한 그의 농업사상의 대부분은 기독교에서 온 것이었다. 이를테면, 양마오춘은 농민이 반드시 운송판매 협동조합을 구성할 것을 상당히 강조했는데,[21] 이는 그의 매우 익숙한 기독교적 모임 및 생활방식과 무관하지 않은 것이었다.

본 절에서 서술한 바를 종합하면, 우리는 다음과 같이 말할 수 있다. 양마오춘은 유년시절부터 매우 깊이 그리고 서서히 화북 농촌의 생활에 스며들었고, 중국 농촌공동체를 통해 전통 중국 농촌의 생과 사를 함께 하고, 아픔도 함께 상부상조하는 것을 체득했으며, 그가 역사적 관점 및 총체론적 입장으로 농촌을 사고하고 있다는 것에서 보자면, 이러한 경험들은 그에게 직접적인 깨우침을 주고 있다고 할 수 있다. 그의 총체론적 관점은 또한 그의 미국유학 및 교직에서 체험한 미국 농민생활 및 그의 견실한 기독교 신앙과도 매우 밀접한 관계가 있다.

21) 양마오춘의 협동조합(合作社)에 대한 주장은 다음을 참고하시오.《海外家國戀》, 下集, 頁120、256-257 ;《新勉齋文集》, 頁501-523。

제4절 양마오춘의 대만 농촌사회문화에 대한 관점과 그 한계

1) 문제의 소재

이제 우리는 더 나아가 분석해보자. 양마오춘은 그의 역사관과 총체론에서 출발하여 대만 농촌사회문화에 대한 어떠한 견해를 드러냈는가? 이 견해에는 한계가 있지 않은가? 만일 있다면 그 한계는 어디에 있는가? 양마오춘은 1958년 미국에서 대만으로 돌아온 후, 대만대학교에서 농업보급과를 창설한 후 줄곧 대만에서 연구하고 가르쳤는데, 그의 대만 농촌에 대한 연구 역시 체계적으로 시작하고 진행하며 많은 논저를 발표했고, 그 중 대표적인 것이《첫번째 시골여행기: 오늘날 대만 농촌지역에 대한 성찰》이라는 글이다. 이 글은 어느 해 춘절이 지난 후, 양마오춘이 대만대학교 농촌보급과의 리우칭롱, 까오수구이 등과 함께 성 전체와 각 향진의 농촌 및 청년의 창학을 고찰한 후, 이를 기록한 저술이다. 그가 대만 농촌사회에 대한 관찰에서 받은 느낌을 종합하면 아래와 같다.

오늘날 대만의 농업은 탈바꿈하고 있고, 전통식 농업은 급격히 쇠퇴하고 있다. 현대적 신농업은 확대발전하고 있다. 하지만 전통식 농업은 쌀과 기타 식용작물 재배를 주로 하고, 여기에는 돈이 될 작물을 소량만 재배하는 것이 수반된다. 집 부근에서 소량의 채소와 과일나무만 심고, 뜰 안에서는 셋 내지 다섯 마리의 돼지와 열 몇 마리의 닭을 사육하는데, 이는 주로 일가족의 생활을 위한 용도이다. 현대적 신농업은 그 경영이 시장지향적이면서 이윤지향적이고, 또 소비자의 기호와 욕구, 영양가에 따라 결정하여 작물을 재배하고 상품을 생산한다. 더 구체적으로 말하면, 대만의 농업은 매우 급격하게 쌀, 사탕수수, 고구마를 위주로 생산하지 않게 됐다. 50세 이상의 농부 대다수가 퇴직하자, 쌀 재배는 급속히 감소했다. 그저 청년과 후기청년의 소수 농부들만이 전통방식으로 쌀 재배 농장을 경영하는 데 흥미를 느낄 뿐이다. 신농장에서의 작업은 될 수 있는 한 기계화 또는 자동화, 기업 관리화가 이루어지고 있다. 신식농업은 오늘날의 상공 서비스 등의 기업들과 경제적 의미, 사회적 의미, 문화적 의미에서의 평등을 경쟁하며, '남 밑에 있어도 만족하는' 전통적 심리를 타파한다.

오늘날 대만의 농민 역시 변화하고 있는데 이는 더욱 노령화되고 있는 농민 집단 사이에서 1세대 청년과 후기청년이 나타난 것을 뜻한다. 이 신농민들의 생리학적 신체와 생명은 전통 농부와 농촌부녀자인 부모로부터 왔다. 하지만 그들의 농업적 지식, 흥미, 뜻, 안목 등은 주로 농촌 4-H 클럽, 농사 양성반, 청년농민 창업계획 및 청년들을 겨냥한 농업보급 교육에서 온 것이다. 그들은 신식농업을 현대 기업으로 여기고, 현대 기업의 목표는 영리, 이윤추구이며, 이러한 이윤은 반드시 상공기업 보다 낮지 않아야 한다고 생각한다. 이러한 목표를 달성하기 위해 그들은 사업과 관련된 지식을 중시하고, 또 언제나 새로운 지식을 추구한다. 그들은 현대자본가가 투자를 하고 있다는 원대한 포부를 가지고서, 전략과 기술을 연구하고 투자한다. 그들은 또한 사회참여에도 흥미를 갖고 있는데, 지방 인사들의 존중을 받기를 좋아하고, 지역활동에서의 역할을 도맡기도 한다. 그들은 스스로를 현대사업가라고 여기며, 일가족의 배부른 생활을 추구하는 것뿐만 아니라 가정 내에서도 그들은 현대인으로서, 가정에 대한 여러 가지 이상을 품고 있다.

대만의 농업인구가 전체인구에서 차지하는 비율은 급격하게 하락하고 있고, 미래 대만의 신농민들은 분명히 신식 농업을 경영할 것이다. 이러한 농민 인구는 많을 필요가 없으며, 그저 전체 인구의 10%만 차지하게 되면 자국에서 생산공급이 가능하면서도 남는 식량과 기타 농산품이 있을 것이다. 대만 농촌은 새로운 지도자를 양성해야 하고, 또 신청년 농민의 지역의식과 실제적인 사회참여를 강화해야 한다. 사업이 성공한 청년 농민은 분명 향촌 지역내의 일반 민중들의 관심을 받을 것이고, 그들을 공동생활 혹은 조직의 지도자로 추천할 것이다.

향진 농회는 중요한 역할을 해야 하는데, 먼저 각각의 향 혹은 진의 농민 역량을 종합해야 한다. 나아가 농민역량을 모든 지역의 결합된 역량으로 드러나게 해야 한다. 농회 간사장과 각각의 전문간부들이 진실로 농민들에게 관심을 갖고 농민을 위한 복리를 추구한다면, 또 항상 농민을 지도하고 농업 경영으로 하여금 되도록 시장 수요에 맞출 수 있도록 하고 또 농산품을 유리한 매출로 이끈다면, 농민은 농회에 신뢰 또는 공감을 가질 것이다. 대다수의 농민이 농회에 대한 응집력을 갖게 되면, 여기서 더 나아가 공동이익을 생산하는 일에서 농민을 통합하고, 농민들의 역량을 통합시켜야 한다. 그 다음에는 본향 또는 본진의 객관적인 조건 아래, 어떠한 일이 전체 또는 대다수 농민의 참여를 이끌어 낼 수 있는지, 어떠한 것이 모든 농민의 이익을 추구하면서도 전체 농민의 복지를 증가시킬 수도 있는지를 힘써 연구해야 한다. 오로지 본향 또는 본진의 농회 혹은 그 안에 소속된 사업기구만이 그 지방 또는 그 전체 농민의 입장에서 이러한 연구와 설계를 진행할 수 있다. 공동 혹은 전체적 계획 안에서, 모든 농가들은 또한 자신의 조건과 합당하고 합법적인 흥미에 의거해 독립적으로 경영할 수 있다. 이것이 바로 분리된 가운데 통합이 있고, 통합된 가운데 분리가 있는 것이다. 즉, 진정한 민주제도인 것이다.

이상의 다섯 가지는 1960년대 이후 양마오춘이 당시 급격하게 변하고 있던 대만 농촌사회에 대해 가진 주된 견해를 대략적으로 총괄한 것이다. 양마오춘은 매우 많은 시간 동안의 깊은 역사적 관점으로 대만의 농촌을 관찰하고, 아주 면밀히 1960년대 이후의 대만 농촌사회와 문화의 특질을 이해했으며, 또 '전통성'에서 '현대성'으로 빠르게 향하는 변화의 세태에서, 그는 대만 농민이 양질의 방면에서 곧 직면하게 될 전환에 더욱 주목했다. 앞서 살펴본 대만 농촌사회에 대한 다섯 가지의 관찰 외에도, 양마오춘은 대만 농촌문화의 변천에 대해서도 깊은 관찰을 했다. 그는 전후 대만 농촌문화에 대해 영향을 가장 크게 끼친 요소가 농업기술의 변천이라고 생각했다. 그는 이렇게 밝혔다. 농업기술의 변천으로 신농장 경영방식이 형성되었고, 가정과 농장이 하나로 합쳐져 또 이것이 하나의 농업경영단위가 되었다. 그리하여, 경영계획의 과정에서 가정 내의 모든 구성원들이 반드시 자신의 직무와 그 역할을 다 해야 한다. 각자가 자신의 역할을 다하면서도 최대한 다른 사람과 협력해야 하며, 실제 업무 상에서 그리고 정신적인 측면에서도 긴밀한 관계를 가져야 한다. 왜냐하면 비록 각자가 각자의 역할과 직무가 있더라도, 자신만 자신의 본분을 다하고 자신의 역할만 하면 된다고 여기거나 다른 사람을 관여할 필요가 없다고 여기면 안 되기 때문이다. 따라서 반대로, 자신의 업무 진행속도를 다른 사람과 조율해야 한다. 서로 배려하고 의기투합하여 계획한 공정도에 맞추어 업무를 진행해야 한다.

계획한 공정도와 실제 상황이 부합하지 않는다면, 모든 인원이 참가하는 검토회를 개최하고, 계획의 어느 부분들을 수정함으로써 그것이 실제 상황과 부합되도록 해야 한다. 양마오춘은 이러한 신농업 경영방식이 가정에 민치 생활방식을 만들고, 민치주의적 가정을 만들게 하는데, 그리하여 이 가정들이 구성하는 사회는 반드시 민주적일 것이라고 여겼다. 민치 정신적 경영계획이 있다면, 각 농민들의 생산 능력도 분명 제고될 것이고, 그 농업경영 역시 진취적이고 발전적인 경영일 것이다. 가정 안에서는 활발한 창조적 토론, 연구와 계획이 생겨날 것이고, 향촌에서는 농사연구반, 가정(家政)개선반, 그리고 4-H 클럽 등의 작업소조 또한 반드시 활성화될 것이다. 이는 사회 문화 생활의 각 방면까지 미칠 수 있다.[22)]

랴오정훙과 필자가 공동 편찬한 전문 서적에서 밝혔듯이,[23)] 전후 대만 농업과 농민은 엄청난 변화를 몸소 겪었다. 1950년대 초, 대만토지개혁 정책의 실시는 당시 농민이 가진 농업의식의 기본 형태를 만들었고, 그중 가장 두드러진 것이 바로 농민이 토지에 가진 강렬한 정체성, 그리고 영농을 생활방식으로 하는 마음가짐이었다. 토지는 당시의 농민들에게 있어 생사를 의지하게 되는 장소이고, 농업은 그들 인생의 목적이었다. 하지만 이러한 농업이 낳은 '신성성(神聖性)'은 1970년대 이후에 이르러 '세속성(世俗性)'으로 대체되었다. 농업은 그저 하나의 생계수단으로 변했고, 토지 또한 점점 상업화되었다. 우리가 진행한 오늘날 농민의 농업가치에 대한 양적 분석은 농민의 영농태도가 상당히 적극적이라는 것을 보여주는데, 예를 들어 혁신을 가치로 선택하는 부분에서, 가장 먼저 혁신적인 것을 채택하고자 하는 농민은 47.5%에 달했고, 농업 경영방식 부분에서는 농산품의 이윤이 좋지 않을 때 53.6%의 농민이 비교적 경제가치가 높은 작물을 재배할 것이라고 응답했다. 이러한 적극적인 태도는 주로 농민이 영농을 생계수단으로 여기는 것과 깊은 관련이 있다. 오늘날 농민은 토지에 대한 집착이 낮아졌고, 또한 토지를 생활보장 혹은 신분적

22) 楊懋春：《農業技術改變對鄉村社會的影響》, 頁198。
23) 廖正宏、黃俊傑：《戰後臺灣農民價值取向的轉變》(臺北：聯經出版事業公司, 1992)。

지위의 상징으로 바라보지 않는다. 우리의 조사 데이터에서, 75%의 농민은 조상의 재산을 파는 것이 꼭 체면을 구기는 일만은 아니라고 여기고 있었다. 57.6%의 농민은 토지를 개인의 신분적 지위를 평가하는 데 사용한다고 생각하지 않았으며, 게다가 75%에 달하는 농민은 기꺼이 토지를 팔아서라도 자녀들이 가장 높은 교육을 받을 수 있기를 원했는데, 여기서 우리는 1950년대에 볼 수 있었던 '농본주의(農本主義)'는 나날이 몰락했으며, 또 새로운 농민인격형태가 이미 완전히 형성되었음을 알 수 있다. 양마오춘의 대만 농촌에 대한 관찰은 매우 정확했다.

2) 해결방안

그렇다면, 이상의 관찰을 기반으로 양마오춘은 대만 농촌사회문화의 문제점에 대해 어떠한 해결방안을 제시했는가? 만일 그 지엽적인 것은 생략하고, 큰 곳에 착안점을 두고 말한다면, 우리는 양마오춘이 제시한 해결 방안은 농회를 재건하고, 더불어 농회를 통합중심으로 발전시키는 것이라고 말할 수 있다. 양마오춘은 다음과 같이 말했다.[24)]

> 농회의 기능은 먼저 농민의 합법적이고 합리적인 이익을 기본 입장으로 하여 농민을 위해 일하고, 농민에게 다양한 지도와 협조 업무를 하는 것이다. 이는 곧 전체 농민을 단결시키게 하고, 한 개의 향 또는 진 내의 모든 농민 역량이 된다. 그 후에 농회는 이 역량을 가지고

24) 楊懋春：〈一次鄉遊記錄 - 臺灣省鄉村變化的省思〉, 收入：《新勉齋文集》, 下集, 引文見頁523。

농민을 대표하며, 지역 내의 역량을 통합하는 데에 참여하고, 역량을 통합하는 가운데서 또 스스로 굳센 단위가 된다. 향 또는 진에서의 단결된 역량에는 많은 부문(unit)이 있을 것인데, 이를테면 상공계에 속하거나 노동계, 교육계, 의료계, 종교계, 정치기구에 속하는 부문들을 말한다. 전체 농민의 역량은 마땅히 이 역량들이 통합되는 하나의 중요한 부문이다. 개인 혹은 일부의 농민이 이 농민 역량을 대표할 수 없다. 반드시 현지의 농회가 그 통합중심이 되고, 또 대변인이 되어 대표하며, 모든 향 또는 진의 역량을 단결시키는 데 참여한다. 최근 몇 년 동안, 대만의 각 향진 지역은 파벌분쟁의 고충을 겪지 않았다. 우리는 농회가 각지의 세력들을 통합하는 역할을 할 수 있을 것으로 바라며, 만일 농회가 농업과 농민을 중시하는 지역 안에서 먼저 자기 내부를 원활히 그리고 조화롭게 통합하고, 감사, 간사장 및 각 전임간부 등이 농민을 위한 업무에 있어 생각의 조화와 행동 상의 일치를 보이며, 또한 구역 내의 모든 농민들과 밀접하고 조화로운 관계를 맺는다면, 이러한 역량을 가지고 선의와 지능을 서로 조합하여 지방의 다양한 역량을 어울리게 하고 통합하는 역할을 할 수 있다. 이렇게 통합하는 역할에서 중요한 법칙은 어떠한 부문도 통합되면서 희생하지 말아야 하고, 어떤 부문을 육성할 때에도 모든 역량의 통합을 방해하지 않는 것이다.

양마오춘이 제시한 '농회를 통합의 중심으로 하는' 해결 방안에 초점을 맞추었을 때, 필자가 먼저 제기하고 싶은 것은 양마오춘이 제시한 해결방안이 본문 제2절에서 분석한, 그가 문제를 사고하는 '총체론'적 경향과 일맥상통한다는 점이다. 양마오춘의 견해에서는 농업과 농촌의 핵심

과제가 사람이며, 농회야말로 사람들의 각종 관계의 취합점이다. 그는 농회가 중심이 되어, 공업화의 충격으로 인해 빠르게 해체되고 있는 농촌사회를 통합하고 재건하기를 바랐다. 양마오춘의 이 '통합'을 핵심개념으로 하는 방안은 매우 선진적이며, 60년대 이후 국외 향촌사회학계가 제창한 소위 '통합적 농촌발전'(integrated rural development)의 관념과도 상응하는 것이다. 우리는 이 점에서 양마오춘의 식견이 상당히 예리하며, 그가 대만 농촌문제에 상당히 정통함을 알 수 있다.

다음으로, 양마오춘의 '농회를 통합중심으로 하는' 방안에서, 그는 특히 향진 농회의 역할을 중시했는데, 이 점 역시 매우 정확했다. 역사적 관점에서 보면, 일제강점기부터 지금까지의 대만 농회 발전 추세를 다음 두 가지로 들 수 있다. 하나는 '일원화에서 다원화로 바뀐 기능'이고, 다른 하나는 '통제에서 자율적으로 바뀐 권력운용'으로, 오늘날 대만 각지의 향진 농회는 현단계의 향촌사회 및 농업 건설과정에서 아주 중요한 지위를 가지고 있다. 먼저, 기능적 측면에서 말하면, 오늘날의 향진 농회는 정부와 농민 사이에서 소통하는 중요한 교량이면서도 또한 상의하달하고, 하의상달하는 매개체이기도 하다. 현진의 농회가 가진 다원화 기능은 일반 농민의 일상생활 및 생활활동에 큰 영향을 끼치게끔 한다.

1972년 6월 12일부터 정부가 반포한 '농회법'의 '임무' 장(章)에서는 각 지방 농회의 기능상의 다원화와 그 중요성을 알 수 있다. 다음으로, 권력운용 측면에서 보면, 1950년대 농회의 개편 이후 향진 농회의 자율성은 점차 증가했는데, 현명하고 유능한 간사장은 향민들에게 행복을 가져다 주고, 그렇지 않은 사람은 농민을 짓밟고 억압하는데, 더 중요한 것은 지방 농회의 자율성이 나날이 증가할 즈음, 모든 농회 체계가 명확하지는 않더라도 인재 유치를 보장하는 객관적인 환경이 생겨나기 시작했고,

따라서 인재들이 뒷걸음질 치는 것을 막았다. 다음으로, 다시 향진 농회의 성격에서 보면, 80여 년 동안 대만 농회의 기능이 다원화 및 권력 자율화의 발전 추세로 향하면서, 이미 향진 농회의 성질이 지방 향촌사회조직 내에 중요한 일환이 되었다.[25] 양마오춘은 향진 농회를 대만향촌을 통합하는 중심으로 여기고, 여기에 뛰어난 견해를 가지고 있었다.

다음으로, 양마오춘은 어떻게 '통합'으로 대만 농촌문화를 재건하는지에 대해서도 일련의 견해를 제시했다. 그는 역사적 시야와 안목을 농업 발전과 향촌건설작업에 구체적으로 실현시키는 과정에서 가장 중요한 방법은 바로 지역역사에 대한 연구를 중시하는 것이며, 농촌사회, 농촌문화, 농민생활, 농민심리, 지역생태 등을 농업 연구에 포함하고, 그 중대한 의의를 발견해야 한다고 보았다. 양마오춘의 이러한 향촌문화 건설관은, 대부분 덴마크와 미국의 경험 및 그 자신이 국외에서 진행한 연구에서 깨달은 것으로부터 왔다. 덴마크인은 매우 드높은 애국정서를 가지고 있고, 이러한 정서는 주로 덴마크의 '국부'인 그룬트비(Grundtvig, 1783-1872)가 창립한 민중학교에서의 역사교육에서부터 배양된 것이다.

애국정서가 있으면, 여러 폐단을 없애고 국운적 사업을 부흥시키는 데 노력할 수 있는데, 덴마크는 물자가 풍부하고 백성이 편안한 나라로 만들어 독립자존의 현대국가를 이룰 수 있었다. 제2차 세계대전 이후, 미국인들은 자국 내에서 '지역개발'(community development) 운동을 진행했고, 이 운동을 통해 그들은 과거 덴마크인의 자국 역사를 연구하는 정신과 방법을 채택했으며, '국가역사'를 '지역역사'로 대체했다. 그들은 쇠퇴한 지

25) 參考黃俊傑：〈現階段農會組織改革芻議〉, 收入：黃俊傑：《臺灣農村的黃昏》(臺北：自立晚報社文化出版部, 1988), 頁201-208。

역을 다시 진작시키고 발전시켜야 한다고 믿었고, 가장 좋은 것은 먼저 이 지역에 대한 역사를 연구하는 것이라고 여겼다. 역사 연구를 통해 지역 내의 사람들로 하여금 선현들이 어려움을 극복한 정신과, 성공의 토대를 마련한 것에 이해하고 탄복하게 하며, 또 감동을 받아 자신감을 회복시킬 수 있다. 또한 지역역사를 통해 그 지역의 쇠퇴 원인과 흔적을 발견하여 각성하고 경계할 수 있다. 이 모든 지역 사람들이 포부를 세우기를 더욱 희망하여, 지역을 다시 진작시켜야 한다. 양마오춘은 1955년부터 1957년 동안 미국의 워싱턴주 시애틀에 있는 워싱턴대학교에서 중국 역사, 문화와 사회를 연구하는 데 참여했다. 워싱턴대학교는 '지역발전지도사무국'(Bureau of Community Development)이 있는데, 여기서는 전문적으로 워싱턴주의 지역발전계획을 지도한다. 양마오춘은 지도사무국의 동의를 얻어, 지도원을 따라 직접 지역발전계획이 진행중인 곳을 방문하여 그 모임에 참여하고 지역지도자를 방문하며 또 각종 업무를 참관하면서 지역발전의 보고서와 저서들을 수집했다. 양마오춘은 얻은 데이터들을 통해 미국의 모든 지방의 지역발전에는 가장 중요한 두 가지 일이 있는데, 그 중 하나가 지역역사 연구위원회를 성립하는 일이라고 생각했다.

이 연구회는 지역 역사의 연구를 책임진다. 다른 하나는 지역자원 조사위원회를 성립하는 것으로, 현재 가지고 있는, 그리고 개발할 수 있는 자원들을 조사한다. 양마오춘은 이 두 위원회가 개최한 토론회에 참여했는데, 그는 지역역사 연구위원회의 보고에서 미국학자가 서술한 지역 역사연구의 의의와 중요성에 대한 글을 가장 인상 깊게 보았고, 그 견해가 정확하고 또 상당히 중요한 것임을 깊이 느꼈다. 대만으로 돌아온 후, 양마오춘은 이미 여러 차례 향진 농회의 농업 보급원과 함께, 각각의 향진의 농업보급계획의 범위를 확대하여, 종합적인 지역발전 업무가 이루어져야 한다고 연구토론했다. 하지만 아쉽게도 양마오춘의 이러한 의견은 향진 농회 지도자들의 동의를 얻지 못했고, 결국 실현될 수 없었다.[26]

3) 한계

그러나, 우리는 이와 동시에 반드시 지적해보아야 한다. 비록 당대 사회학자 또는 농학계 인사들 중에서 양마오춘이 역사관과 총체론을 중시하면서 자성일가 하였어도, 그의 서술에는 여전히 그 한계가 존재한다. 우리는 그의 대만농회에 대한 견해를 예로 들어 깊게 연구해보고자 한다. 우리는 먼저 양마오춘이 역사적 관점에서 향촌 통합을 위주로 하는 대만농회를 만들어야 한다고 제기한 것에 대해 설명을 하고자 한다.[27]

일제강점기에 창건한 대만의 농회는, 식민당국이 설립을 촉구한 것이다. '식민당국이 설립을 촉구했다'는 말은 특별한 의미를 가지고 있다. 식민당국은 곧 일본이 대만에 세운 통치기구이다. 식민지통치기구의 모든 행위들은 절대적으로 대부분 그 나라의 이익을 위한 것이다. 구체적으로 말하면, 식민지의 원료 자원을 생산하거나 또는 얻기 위한 것이고, 자국민의 생활 수요를 공급하고 또는 공업원료의 수요를 위한 것이다. 동시에 식민지 토착민들을 이용해 자국민을 위한 공업품의 판매시장을 만들고, 많은 이익을 벌어들인다. 그들은 또 토착민의 조직건립을 이 두 정책적 기구를 실현하는 것으로 여긴다. 대만의 농회는 바로 이를 위해 탄생한 것이었다. 여기서 우리가 알 수 있는 것은, 대만의 농회는 결코 대만 농

26) 楊懋春等：《我國農業建設的展望與回顧》, 頁18-19。
27) 楊懋春：《近代中國農村社會之演變》(臺北：巨流圖書公司, 1988), 引文見頁218-220。

민의 이익이 아니며, 대만 농민이 염원하여 탄생한 것이 아니고, 그 주권 역시 대만 농민이 쥐고 있지 않다. 처음에는 일본인이 내부의 모든 것을 제어했지만 그 이후에는 일본인의 수가 많지 않아지자, 일본을 찬성하거나 또는 일본인의 편에 서있는 대만인이 직접 일본인을 받드는 의지로써 농회를 주관했다. 이러한 대만인들의 대다수는 진정한 농민이 아니고, 또 실제로 농업에 종사하는 사람도 아니라 지주, 상인, 향촌의 고리대금업자였다. 그들은 일본인의 갖가지 정책을 추진하는 것뿐만 아니라 자신의 이익 추구를 위해, 부당한 재물이라도 축적하고자 했다. 당시 농회의 수뇌인물 중에는 물론 진짜 농민 또는 농민을 위한 복리를 추구하는 사람도 있었지만 그들의 존재는 우연이었지, 일반적인 상황은 아니었다.

대만 광복 후, 농회의 행위는 더 이상 외래의 식민통치인들을 위해 이익을 추구하는 것이 아니었다. 그러나 비(非)농민의 손에서 조종된 상황은 여전히 변화하지 않았다. 토지개혁이 완성된 후, 농촌부흥연합위원회는 미국계 향촌사회학자 앤더슨(Anderson)을 초청해 깊은 연구를 진행했고, 구체적인 개편 계획을 제시했으며, 이에 최고정부당국자는 매우 빠르게 철저한 개편을 지도 감독했고, 이를 통해 비로소 대만 농회는 농민적 조직, 진정한 농민적 단체를 이루게 되었다. 그렇다면 무엇이 진정한 농민적 단체인가? 그 의미는 바로 농회의 이사와 감사, 또는 의사결정권자가 실제 농민과 연결되어있는 것이다. 협회의 정식회원 역시 반드시 실제로 농업에 종사하거나 농지에서 일하는 것을 업으로 삼는 사람이어야 한다. 자신이 농민이 아닐 지라도, 농민을 지지하고, 농민경영 사업에 협조하기를 바라는 사람이면, 찬조(후원)회원이 될 수 있다. 찬조회원은 선거권, 피선거권 및 회무의 결정권을 가지고 있지는 않다. 농회가 처리하는 각종 업무들은 진정 농민의 복리를 추구하고 증진하는 것을 목적으로 해야 한다.

상술한 이 말에서, 양마오춘은 일제강점기 '대만의 농회는 결코 대만 농민의 이익을 위하지 않는다'고 지적했고, 이는 물론 사실이었지만, 과연 광복 이후 대만 농촌에 드디어 암흑이 걷히고, 광명이 도래했다고 할 수 있는가? 1949년 대륙에서 대만으로 온 농촌부흥연합위원회 전문가가 직접 보고들은 바를 기록한 것에서, 그리고 1950년 출간된 제 1기《중국농촌부흥연합위원회 업무보고》내의 1949년 봄, 대만 농업과 농촌에 대한 기록에서 살펴보면, 여기에는 다음과 같이 서술되어 있다.[28)]

일본이 가장 처음 대만을 점령했을 당시, 사람들의 지식 수준은 낮았고, 조직은 부족한 상태였는데, 이는 농민계층에서 더 극심해서, 그들은 과학적인 방법으로 개량하는 것에 매우 어려움을 느꼈고, 일본인들은 이를 고려하여 농민을 조직하는 작업에 착수하여 농회를 설립하였고, 농민에게 필요한 저렴한 물품들을 구매하여 농산품을 합리적인 가격에 팔 수 있도록 보장했으며, 농민들로 하여금 이익이 큰 작물이나 정부가 대량으로 필요한 작물을 재배할 수 있도록 지도했다. 38년 8월 농회가 타이베이(台北)로 이전 설립된 후, 일제시대 많은 좋은 제도들은 이미 폐지되었고, 각지의 농회 업무가 쇠락하고, 기계설비는 많은 것들이 옮겨졌거나 수리가 필요한 상태였으며, 각지의 농사 시험장소 및 보급기관 역시 마찬가지였음을 발견했는데, 농회는 이를 고려해 일제시기의 농업기구를 회복시키는 것을 농업생존을 위한 선결조건으로 결정했다. 물론 일제강점기의 각종 정책은 모든 방면에서 상당히 많은 비판을 받고 있고, 그 중에서도

---

28)《中國農村復興聯合委員會工作報告》, 民國37年10月1日至39年2月15日(臺北：農復會, 1950), 頁12。

주로 일본 정부가 오로지 대만 자원의 약탈에만 관심을 갖고서, 일본이 이를 향유할 수 있도록 공급했다는 점을 비판하지만, 일제시대 농회의 건립과 제도는 상당히 실용적이었고, 사람들의 요구에 부합했으며, 그 착취와 침략이라는 목적을 변경하여 사람들 이익을 출발점으로 여겼다면, 당시 수립한 농업제도들은 여전히 채택되었을 것이다. 따라서 농회는 먼저 대만 농업정책을 일제시대의 제도로 다시 회복시키고, 동시에 이를 더욱 이용하고 발전시켜나가야 한다.

1949년 농촌부흥연합위원회 전문가들은 일제강점기의 '많은 좋은 제도'들을 상당히 찬양했고, 또 광복 이후의 '각지의 농회 업무의 쇠락'에 마음 아파했다. 대만으로 이전된 후의 농촌부흥연합위원회는 직면한 대만 상황과 중국 대륙 상황의 천양지차에, 깊은 인상을 가졌다. 우리는 아래에 약간의 일차 사료를 인용하여 설명할 것이다. 농촌부흥연합위원회의 창시 당시, 미국측 위원 중 하나였던 베이커(John Eral Baker, 1948년 9월 18일부터 1952년 1월까지 위원 역임)가 그의 가족과 나눈 편지에는 그가 처음 대만에 왔을 때, 대만에서 본 것에 대한 내용이 담겨있다.[29)]

(중국농촌부흥연합) 위원회가 대만에서 직면한 상황과 대륙의 상황은 다르다. 대만은 일본인의 50년 통치를 경험했고, 따라서 완벽하게 관리되었다. 일본인이 처음 대만에 왔을 때, 대만의 인구는 대략 200만 명이 넘었고, 이는 하이난의 인구와 맞먹는 수치였으며, 하이난의 토지면적과 기후 역시 대만과 유사했다. 일제강점기 50년 동안, 대만은 일본제국이 필요한 것을 조달하는 섬이 되면서 대만의 인구는 세 배나 증가한 반면,

29) John Eral Baker, "JCRR Memoirs: Part II, Formosa," *Chinese-American Economic Cooperation*, Vol.1,(Feb.,1952), P.60. 이것은 등사판 인쇄물로 미공개 간행물이다.

하이난의 인구는 변함이 없었다. 대만의 생활수준 또한 향상했고, 먹고 입는 것에 지장이 없었다. 철도 시스템도 완벽했고, 도시의 거리들은 넓었으며, 위생시설 역시 상당히 좋았고, 많은 공공건물들의 그 외관은 화려했다. 전력시스템도 광범위하게 개발되었다. 국민교육은 초등학교 단계부터 보급되었고, 중고등학교 또한 상당히 보편화되었다. 관개 시스템이 매우 광범위해졌고, 넓은 농업 시험장에, 경비 또한 충분했다. 그러나 많은 공장, 창고, 전력시스템, 철도 및 기타 건설은 전쟁 중 미 공군에 의해 파괴되었다. 화학비료의 수입이 정지되었고, 또 대부분의 수출 시장을 상실하게 되었다. 전쟁의 결과로, 사람들의 경제적 상황이 안 좋아졌지만 그들은 오히려 새로 설립된 중국 정부를 원망하는 경향이 강했을 뿐, 전쟁에 그 잘못을 뒤집어 씌우지는 않았다.

이는 1951년 11월 25일 베이커가 가족에게 편지를 썼을 때 그가 바라본 대만이다. 사실 농촌부흥연합위원회의 미국계 위원인 베이커도 광복 초기의 대만에 대해 칭찬했을 뿐 아니라, 농촌부흥연합위원회의 초대위원장인 장멍린 역시 대만이 이룬 각 성과들을 일본인의 건설과 연결 지었는데, 그는 말했다.[30)]

> 일본인은 이미 대만에서 각종 건설 방면의 업무를 진행했고, 이러한 업무는 농촌부흥연합위원회가 추진하고 싶어했던 것이었다. 일본인이 대만에서 추진한 현대과학기술과 조직은 농촌부흥연합위원회의 업무 공정을 상당히 단축시켰다. 현대기술과 조직은 농촌부흥연

30) 蔣夢麟：〈適應中國歷史政治及社會背景之農復會工作〉, 收入：《孟鄰文存》(臺北：正中書局, 1974)頁143-158, 引文見頁155。

합위원회가 추진한 계획의 중요한 방법이 되었다. 일본인이 대만에서 이룬 성과는 아래 서술한 몇몇 일들에서 볼 수 있다. 이를테면 현대화된 도로망, 농촌 전력공급, 의무교육 보급 등이 있는데, 이는 일본을 제외하고, 극동의 다른 지역에서도 찾아볼 수 없는 것이었다. 이 밖에, 일본은 대만 전체의 안녕과 평화를 위했다.

광복 후 대륙에서 대만으로 온 농업전문가가 발견한 '대만경험'은 그들에게 깊은 인상을 남겼다. 이 경험은 그들이 대만으로 오기 이전에 경험한 '대륙경험'과 강한 대비를 구성하였다. 이렇게 선명한 대비는, 그들로 하여금 더욱 대륙에서 추진했던 농업현대화가 실패한 원인을 생각하게 했다. 대만으로 이전한 후 출간한 제1기《중국농촌부흥연합위원회 업무보고》에서는 '대륙경험'에 대해 다음과 같이 요약되고 있다.[31]

지금 대륙의 각 성에서 실시된 농업개선이 맞닥뜨린 어려움은 아래와 같이 서술할 수 있다.

1) 작물확대보급제도의 부족
2) 완전한 농민조직의 결핍
3) 농민이 현대적 과학 방법 및 자료에 대해 의심을 표출하고 받아들이지 않는 것
4) 해당 지역관리와의 합작 부족
5) 농업에서 사용하는 물자를 외국수입에 의존하는 것. 예를 들면 살충제, 화학비료, 혈청과 백신

31)《中國農村復興聯合委員會工作報告》, 民國37年10月1日至39年2月15日, 頁12。

6) 농업기계 및 측정기 등의 국내 자급이 어려운 것
7) 군사적 상황의 불안정
8) 경제불황의 지속

대륙 지역이 직면한 제도적 그리고 관념적 어려움과 상호 대조해보면, 대만의 농업제도, 특히 농회 및 수리회의 보급은 더욱 농업전문가들로 하여금 깊은 인상을 갖게 했다. 그들은 나아가 이렇게 밝혔다.[32)]

> 본 회가 대만에서 일한 경험과 대륙에서의 경험을 비교해보면, 비교적 좋은 성과를 얻을 수 있을 것이다. 즉 계약의 경우, 모든 계약시스템은 지방의 수리위원회 또는 기타 지방 조직이 체결한다. 이는 대륙과 비교했을 때 비록 이 지방수리기구의 기술이 아직 이상에 다다르지 않고 여전히 개선이 필요해도, 그 업무가 비교적 민중과 친숙해질 수 있는 것이다. 공정추진상황에서 말하자면, 대만은 관개공정에 매우 관심을 갖는다. 또 업무의 비용적 측면으로 말하자면, 이는 대륙보다 많다. 따라서 본 회가 지방수리기구와 계약을 체결하는 이유는 비교적 밀접한 합작, 잦은 시찰, 직접적인 소식통, 대륙 보다 용이한 실현이라고 볼 수 있다.

이상은 광복 초기에 대만에 온 농업전문가가 바라본 대만으로, 그들은 당시 대만을 아낌없이 칭찬하며 대륙의 상황을 참고하는 것으로 삼았다. 하지만 우리는 분명한 사료(史料)를 통해 다음을 알 수 있다. 광복 초기 대

32) 同上書, 頁39。

륙에서 대만으로 온 농업전문가들은 당시의 대만에 대해 결코 조금의 칭송도 보류할 수 없었으며, 그들 역시 일본식민 경험이 남긴 상처에 주목했고, 장멍린 같이 예리한 사람은 일본의 대만 식민정책과 그것이 남긴 문제에 정곡을 찔렀다. 장멍린은 말했다.[33]

> 대만의 전력은 이미 충분히 보급되었지만 공장에서 제조하는 전기제품은 없으며, 화학비료는 대만에서 일찍이 대량으로 사용되고 있지만, 대규모의 비료제조공장이 없다. 이는 매우 의미 있는 사실이다. 이유가 어디에 있는지 한마디로 말하면, 바로 식민정책이다. 식민정책이 야기한 또 다른 문제를 최근에 본 회가 맞닥뜨렸는데, 바로 지방지도자의 분배부족이었다. 성에서 일본인들이 돌아갈 때 즈음, 모든 기술부문의 일본인 지도자들 및 전문가들 역시 일본으로 돌아갔다. 다수의 중국인들이 일본기술인의 지도 아래 업무 협조를 했었다. 그들이 일본인의 공백을 채우고자 했지만 일부의 사람들만 훌륭히 감당해 냈던 것을 제외하고 나머지 사람들은 여전히 경험이 더 필요했다.

장멍린이 지적한 이 식민정책이 광복초기 대만에 남긴 상처는 매우 깊었다. 이러한 식민지의 상처는 중국 대륙과 대만이 1985년부터 1945년 동안 형성된 '역사단절'이 매우 컸음을 드러내고 있고, 광복초기 대륙에서 대만으로 온 전문가들로 하여금 '대만경험'에서 나타난 문제의 해결

---

33) 蔣夢麟：〈適應中國歷史政治及社會背景之農復會工作〉, 收入：《孟鄰文存》頁143-158, 引文見頁155-156。

방안이 반드시 현실에서 출발해야지, 역사에서 출발하면 안 된다고 느끼게 했다. 1952년 농촌부흥연합위원회는 미국계 전문가인 리버(Lieber)를 대만으로 초청하여 1952년 말부터 대만의 16개 향진에서 사회경제 조사를 진행했는데, 그는 저술한 조사보고서에서 이렇게 말했다. '광복 이후 대만에는, 중국 대륙에서 온 이민자의 1/3 이상이 군인이었고, 그 나머지는 대부분 정부관리들이었는데, 그들은 대륙에서 망명하여 대만에 온 것으로, 대륙을 적으로 대하고 평가를 내린다. 그들은 대만에 온 후, 일본인을 대신해 정부 및 상공계에서의 직위를 물려받았고, 이 이민자들에게 대만이 현재 직면한 갖가지 문제들은 많고 적은 영향을 끼쳤다. 대만이 광복이래로 발전하고 있는 것은 문제에 대해 명백히 알고, 문제에 초점을 맞춘 여러 가지 방안 덕분이다. 중국의 역사는 유구하고, 사람들은 역사에서 문제의 답을 찾을 수 있다. 그러나 대륙인들은 대만에 온 후, 대만의 갖가지 문제들을 빠른 시간 내에 실질적인 해답을 찾으려 했고, 역사에서 답을 찾지 않았다.'[34] 리버는 비록 미국 전문가이지만, 그가 여기서 제창했던 현실에서 출발해 문제를 해결하는 태도는, 광복 후 대륙에서 대만으로 온 농촌부흥연합위원회 전문가들의 실사구시적 정신과 일맥상통한 것이었다.

실용정신으로부터 출발하여, 그 해 이 전문가들이 깨달은 대만 농회의 실제문제는 어떤 것이었는가? 관련 사료(史料)들을 종합해볼 때, 광복 초기 대만의 각급 농회의 문제는 상당히 많았고, 비교적 두드러진 문제는 아래의 세 가지라고 할 수 있다.

34) 雷柏爾：《臺灣目前之農村問題及其將來之展望》(臺北：農復會, 1953), 頁4。

1) 농회의 상업활동

2) 광복 후 정부 정치역량의 지배

3) 농촌지주계급의 독점

필자는 과거 논저에서, 이 세 가지 문제에 대해 상세히 연구했으므로,[35] 여기에서는 더 이상 언급하지 않겠다. 1949년 7월, 농촌부흥연합위원회의 전문가들은 당시의 농촌부흥연합위원회가 자력으로 만든 조직을 조장 장즈원이 이끌어, 광복 초기 대만의 농회에 대해 자세한 조사를 진행했는데, 그 조사보고서에는 이상의 세 가지 문제에 대해 깊이 있는 분석을 했다. 가장 눈에 띈 것은, 《중국농촌부흥연합위원회업무보고》에서, 당시의 상황에 대해 다음과 같은 분석을 한 것이다. '정부에는 농회의 조직으로 여겨지는 부문들이 어느 정도 있지만, 이 부문들은 정치적 목적을 달성하기 위해 표를 쟁취하고자 하는 단순한 정치적 도구일 뿐이다. 이 조직들을 통해 농업방법 전체의 개량과 농촌 복리를 촉진하는 업무를 순조롭게 진행하여 소임을 완벽히 할 수 있다는 것은 전혀 모르고 있다.'[36] 이 냉정한 분석은 광복 초기 대만으로 온 농업전문가들이 문제를 사고하는 방식인 '비정치적'(Apolitcal)경향을 가장 잘 나타낼 수 있는 것으로, 이러한 '비정치적' 태도는, 그들의 실무적 업무정신과 인과관계를 갖고 있으며 또한 광복초기 대만 정국이 동요하고 있는 역사배경에서, 그들을 상당히 특출나게 보여준다.

위에서 살펴본 사료(史料)의 대조를 통해 우리는 다음을 발견할 수 있

35) 參考黃俊傑 :《農復會與臺灣經驗》, 第2章第4節, 頁102-129。

36)《中國農林復興聯合委員會工作報告》, 民國37年10月1日起至39年2月15日, 頁62。

다. 양마오춘과 농촌부흥연합위원회 농민조직의 전문가들은 모두 대만 농회를 중시하고 있지만, 농촌부흥연합위원회 전문가들이 비교적 냉정하고 객관적으로 있는 그대로의 사실을 논하고 있다. 양마오춘은 일제강점기부터 광복 이후까지 표면적인 정치적 비상 국면 아래, 대만 농촌의 농촌사회 연속성에 대해 응당 있어야 할 관심을 보이지 않았다. 이는 아마 양마오춘이 1951년부터 1958년까지 미국에 체류하고, 1958년이 되어서야 대만에 왔고, 따라서 50년대 대만 농촌의 재건에 직접적으로 참여하지 않았기 때문일 것이다. 광복초기의 실제적 경험의 부족으로 양마오춘이 글을 쓴 광복 이전과 광복 후의 대만 농민은 두 개가 뚜렷하게 대비되는 세계인 것이다. 이것은 논의할 만하다. 양마오춘이 대만 농촌에 제기한 역사적 해석의 한계는, 그의 대만 농회에 대한 견해에서 드러날 뿐 아니라, 그의 50년대 토지개혁에 대한 해석에서도 찾을 수 있다. 《근대중국 농촌사회의 변천》이라는 책의 제 7장 <역사적 사실의 검토>에서는 대만 토지개혁 당시를 논하고 있는데, 양마오춘은 아래와 같은 견해를 보였다.[37)]

> 대만이 민국 34년에 광복한 이후, 농촌사회에는 큰 행운이 왔다. 왜냐하면, 정부의 기본 주요 정책이 먼저 농촌을 개선하고, 모든 국민의 생활로 하여금 그 보장과 안정을 얻을 수 있게 하는 것이었기 때문이다. 농촌을 건설하는 절차는 가장 먼저 전면적이고 철저하게 토지개혁을 실시하는 것이다. 정부는 합리적인 가격으로 여분의 토지를 가진 지주들로부터 토지를 매입하고, 그 후 즉시 10년 지불방식으로

37) 楊懋春：《近代中國農村社會之演變》, 引文見頁239-240。

그 토지의 소작농들에게 판다. 이를 통해 대대로 전해져 온 소작농이라는 신분이 자작농으로 바뀔 수 있다. 소작농이 자작농이 되면, 이는 사회, 경제, 문화 및 심리 등에 많은 의미를 지닌다. 절대다수의 소작농들은 교육을 받지 못하고, 어떤 일에 대해 정확한 지식도 없었다. 그들의 생활은 궁핍했고, 그들의 앞길은 가망이 없었으며 오랫동안 사회의 공정한 대우를 누리지 못하게 되면서 열등감과 세상에 대한 분노가 생겨났다. 하지만 자작농이 된 후, 그들은 자신의 토지가 생겼다. 자신의 토지는 사람들로 하여금 '뿌리' 또는 보장을 느끼게 한다. 또한 사람들로 하여금 사회적 지위를 갖게 하고, 지역 안에서 사회적 신분이 있는 사람으로 자각하게 하는데, 이러한 사실과 감정은 그들에게 미래에 대한 희망을 준다. 그리하여 기꺼이 고군분투하며 생활의 개선을 추구한다. 자기 자녀들의 미래에도 관심을 가진다. 자녀들이 장성한 후 출세하여 가족의 사회적, 경제적 지위를 높여줄 수 있다고 믿기 때문이다.

정부는 매입한 토지의 지주들에 대해서도 합리적이고 빈틈없는 관심을 가지며 그들에게 기회를 제공하는데, 그들로 하여금 신식 상공업에서 발전을 모색하게 한다. 어느 정도 생각이 있고, 현명한 원 지주들은 모두 정부의 지도를 받아, 상공업으로 전환하거나 자신의 역량을 이용할 수 있는 발전적인 사업을 펼칠 수 있다. 작은 시골의 지주들도 옛날에 지세를 받아먹거나, 나태하고 생산활동을 하지 않는 것을 고쳐서 스스로 농사짓는 농부가 되고, 집집마다 남은 3갑의 토지를 경작할 수 있다. 스스로 노력하여 3갑의 토지를 경작한다면, 분명 생활이 부유한 농가가 될 수 있다. 상식이 부족하고, 고집스러운 소수의 원 지주들은 토지를 팔고 나면 원한을 품는데, 이들은 정부의 지도를 받아들이지도 않고 자력갱생하지도 않는다. 땅을 팔고서 받은 돈으로 놀고 먹으면, 머지않아 위기에 봉착하게 될 것이다. 다행히 이들 중에는 어려움을 맛본 후 깨닫는 사람들이 있는데, 이들은 처음부터 시작하기로 결심하여, 십 여 년 후에는 다시 일어설 수 있다.

양마오춘은 대만 토지개혁에 대한 서술에서 아마도 '과도한 단순화'(Over-simplification)의 위험에서 벗어나지 못했던 것 같다. 예를 들어 말하자면, 대만 토지개혁 이후 신흥 자작농들은 비록 미래에 대한 커다란 희망을 가졌지만, 1950년대 대만 농촌에서 그들이 직면한 도전은 상당히 가혹한 것이었다. 나는 이 책의 제 3장에서 다음과 같이 지적했다. 광복 초기, 일부 신흥 자작농들이 직면한 문제, 이를테면 농촌 고리대와 매청묘 착취, 그리고 투기성 자금이 농촌에 침입하여 경작지를 사고, 소작 준 땅을 회수하거나 소작농으로부터 경작지를 사는 문제들은 상업자본의 발달과 직접 또는 간접적인 관계가 있다. 그 나머지, '공유지를 풀어 운영하는' 정책은 아직 전면적으로 실현되지 않았고, 이는 국가자본주의의 발달 및 국영기업의 성장과 상당한 관련이 있는 것이다.

정부 상관기관이 자작농을 보호하기 위해 취한 전략 역시, 자본의 해방을 통해 신흥 자작농들로 하여금 자본가 혹은 지주의 침습을 면하게 하는 것이다. 광복 초기에 신흥 자작농들이 직면한 문제는 기본적으로 근 백 년 간 자본주의화의 발전 추세가 반영되어 있고, 대만 농촌에 새겨진 상흔을 보여준다. 1950년대 초기, 대만농촌의 신흥 자작농 집단은 한 편으로는 상업자본으로부터 학대를, 또 한편으로는 국영기업이 대표하는 국가자본주의의 압력을 받아가며 매우 어려운 상황이었다.[38] 양마오춘은 오직 대만토지개혁의 사회학적 의미만을 중시했고,[39] 상대적으로 토지개혁의 정치경제학(Political economy)적 함의를 무시했다. 이것은 그가 토지개혁에서 제시한 역사적 해석의 맹점이 되었다

제5절 결론

이 글은 양마오춘이 대만 농촌사회에 가진 견해를 중심으로, 양마오춘의 농촌사상적 방법론, 사상의 근원과 그 견해의 한계를 분석했다. 이 글은 이렇게 제기한다. 양마오춘은 농촌을 생각할 때 항상 역사적 관점을 취하였고, 게다가 그의 사고방식은 '총체론'적 경향을 보이고 있다. 그의 이 두 가지의 방법론적 토대는 선종한[40]과 같이 실제 실무에 참여한 다른 농업계 인사들과의 본질적인 차이를 만들어낸다. 상대적으로 말해서, 양마오춘의 농촌에 대한 견해는 비교적 체계적이며, 또 꽤 이론적인 토대를 갖고 있다고 할 수 있다.

역사적 시야로부터 출발해보면, 양마오춘은 대만 농촌의 사회문화 변천에 높은 가치를 부여했으며, 그가 밝힌 60년대 이후 대만 농업이 시장경제의 새로운 변화로 흐른다는 것과 대만 농민의 성격이 변한다는 것 등

38) 黃俊傑：〈光復初期土地改革前後自耕農及其所面臨的問題〉, 收入本書第3章。
39) 이것은 등사판 인쇄물로 미공개 간행물이다. 蔡明哲：《楊懋春教授的鄉林社會學思想：新人文主義的觀點》(臺北：財團法人楊懋春貞德紀念基金會, 1993)。
40) 선종한(沈宗瀚)에 대해서는 다음을 참고하시오. 黃俊傑：〈沈宗瀚先生的農業思想及其領導風格 - 兼論「臺灣經驗」的啟示〉, 1990年12月8日在中華農業團體聯合年會之演講稿, 刊於：《臺灣農業》27卷1期(1991年3月), 頁6-19；黃俊傑：《農復會與臺灣經驗》, 第6章。

의 견해는 모두가 매우 정확했다. 이 각각의 견해는 모두 그의 역사적 사고의 깊이와 상호 관련이 있는 것이다. 그가 제시한 '향진 농회를 향촌 통합중심으로 만드는' 주장은 그의 총체론적 사유방식에 근거한 것이며, 반드시 이끌어내야 하는 명제이다. 하지만, 우리는 더 나아가 양마오춘과 동시대의 농업전문가가 대만의 농촌에 대해 가진 견해를 서로 비교하였는데, 양마오춘은 일제강점기부터 광복까지의 대만 역사의 단절은 비교적 중시하였지만, 정치적 변동하에 대만 농촌사회문화의 지속성에 대해서는 그다지 주의하지 않았다는 것을 발견했다. 이러한 사고의 맹점은 양마오춘이 대만 농회 및 토지개혁에 대해 제시한 역사적 해석으로 하여금 상당히 큰 한계를 드러나게 한다.

제6장 유교적 전통과 21세기 대만의 전망

제1절 문제의 제기

본 논문이 분석하려는 핵심 문제는 "21세기에도 계속 발전해 가려는 대만이 어떻게 유가사상의 전통을 받아들여야 할 것이냐"에 관한 것이다. 전후(戰後) 대만이라는 구체적이고 특수한 역사 배경 속에서 유가사상의 존재 양식에 대한 고찰을 통해, 그리고 고전유학(古典儒學) 속에 내포되어 있는 일련의 이념들이 현대 대만의 발전에 어떠한 함의를 갖는지에 대해 생각해 보고자 한다.

이러한 문제의식을 제시하는 것은 몇 가지 학술적 배경에 기인한다. 국제 학계는 유가사상과 동아시아 현대화 사이의 관계와 같은 류의 문제에 깊은 흥미를 갖고 있다. 예를 들면, 1988년 9월 28일부터 10월 1일 일본 조치(上智)대학에서는《유교와 아시아 사회: 아시아 유교사회의 비교

연구(중국, 조선, 베트남, 일본)》라는 주제로 학술회의가 개최되었는데, 미조구치 유조(溝口雄三) 선생이 〈유교와 아시아 사회: 오늘날의 의미〉라는 제목으로 주제강연을 했다.[1] 1990년 11월 28일부터 29일 간에는 일본의 제1회 한자문화 포럼이 《유교부흥에 대한 사색》이라는 주제로 회의를 개최했다. 1992년 9월 26일에는 대만 신주(新竹)에 있는 칭화대(清華大)와 일본 오사카대학이 공동으로 《동아시아 유학과 근대》라는 국제 학술회의를 개최했다. 역시 유사한 주제를 놓고 토론을 펼쳤다.

학계 외에, 일반 지식인들도 '일본 경제발전의 성공과 유교정신에 어떤 상관관계가 있는가'[2]와 같은 문제들에 넘치는 흥미를 갖고 있었다. 그러나 현재까지의 연구문헌 중 대부분은 중국대륙, 일본, 한국 등지의 현대화와 유가사상의 관계를 논하는 논문들이다. 유가사상과 대만의 관계를 논하는 논저가 적은 편이기 때문에, 본 논문에서는 이 문제를 더 탐구해 보고자 한다. 본 논문의 제2절에서는 우선 본 논문이 탐구하고자 하는 문제의 제기와 이 문제가 대만에서 갖게 되는 실질적인 함의를 살펴볼 것이다. 제3절에서는 선진(先秦)고전유학으로 돌아가, 일반인들의 유학에 대한 오해가 집권자들의 왜곡과 이용에 기인했음을 밝힐 것이다. 제4절에서는 고전유학의 사상적 요소 중에 어떤 요소들이 21세기의 대만에서 어떤 측면의 발전에 기여할 것인지를 분석할 것이다. 마지막 절에서는 몇 가지의 결론을 제기하고자 한다.

1) 이 토론회의 논문들은 대부분 《사상》(思想) 1990년 6월호에 발표되었다. 《사상》(東京：岩波書店, 1990)的《儒教とアジア社會》專號。

2) Hans Wilhelm Vahlefeld著, 出水宏譯, 《儒教が生んだ經濟大國--日本式經營は生き殘れるか》(東京：文藝春秋株式會社, 1992)。

제2절 전후 대만이라는 맥락 속에서의 유가사상: 왜곡와 오용

1) 문제의 제기

주제를 토론하기에 앞서, 우리는 먼저 '유가사상과 대만현대화'라는 문제의 제기가 어떤 배경 하에 있는지 이해할 필요가 있겠다. '유가사상'은 중국의 전통사상이고, 대만은 지난 100여 년 동안 화인(華人) 사회 중 서양문화의 세례를 가장 먼저 받아들인 곳이다. 그리고 현대화가 가장 빨리 진행된 지역이기도 하다. 따라서 상술한 '유가사상과 대만현대화'라는 문제는 실질적 의미에서 아래의 두가지 상대적 범주를 포함한다.

(1) 중국문화 vs. 서양문화
(2) 전통성 vs. 현대성

이론적으로 말하자면, 이 두 범주는 본질적으로는 완전히 일치하는 것은 아니다. 그러나 21세기 중국 지식인들의 생각 속에서 양자의 중첩성은 아주 높은데, 그들 대부분이 '중국적'인 것은 '전통적'인 것이며, '서양적'인 것은 '현대적'인 것이라 여긴다. 그래서 '유가사상과 대만의 현대화'라는 문제의 본질은 사실 '전통사상과 현대문화 간의 관계는 어떤 것인가?'라고 할 수 있는 것이다. 그러므로 우리는 중국의 현대 지식인들이 중국문제에 대해 어떻게 논하고 있는 지에서부터 이야기를 시작할 수 있겠다.

5·4 운동 이래로, 중국 지식인들은 '중국문화의 미래가 중국 본위의 문화로 건설되어야 하는가? 아니면 전면적인 서구화의 길로 가야 하는가?'

라는 문제를 두고 끝없는 논쟁을 벌여왔다. 천쉬징(陳序經, 1903-1967)의 전면적 서구화론과 왕신밍(王新命) 등 10명의 교수들이 대표하는 중국 본위의 문화건설론은 스펙트럼의 양극을 형성했고, 그 사이에 각양각색의 주장들이 적지 않은 말과 글들로 저마다의 뜻을 내세웠다. 그러나 이런 종류의 말과 글들을 조금만 정리해보면, 대다수의 담론이 대부분 '전통중국문화/현대서양문화'의 문제를 추상적이고 이론적인 문제로 놓고 생각하며, 구체적이고 특수한 역사환경 가운데 놓고 토론하지 않는다는 것을 발견할 수 있다. 그리고, 이러한 언론들이 대부분 드러내는 의의가 논증하려는 의의에서 멀리 떨어져 있다. 먼저 서화파(西化派) 천쉬징의 1933년 12월 29일 '중국문화의 출로'라는 강의 원고 중의 발언을 살펴보자. 그는 다음과 같이 말했다.[3)]

긍적적인 측면이나 부정적인 측면 모두 중국문화의 출로는 철저히 서화로 가야 한다는 것을 증명할 수 있다. 철저히 혹은 전반적 서화를 주장하는 사람들의 견해에 따르면, 지금 우리들의 정치, 경제, 교육, 사회는 사실상 이미 서양의 방법을 채용한 것이고, 이는 바로 사상에서뿐만 아니라, 실제 실천에 있어서도 완전히 서양의 문화를 받아들이는 추세이다. 그들의 주장에는 아래의 두 가지 이유가 있다.

(1) 서양문화는 확실히 우리보다 많이 진보했다.

(2) 서양 현대문화는 우리가 받아들이길 좋아하거나 좋아하지 않거나,

---

3) 陳序經：〈中國文化的出路〉,《民國日報》(廣州, 1934年 1月15日)收入： 羅榮渠主編：《從「西化」到現代化：五四以來有關中國的文化趨向和發展道路論爭文選》(北京：北京大學出版社, 1990), 頁371-372。

결국은 현 세계의 추세이다.

앞의 천쉬징의 언론 가운데, '중국'과 '서방'은 대립하는 적대체로 보여지며, 그는 중국이 '전반서화'로 가야한다고 외친다. 그의 구호는 단지 하나의 신앙적인 작용을 할 뿐이며, 구체적인 환경 가운데 실행되는 분석 명제로 제기된 것이 아니다. 이러한 입론 태도는 '중국문화 본위론자'들의 언론에서도 보여지는데, 단지 그들의 입장이 딱 맞게'서화파'의 구성과 강렬한 대비가 될 뿐이다.[4)]

(1) 중국은 중국이며 어떤 하나의 지역이 아니므로, 자기의 특수성을 가지고 있다. 동시에 중국은 현재의 중국이고 과거의 중국이 아니며, 이에 일정한 시대성을 가진다. 그래서 이 시기 이 땅의 필요에 특별히 주의해야 한다. 이 시기 이 땅의 필요는 곧 중국 본위의 기초이다.

(2) 헛되이 고대의 중국제도사상을 찬미하는 것은 쓸데없는 일이다. 헛되이 고대의 중국제도사상을 저주하는 것도 쓸데없는 일이다. 반드시 과거 일체를 검토하여 보존할 것은 보존하고, 버릴 것은 버려야 한다. 찬미할 만한 양호한 제도와 위대한 사상은 힘을 다해 널리 확대시켜 전세계에 공헌해야 한다. 저주할 만한 불량제도와 비열한 사상은 아까워하지 않고 도태시켜 없애야 한다.

(3) 구미의 문화를 흡수하는 것은 필요하고 마땅한 것이나, 반드시 흡수해야 할 것을 흡수하고, 전반적 받아들이는 태도로 찌꺼기까지 흡수해 오지는 않아야 한다. 흡수하는 기준은 현대 중국의 필요에

4) 宣言原文刊於《文化建設》第1卷第4期, 收入：羅榮渠主編：《前引書》, 頁399-403。

있다.

(4) 중국본위의 문화건설은 창조이고, 앞서나가는 창조이다. 그 창조 목적은 문화영역 가운데 특징을 잃고 몰락한 중국과 중국인이 다른 나라와 다른 나라 사람들과 문화의 영역에서 함께 나아갈 수 있게 할 뿐 아니라 세계문화에 고귀한 공헌을 할 수 있게 한다.

(5) 우리는 문화 위에 중국을 건설하며, 대동의 이상을 포기하는 것이 아니다. 먼저 중국을 건설하여, 세계의 대동을 촉진하는 데에 충분한 힘이 있는 하나의 건전한 단위가 되는 것이다.

이상 다섯 가지의 인식은 모두 추상적이고 보편적으로 여겨지는 신념에 의해 제기된 것들이다. 그리고 '중국'과 '서방'이라는 하나의 대립적인 맥락 가운데 제기된 것인데, 그 사고문제의 맹점은 문제를 구체적이고 특수한 역사환경 가운데 놓고 생각하지 않았다는 데 있다. 이런 사고방식의 맹점은, 중국 근대의 지식인들 가운데 보여질 뿐 아니라, 근대 일본 지식인들에게서도 발견된다. 예를 들면, 19세기 말 일본의 유학자 야스이 소켄(安井息軒, 1799-1876)은 《변망(辨妄)》이라는 책에서, 유교의 입장에서 서양문명을 반박하여 비판했다. 메이지유신의 계몽사상가 후쿠자와 유키치(福澤諭吉, 1834-1901)의 유명한 담론인 '탈아입구론(脫亞入歐論)'은 더욱이 아시아가 근대화를 원한다면 반드시 유교를 포기하는 것을 전제해야 한다고 여겼다. 당대 일본의 저명한 학자 마루야마 마사오(丸山真男, 1914-1996)는 《일본의 사상》(日本の思想)(岩波書店, 1961)에서, 서양근대시민사회를 본보기로 일본 근대사회를 비판하기도 했다. 이렇게 실제정황에서 출발한 것이 아닌, 이론적으로 유가사상과 현대화의 관계를 사고하는 사유방식은, 20세기 중국과 일본 지식인들의 공통적 특징 중의 하나라고 할 수 있다.

필자는 오늘날 우리가 이야기하는 '유가와 대만 현대화'의 문제는 반드시 구체적 역사 상황과 결부시켜 분석해야 한다고 생각한다. 그러므로 '유가와 대만 현대화'의 문제는 추상적이거나 이론적으로 이야기 할 수 없으며, 반드시 구체적이고 적용될 수 있도록 이야기 해야 한다. 그래서 이 문제의 제기 방식은 마땅히 '유가가 전후 대만에서 현대화를 향한 구체적 역사상황 가운데 어떤 역할을 해야 하는가?'가 될 것이다.

2) 전후 대만 유가사상의 존재형식

위의 문제를 효과적으로 사고하기 위해, 우리는 반드시 '유가사상이 전후 대만에서 어떤 형식으로 존재했는가?'라는 문제로 시작해야 한다. 발전상의 큰 추세로 보면, 유가사상은 전후 대만에서 기본적으로 정부당국의 가치시스템으로 존재하였다. 전후 대만 유가사상 가운데 어떤 방면들, 예를 들어 충용애국(忠勇愛國), 효순(孝順)등은, 정부가 자주 통일적인 교과서를 통해 널리 보급하는 것이었다. 교육학자가 1952년, 1962년, 1968년, 1975년 교육부가 4차례 발표한 《초급중학과정표준(初級中學課程標準)》을 연구한 결과, 초등학교 및 중고등학교의 과거 30년간 8개 교과과정 표준판본에서 공통적으로 나타난 중요한 목표가 곧 '애국사상을 불러 일으키고, 민족정신(중화민족문화)을 널리 알린다'였다.

그 다음 초등학교의 《생활과 윤리》과목과 중고등학교의 《공민과 도덕》과목을 예를 들면, 이상의 8개 판본의 '교과과정표준'가운데 '충용애국', '애국반공정신을 불러일으킨다'혹은 '국가관념(의식)의 증강'의 목표가 총 여섯번 드러났고, '민족고유미덕의 발양', '사유발덕(四維八德)의 실천'혹은 '중화문화부흥의 기초를 다짐'등이 총 일곱번 출현했다. 교과과정표준을 분석해 보면, 국가에 충성하는 것과 전통문화를 발양하는 것은 아주 뚜렷하게 국민교육단계의 중심목표였다.[5)]

한 발 더 나아가 중고등교과서의 내용에서 봤을때, 중학교 고등학교 교과서에 상관없이 전통가치를 표현하는 횟수가 모두 현대가치를 넘어서는데, 가장 많이 나타나는 전통가치는 각각 '효순, 우애, 충용'(중학교)과 '충용, 박애, 가족관념'(고등학교)임을 학자들의 연구에서 가리키고 있다. '나라에 충성을 다한다'는 중학교, 고등학교 단계에서 모두 가장 급하게 주입시키고자 하는 가치관이다.[6)] 중학교《국문》교과서를 예로 들면, 정치지도자에 대한 찬미내용이 가장 큰 비중을 차지하며, 그 다음으로 윤리도덕 방면의 주제에서, 애정, 자제, 인애, 진취가 비교적 중시되는 항목인데, 정치주제의 부항목과의 관계로 볼 때, 친정(親情), 진취(進取) 등은 애국적 정서를 이끌어 내고, 인애는 자주 정치지도자와 함께 출현하며, 자제는 정치가치와 관계되며, 근검은 1968년판에서 특별히 정신건설 등의 정치목적과 서로 결합하였다.[7)]

이상의 예로, 윤리도덕과 정치의 관계를 볼 수 있다. 고등학교의《중국문화사》교과서 가운데는, 유가사상에 대한 것이 상당히 큰 비중을 차지했다.《고급중학역사과정표준(高級中學歷史課程標準)》이 1962년, 1971년, 1983년에 한 번씩 수정되었고, 이 세 차례의《교과과정표준》에 근거

5) 參看羊憶蓉：〈現代化與中國人的價值變遷--教育角度的檢視〉, 收入漢學研究中心主編：《中國人的價值觀國際研討會論文集》(臺北：漢學研究中心, 1992), 頁471-494。

6) 同上註引文, 頁480-481。

7) 參看李麗卿：《國中國文教科書之政治社會化內容分析》(臺北：國立臺灣師範大學教育研究所碩士論文, 1989), 頁259。

하여 쓴 《중국문화사》교과서는 고대 유가사상, 한대경학, 송명청대의 이학 등의 사상에 대해 모두 큰 편폭으로 서술했고 토론하였다. 이 외에, 고등학교 3년 내 반드시 수강해야 하는 《중국문화기본교재》에서는 《논어》, 《맹자》, 《대학》, 《중용》 4권의 고대유학의 경전을 위주로 하였는데, 이로써 정부의 교육정책 아래 유가사상이 초등학교와 중고등학교 교과서를 통해 대량으로 청소년들에게 전파되고 있음을 볼 수 있다. 정부의 교육주관부서도 각종 방식으로 유가사상의 교학내용이 일치되게 하고 있다. 예를 들면, 1991년 10월 대만성정부 교육청은 중국문화기본교재의 교학참고자료를 출간하였는데, 《대만성 중학교 및 소학교 '유교무류 및 인재시교(有教無類, 因材施教)' 관철 제1단계 계획》 중의 하나로 편입되었고, 전국의 중고등학교 교사, 교육행정인원, 각급학교 및 사회교육기구에 대량으로 인쇄발송하여 영향력을 확대하고 있다.

그리고, 대만의 초중고에서 사용하는 《국문》, 《생활과 윤리》, 《중국문화기본교재》, 《중국문화사》 등의 과목 교과서가 모두 '국정본'이며, 전 대만의 모든 초중고 학교 전체가 모두 국립편역관이 출판하는 교과서를 채용하므로, 교과서를 통해 전파되는 유가 가치규범의 내용이 고도의 동질성을 가지고 있다.

초중고 교과서 외에도, 정부 당국이 유가적 가치를 전파하는 두번째 방식은, 중국문화 부흥운동위원회가 추진하는 각종 사회운동이다. 이 위원회는 1967년 7월에 중국 대륙이 당시 전개한 문화대혁명에 맞추어 창립되었고, 대만에서 유가가치를 중심으로 전통문화를 널리 보급하고자 했다. 그러나 리이위안(李亦園)이 말한 것처럼, 이 운동이 고유의 윤리도덕을 재정비하는 것을 중심으로 했고, 또 전통윤리정신을 재정비하여 공산정권을 대항하고자 했기 때문에, 본질적으로 가지고 있는 정치적 의의가 문화적 의의보다 컸다. 이에 문화의 범주 가운데 있었다 하더라도, 포함하는 범위가 덕성의 문화목표를 주로 했고, 미감과 지성등 측면은 비교적 부족하였다.[8] 유가윤리를 추진하는 것을 주요 임무로 했던 이 반관방기구는 과거 25년간(1967년 7월부터 1991년 4월, 그 후 중화문화 부흥운동총회로 개조되었다.) 아래의 사회운동 방식으로 전통유가가치를 전파하였다.[9]

첫째, 국민생활보도위원회(國民生活輔導委員會)를 결성하여 유가가치 규범이 합리적으로 국민생활 방식 가운데 적용되게 했다.

둘째, 국민생활수칙을 편찬하는데 글과 그림을 함께 사용하여 사회 속에 보편적으로 보급시켰다.

셋째, 예의범례를 편찬하여 고금의 예절 제도를 하나로 융회(融會)하고, 때에 따른 손익에 있어, 중외 예속을 절충하고 규범을 따르게 했다. 총통이 내정부에 인가하여 반포하고 추진했다.

넷째, 전통문화와 현대생활 토론회, 생활예절 세미나 등을 개최하고, 국내외 전문가들을 초청하여 발표하고 서로 평론하며 회의집을 간행하여 영향력을 확대했다.

정부당국이 유가가치를 전파하는 세번째 방식은 출판물의 유통을 통

8) 李亦園：〈文化建設工作的若干檢討〉, 收入中國論壇編輯委員會主編,《臺灣地區社會變遷與文化發展》(臺北：聯經出版事業公司, 1985), 頁305-336, 尤其是頁309。

9) 중화문화 부흥운동총회가 25년 동안 추진했던 업무의 상세한 내용에 대해서는 이 회의 부회장을 맡았던 천리푸의 보고서를 참고하시오. 陳立夫：〈中華文化復興運動推行委員會工作述略〉,《中央月刊》, 1991年7月號頁38-40。

해서이다. 중화문화부흥운동위원회는 이 방면으로도 일부 업무들을 추진했다. 예를 들면, 이 위원회는 학술연구출판촉진위원회를 결성했는데, 학자들의 새 서적을 출판하고, 《중화문화총서》를 출판했으며, 이미 40여 권 정도의 고대 경전의 역주를 출판했고, 주공 이래로 총 90여명의 열전을 저작하여 《중국사상가열전》을 편집 출판하기도 했다.[10)]

3) 곡해와 오용

전후 대만에서 유가사상의 존재형식에 대한 위의 고찰 중, 우리는 전후 대만의 구체적 역사상황 가운데, 유가사상의 어떤 측면이나 사상적 요소가 정부당국에 의해 고의적으로 선택되거나 강조되어 하나의 '관방유학'을 성립하였고, 그 목적은 정부당국의 이데올로기를 지지하기 위함임을 볼 수 있다. 이러한 정부당국의 이데올로기 역할을 하는 유학에 비하여 상대적으로, 쉬푸관(徐復觀)등의 민간의 지식인이 해석한 유학은 특별히 유학의 비판성을 강조한다. 그들이 제창하는 유가사상은 민족문화 정체성의 의의가 정치적 정체성의 의의보다 훨씬 크다. 그러나, 단기간 '민간유학'이 전후 대만사회에 미친 영향력은 '관방유학'에 크게 못미치는 것 같다. 그래서 '민간유학'이 하나의 학술사조의 작용을 한 데 대해서 물론 중시하여 검토해 볼 가치가 있긴 하지만, 만일 사회정치적 측면으로 본다면, 공식적인 교육시스템을 통해 대만의 청년들에게 일정한 영향력을 미친 '관방유학'에 대해 더욱이 검토해 볼 가치가 있는 것이다.

전후 대만에서 '관방유학'이 유가사상에 가한 곡해와 이용에 관해, 특

---

10) 同上註。

별히 주의할 가치가 있는 두 가지는 아래와 같다.

첫째, 전후 대만의 공교육시스템 가운데, 유가사상이 한 역할은 '국가정치목표의 지지자'인데, 이에 따라 일정부분 도구화되어 주체성을 잃어버렸다. 바꿔 말하면, 전후 대만의 역사상황 가운데, 유가사상이 중시되고 널리 보급된 것은 유가사상계통 자신이 아니고, 유가 이외의 다른 힘을 위한 것이었다.(예를 들면 정치목표, 경제발전, 사회조화 등이다) 그러므로, 유가가 점차 스스로를 벗어나 유가 외의 목적에 다다르는 수단이 되었다. 이런 도구화의 과정 가운데, 유가사상의 주체성이 점차 사라졌고, 이에 따라 자아성장의 내재동력을 점차 잃어버려 조용히 멈춰있는 죽은 물이 되었다.

둘째, 정부당국은 유가사상을 철저히 도구화하여 국가정치목표에 사용하기 위해, 풍부한 유가사상의 함의에 고도의 선택적인 해석을 가했다. 그러므로, 유가사상 중 복종상급(服從上級), 충애국가(忠愛國家) 등의 사상이 각 급 학교 교과서에 높게 강조되었고, 정치지도자들의 정치적 교훈을 지지하기 편하도록 해석을 가하였다. 이런 상황은 1983년 8월 국립편역관이 출판한 고등학교 교과서 《중국문화기본교재》에 아주 제대로 드러나 있다. 이런 선택성의 재해석 과정 가운데, 고전 유가사상의 전통이 가지고 있는 비판정신이 숨겨져 드러나지 않게 되었다.[11] 유가이상주의도 이런 재해석 가운데 사라졌다. 쉬푸관이 유가사상의 특질에 대해 매우 뛰

11) 1983년판 《중국문화 기본교재》 교과서의 내용에 문제가 너무 많았기 때문에 출판 이후 관심을 많이 끌었고 중국 문화를 연구자들에게 강렬한 비판을 받았다. 그 중에서 대표성이 있는 평론은 다음을 참고하시오. 卜問天(林安梧)：〈高級中學「中國文化基本教材」的一些斷想〉, 原刊於《鵝湖月刊》114期, 1984年12月, 後收入：林安梧：《現代儒學論衡》(臺北：業強出版社, 1987), 頁272-280；另請參閱：〈「高中中國文化基本教材的檢討」座談記錄〉,《國文天地》第31期(1987年12月), 頁16-27。

어난 설명을 한 적이 있다. 그는 다음과 같이 말했다.[12]

유가사상은 인류 현실생활의 긍정적인 면으로 인류에 대해 책임을 지는 사상이다. 그것은 자연으로 도피할 수 없고, 허무하고 적막함으로 도피할 수도 관념적인 유희로 도피할 수도 없으며, 조계지 밖의 나라로 더더욱 달아날 수 없다. 굳세게 인류 현실생활 가운데 서서 인류현실 생존발전의 운명을 담당할 수밖에 없다. 이런 장기간의 전체정치 아래에서, 그 기세는 얼마간의 적응성이 생기거나 현실정치 추세의 압력을 받아 점차 왜곡된다. 왜곡이 길어지면, 본래의 면목을 잊어버리게 된다. '천하위공(天下為公)', '민귀군경(民貴君輕)' 등의 본래 면목을 잊어버리는데, 이는 역사 가운데 어찌할 방법이 없는 일이다. 이는 전제정치의 압력과 왜곡이라 말할수 밖에 없으며, 유가사상의 정상적인 발전을 가로막았다. 어떻게 유가사상이 전제의 속박이라고 거꾸로 말할 수 있는가. 그러나 유가사상이 긴 기간동안의 적응과 왜곡 가운데, 여전히 전제의 독해를 수정완화시키고 있으며, 끊임없이 사회 인생들에게 정상적인 방향과 믿음을 주어, 중화민족이 허다한 흑암의 시대를 지나갈 수 있었고, 이는 선지유가의 도덕이성에 기초한 인성이 세운 도덕정신의 위대한 힘에 의한 것이다.

서씨가 말한 이런 '인류 현실생활의 긍정적인 면으로 인류에 책임을 진다'는 유가사상은 어떠한 형식의 권력 소유자에 대해서도, 필연적으로 비판적 태도를 취하게 된다. 그러나 이런 유가의 비판정신은 전후 대만의 '관방유학'에서 의도적인 무관심을 당했다.

전체적으로 말하면, 유가사상이 전후 대만의 40여년간의 역사 가운데 도구화되어 비판정신을 잃어버린 까닭에, 유가사상은 전후 대만사회에

---

12) 徐復觀：《儒家政治思想與民主自由人權》(臺北：八十年代出版社, 1980), 頁39-40。

보편적인 나쁜 감정을 불러 일으켰다. 이런 상황은 근대 중국에서의 유가의 역할과 비교할 수 있다. 미조구치 유조가 말한 것처럼, 19세기 이후 중국이 근대화의 길을 간 것은 기본적으로 서방열강의 압력 때문이었다. 미조구치가 말한 이 '외래의 근대'가 중국에 끌어들여지는 과정에서, 유가사상(더욱이 유가의 예제와 공동체윤리)은 기본적으로 근대화의 장애물 역할을 했다. 중국 외에도, 유가사상은 조선시대(1392-1911) 말년의 조선과 월남에서도 근대화의 저항자 역할을 했다.[13] 이러한 연유로, 근대 동아시아 사회 중 유가의 이미지는 일반적으로 부정적인 면이 긍정적인 면보다 많다. 전후 대만에서 유가의 부정적 이미지는 기본적으로 '관방유학'의 곡해와 오용이 만든 것이다.

제3절 고전유가사상의 신계시

1) 곤경에서 탈출하는 전략

유가사상이 최근 40여년동안 대만에서 받은 '관방유학'의 곡해와 이용은, 사실 역사적으로 특별한 예는 아니다. 한무제(劉徹, 158-187B.C. 재위)때 백가를 제하고 유가의 도(儒術)만을 따른 후부터 유가는 곧 정권의 이용과 곡해의 운명을 피할 수 없게 되었고, 반고(班固, A. D. 32-92)가 말한 '녹리의 길'(祿利之路)의 유혹 아래, '경전의 말들이 허다하고, 선생 또한

13) 參考溝口雄三：〈「儒教ルネサンス」に際して〉, 收入氏著：《方法としての中國》(東京：東京大學出版會, 1989), 頁184–187。

넘쳐났다'.[14] 유학자들의 출신도 제 각각이어서 구성이 복잡했고, 공자가 말한 '군자유'(君子儒)는 물론 후계자가 필요했지만 '소인유'(小人儒)도 넘쳐나 '여기저기 난립한' 현상이 형성되었다. 2000년이 넘는 중국의 유학 역사상, 전후 대만에서의 '관방유학'은 단지 재차 출현한 역사사실 중의 한 사건에 불과한 것이다.

그러면, 새 시대의 유가는 어떻게 곤경에서 빠져나올 수 있는가? 필자는 새시대의 유가는 현실정권이나 이익의 얽매임을 초월하고, 또 스스로 분명하게 밝히는 전략은 곧 선진시대 고전유가의 원시적 교의로 돌아가, 고전유학의 원시교의로써 정권으로부터 온 각종 곡해와 오용을 깨끗이 씻고, 이로부터 21세기 대만에 대한 유가사상의 새 계시를 제시하는 것이라고 생각한다. 선진유학의 원시교의로 돌아가는 것만이, 당대 유가가 '활수의 원천'을 섭취하여 몇천년간 '관방유학'이 만들어 낸 찌꺼기를 씻고, 깨끗한 못의 새로운 경지에 들어갈 수 있는 것이다.

왜 반드시 선진시대 고전유학(더욱이 공자와 맹자의 원시교의)으로 돌아가야 하는가? 이것은 우리가 반드시 한걸음 더 나아가 생각해야 하는 문제이다. 우리는 유가의 정신적 원천을 찾기 위해, 선진유학으로 돌아가야 하는 가장 주요한 원인은, 유학의 원시교의가 공자(551-479B.C.)와 맹자(372?-289?B.C.)의 체계 가운데 가장 확실한 담론을 얻을 수 있을 수 있기 때문이라고 주장한다. 공자는 중국의 대통일제국이 아직 형성되지 않은 춘추전국시대에서 태어났는데, 이것은 서주 이래의 봉건제도가 이미 무너졌으나 아직 와해되지 않은 시대였고, 당시 중국의 정치권위에 다원적인 측면이 드러났다. 이런 역사 배경 가운데, 공자는 그들의 사상체계를

---

14) 班固：《漢書》(臺北：藝文印書館據英武殿刊本影印), 第88卷,〈儒林傳〉, 頁1555。

세웠고, 비교적 정치권위의 방해를 받지 않았을 뿐 아니라, 자주 도덕적 힘으로 정치권위를 제어해야 함을 강조했는데, 예를 들면, 공자는 "도로써 주군을 섬기고, 불가하면 물러난다"(以道事君, 不可則止)《논어·선진》)고 했고, 맹자는 "장차 큰 일을 할 주군은 반드시 불러올 수 없는 신하가 있다"(將大有為之君, 必有所不召之臣)《맹자·공손추하》고 하여 모두 선진유가가 지닌 '도(道)'가 '세(勢)'의 위에 있는 사상적 입장을 반영하는 것이다.

그러나, 진한제국이 출현하면서, 대통일 전제정권이 다시 중국을 억누른 후로, 유가학자는 전제정권으로부터 오는 압력을 직면하기 시작했고, 이로 인해 부득불 조정해야 했다. 예를 들면 공자의 "옹은 남면하게 할 수 있다"(雍也, 可使南面《논어·옹야》)는 이 말은, 공자의 '도'가 '세'의 위에 있는 사상맥락에서 보든, 춘추시대의 사회정치변국에서 보든, 공자가 말한 '남면'은 마땅히 주자(晦庵, 1130-1200)가 《논어집주》에서 말한 "남면은 인군이 정치를 듣는 자리다."라는 것과 같다. "중국은 도량이 넓고 간중하여 인군의 풍도가 있다"는 말이다. 주자의 해석은 서한의 유향(77- 6B.C.)의 "공자의 때에, 천자가 분명하지 않았으나, 옹은 남면하게 할 수 있다. 남면하는 자는 천자이다"라는 해석에 호응한다.[15] 이러한 해석은 마땅히 공자의 함의에 비교적 가까운 것이다. 그러나, 한대 이래의 유자들은 날로 고조되는 전제왕권의 압력 아래, 어쩔수 없이 우회적으로 해석했다. 동한의 경학대가 정현(康成, A.D.127-200)은 '남면' 이라는 단어에 대한 해석을 "제후의 다스림을 맡음"(言任諸侯之治)이라 했고, 포함(子良, 6B.C.-A.D.65)도 역시 "남면하게 하는 자는, 제후가 되어 나라를 다스리게 할 수

15) 劉向:《說苑》(四部叢刊初編縮本), 卷19, 頁92。

있다"(可使南面者, 言任諸侯可使治國也)라는 같은 해석을 하였다.[16)]

서진의 허안(何晏,?- A.D.249)은 이런 표현방식을 계승하였고, 송나라 형병(邢昺)도 이를 계승하여 '남면'을 제후로 해석했다.[17)] 이상의 해석들은 대통일적 정치권위 아래, 유자들의 공자의 덕치사상을 해석하는 데 있어 상당한 압력을 피할 수 없었고, '남면'이라는 단어를 공자가 원래 말한 '천자'로 해석하지 않고, 반드시 '제후'라고 해석해야 했다.[18)] 한대 이후로, 역대 유자들의 공자의 "옹은 남면하게 할 수 있다"(雍也, 可使南面)의 해석에 대해, 우리는 정치권력의 유학에의 침투와 왜곡을 아주 구체적으로 볼 수 있다.[19)]

그러므로, 우리는 오늘 유학의 참 면모를 다시 세우고, 유학 전통에서 새시대의 정신계시를 흡수하려면, 반드시 한대 이후로 왜곡된 유학을 초월하여 공맹의 정신과 사상세계를 바로 찾아야 한다. 반드시 이렇게 하는 것이야말로, 각종 역사의 누적물과 '관방유학' 속 곤경에서 빠져나올 수 있다.

---

16) 何晏：《論語集釋》(四部叢刊初編縮本), 卷3, 雍也第6, 頁21, 下半頁。按日本大正12年懷德刊本之《論語義疏》作：「言任諸侯可使治國故也」, 多一「故」字。據武內義雄氏考證,「故」字係衍文。見：武內義雄：《論語義疏校勘記》, 收入：《武內義雄全集》, 第一卷,《論語篇》(東京：角川書店, 1978), 頁389, 上半頁。

17) 見程樹德：《論語集釋》(臺北：藝文印書館, 1965), 上冊, 頁326, 引《檀弓》正義引鄭注。

18) 《論語注疏》(臺北：藝文印書館影印, 十三經注疏本), 頁51, 上半頁。此說影響所及迄於今日, 例如錢賓四先生釋此句話亦云：「南面：人君聽政之位。言冉雍之才德, 可使任諸侯也」。見：錢穆：《論語新解》(臺北：臺灣商務印書館, 1965), 上冊, 頁181。日人宮崎市定亦襲此說, 參考：宮崎市定：《論語の新研究》(東京：岩波書店, 1975), 頁214。

19) 當代學者中最早指出《論語·雍也》這一段經文的解釋之歷史意義的是徐復觀先生, 參考徐復觀：〈國史中人君尊嚴問題的商討〉, 收入：徐復觀：《儒家政治思想與民主自由人權》, 頁161-169。

2) 고전유학정신의 새로운 탐색

지금 우리는 공맹사상을 핵심으로 한 고전유학의 어떤 면이 21세기의 대만에 대하여 새로운 계시를 가지고 있는가 물어야 한다. 이 문제를 생각하기 위해, 우리는 반드시 먼저 고전유학이 특별히 지닌 현대의미의 정신에 대해 살펴볼 필요가 있다. 필자가 생각하기에 고전유학의 기본사상이 물론 주나라 문화에 연원이 있지만, 공자에 이르러서야 비교적 명확하게 종합하게 되었고, 맹자가 비교적 전면적이고 체계적인 담론을 진행했는데, 그 중 가장 현대적 의미를 지닌 두 정신이 있다.

첫째, 공맹은 모두 '자아', '사회', '정치'에서 '우주' 같은 인간존재의 각 측면 사이에 일종의 연속성의 관계가 구성된다고 믿었다. 공맹사상 중의 '자아'는 모두 자기 혼자만의 복지를 구하며 자기 일만 챙기는 자가 아니고, 자신을 이루고 만물을 이루는 것을 나누지 않음으로 내성외왕 합일의 사회인이다. 맹자는 이러한 '연속성'에 대하여 가장 깊이 발휘하였다. 맹자의 사상 중, '개인'에서 '사회정치' 또 '우주'까지는 하나의 연속하여 전개되는 단계적 과정이다. 각 단계는 모두 다음 단계의 기초이며, 맹자는 이를 '본(本)'(天下之本在國, 國之本在家, 家之本在身)이라 칭했고, 세 단계는 연속적으로 전개되며 끊어질 수 없다. 모든 단계에서의 파열은, 맹자가 봤을 때 모두 생명의 결함이다. '개인'의 충실은 '사회정치'의 건전한 기초이고, '개인'및 '사회정치'복지의 상승은 모두 그 우주론의 근원이 있다. 한 측면에서 보면, '천명'이 아래로 이어져 인성이 되고, 다른 측면에서 보면, 정치상 민심의 향배도 역시 '천명'의 전이를 반영하는 것이다. 맹자사상 가운데 이런 '개인', '사회정치' 및 '우주'를 연속적 발전과정의 특질로 보는 것은, 중국문화 가운데의 '천인합일' 혹은 당대학자가 말한

'내재되고 초월하는'의 특질을 구체적으로 나타내는 것이다. '개인', '사회정치' 및 '우주'등 3개 순서 사이에 일종의 서로 스며들며 서로 작용하는 관계를 품고 있다. 구체적으로 말하면, '개인'은 맹자사상 중 '사회'와 연결이 끊긴 고독한 개체가 아니라, '사회'와 밀접하게 상호작용하며, '사회' 가운데의 각 개체와 공생공영하는 온전한 사람이다.[20]

한 걸음 더 나아가 설명할 가치가 있는 것은, 공맹 모두 추상적인 이론을 통해 인간존재의 '연속성'관계를 논증한 것이 아니고, 그들 모두 일상생활에서 습관적으로 보는 구체적 사례에서부터 착수하여 무작위로 설명해 낸 것이다. 《논어·안연(論語·顏淵)》의 각 장은 안연(子淵, 521B.C-481 B.C.), 중궁(名冉雍, 522B.C.-?), 사마우(子牛, 生卒年不詳), 번지(子遲, 505B.C.-?) 등 제자들이 '인'을 물은데 대해, 공자가 구체적인 생활 활동에서부터 시작하여, 묻는 자의 상황과 환경에 대해 '인'의 함의를 해석한 것을 실었다. 맹자 역시 '당 아래로 소를 끌고 가는 자를 본 것'《맹자·양혜왕상7》혹은 '아이가 우물에 들어간 것을 본 것'《맹자·공손추상6》 등 이런 구체적 생활환경 가운데, 사람은 누구나 참을 수 없는 마음이 있는 사실에서 출발하여, 인생과 인생이 지니는 이런 내재된 선한 싹이 반드시 '존양', '확충'되어야 함을 설명하고, 그것이 사회 측면에까지 이르러 '백성과 동락'《맹자·양혜왕상2》할 수 있게 하여, '나의 부모를 봉양하고 남의 부모도 봉양하는 것'《맹자·양혜왕하5》, 심지어는 '자아'와 우주가 대화(大化)함으로 원동류하게 하고, '천도(天道)'와 '인도(人道)'간에 '연속성'이 세워지게 하는 것이다.

---

20) 參考黃俊傑：《孟學思想史論》(卷一)(臺北：東大圖書公司, 1991),「論述篇」第7章, 頁181–187。

고전유가사상 가운데 이런 연속성을 특색으로 한 정신유산이 가진 최고의 현대적 계시는, 고전유가는 '개인'과 '사회'간에는 연속성이 있고, '개인'은 '사회'와 대항하는 적체가 아니라고 굳게 믿는다. 이와 반대로, 각 '개인'은 태어날 때부터 가지는 도덕심이 있는데, 이런 사람마다 함께 가지고 있는 내재된 선한 싹은 '개인'의 생명이 '사회'의 집단생명 가운데 녹아들게 하며, 물방울이 큰물줄기로 유입되듯 사회의 대생명과 공생 공감하게 한다. 유가에 대해서 말하자면, 개인생명의 밝히 드러남은 바로 이 과정을 통과했음을 인한 것이다. 유가에서 봤을 때, '개인'은 깊숙히 '사회' 가운데 배어들어 있는 것이며, '사회'밖에 소외되어 있는 것이 아니다. 그래서, 고대유가는 '동(同)'의 개념을 매우 강조했다. 맹자가 순(舜)임금의 미덕을 이야기할 때, 그는 순임금과 일반사람과 같지 않은 것이 없다고 여겼다. 실로 위잉스(余英時)가 지적한 대로, 중국사상사에서 '동'이 하나의 가치의식으로 작용함으로 줄곧 강조되어 왔고, 한말에 이르러서야, '이(異)'가 가치의식으로써 중요시 되었는데 이는 한말 유학의 쇠퇴, 신도가의 홍기, '개인'이 다시 발견되는 등의 발전이 모두 상당한 관계가 있는 것이다.[21] 맹자가 강조했던 '선을 남과 함께 함'(善與人同)은 고대유가가 중시한 '동'의 추세를 일부 반영하고 있다. 화합을 강조하고 차별을 강조하지 않는 이런 유학정신은, 소외감에 족히 학대당한 현대인에게 계시를 특별히 가지고 있는데, 다음 절에서 더 설명하고자 한다.

공자를 대표로 하는 고전유학이 특별히 가지는 현대적 의미의 두번째

21) 參考 : Ying-shih Yü, "Individualism and the Neo-Taoist Movement in Wei-chin China," in Donald Munro ed., *Individualism and Holism: Studies in Confucian and Taoist Values* (Ann Arbor: The Univeresity of Michigan, 1985), pp. 121-156.

정신은, 유기체론적 관점이다. '유기체론적 관점'이라는 것은, 공맹이 사람과 사람의 관계 혹은 사람과 자연의 관계에 대해 생각할 때, '부분'과 '부분'이 동질성이 있으므로, 나눌수 없고, 한 올의 머리카락으로 몸전체를 움직이는 관계를 가정한 경향이 있었다. 이런 관점 아래, 고대유가는 기본적으로 우주전체를 하나의 유기체로 삼았다. 예를 들면, 맹자가 선포한 '만물이 다 내게 갖추어 있다(萬物皆備於我)'의 표현은, 곧 '부분'적인 '나'와 '전체'로써의 만물이 같은 본질(essence)을 갖고 있음을 가정하고, 나와 만물이 가지고 있는 본질을 공통으로 나누었기 때문에, 양자의 본질은 서로 통하는 것이며, 그러므로, '부분'의 작용을 하는 '나'를 관찰해본다면, '전체'적인 '만물'을 이해할 수 있다고 하는 것이다. 그리고 '부분'의 의미가 밝히 드러나게 되는 것도, 반드시 '전체'의 맥락 가운데에서 밝히 설명될 수 있다. 그래서, '부분'과 '전체'간에 일종의 쌍방향의 소통이 형성된다. 이러한 '부분'과 '전체'가 서로 스며드는 상황 아래, 맹자의 '유기체론'적 방법론의 예설이 자연스럽게 세워지게 된다. 다시 예를 들면, 맹자가《이루상15》에서, "사람을 살피는 데 눈동자보다 더 좋은 것은 없다. 눈동자는 그 악함을 숨길 수 없다. 가슴 속이 올바르면 눈동자는 맑고, 가슴 속이 올바르지 못하면 눈동자는 흐릿하다. 그의 말을 듣고 그의 눈동자를 살핀다면, 사람이 어찌 자신을 감출 수 있겠는가?"라고 이야기 한 적이 있다. 사람 '전체'의 '부분'으로써의 눈동자는 '인'의 전체를 판정하는 '단서'로 간주될 수 있는데, 그러므로 맹자의 '관상보는(相人)'재주 가운데 '유기체론'적 사고의 특색이 숨겨져 있다. 이런 유기체론은 각종 사물의 상호의존성에 대한 긍정을 내포하고 있고, 개인과 사회집단이 서로 주체가 되고 서로 의존하는 것 뿐 아니라, 개인과 우주 역시 서로 의존하며 소외될 수 없다고 여긴다. 이런 상호의존성의 관점은 사실 깊은 현대적 의미를 가지고 있는 것이다.

제4절 21세기 대만의 전망

지금 우리가 논의할 수 있는 것은, 위에 언급한 고전유가사상 가운데 (1) '생명 각각의 측면은 일종의 연속성'이라는 견해와 (2) 유기체론적 관점인데, 이 두 가지 정신유산이 21세기 대만의 발전에 어떤 참신한 의미를 가지고 있는가?

이 문제에 대한 사고는, 반드시 2차세계대전 후 대만이 경험한 대변으로부터 시작해야 한다. 전후 대만의 변천에는, 측면도 많을 뿐 아니라 폭도 깊다. 그러나 그 중 가장 관건적인 것은 신속한 공업화가 대만을 농업사회에서 공업사회로 전환시켰다는 것이다. 통계숫자로 보면, 대만농업인구는 1952년의 52.4%, 1960년의 49.8%에서 매년 경감하여 1989년에는 18.1%까지 떨어졌다. 전후 대만의 인구구조 중 농업인구가 갈수록 줄어듦에 따라, 대만의 국내순생산(Net Domestic Product, NDP) 중 농업부문이 차지하는 비율이 갈수록 떨어진데 반해, 공업부문의 생산력은 안정적으로 성장했다. 1952년 농업부문과 공업부문의 비교에서는, 30.0%대 18.0%이었다. 그러나 1964년에는 농공업 두 부문이 각각 절반씩 차지하여 28.3%대 28.9%의 대비를 이뤘다. 1963년 이래로, 공업부문은 농업부문을 앞질렀고, 1980년까지 쇠퇴하여, 농공업부문의 비율이 9.2%와 44.7%가 되었다. 1987년에는 6.2%대 47.1%, 1989년에는 5.9%대 43.5%가 되었다. 이로써 우리는 전후 대만이 이미 경제구조의 전환을 이뤘음을 분명히 볼 수 있다. 이것은 화교 사회 가운데, 역사상 처음으로 농업사회에서 공업사회로 철저히 전환하여 전통적인 일원화 사회정치구조가 점차 '다원주체병립'의 새로운 사회정치형태의 방향으로 간 것이다.

전후 대만의 신속한 공업화는, 물론 경제적으로 대만에게 이른바 '대만기적'을 창조하여 대만이 성공적으로 '신흥공업국'(NICS) 집단에 들어가게 했지만, 신속한 공업화는 대만에 많은 문제들을 가지고 왔다. 예를 들면, 사람과 사람 사이의 소외가 개인으로 하여금 고독감의 학대를 크게 받게 했고, 사람과 자연간의 소외가 자연환경의 파괴를 가속화시켜 대만으로 하여금 공기오염, 물오염과 공업오염에 빠지게 했다.

이상 언급한 대만의 신속한 공업화가 불러온 사람과 사람 및 사람과 자연 간의 소외는 21세기에 더 심각해 질 것이다. 행정원 경제건설위원회의 예측에 의하면, 서기 2000년에 이르면, 대만의 서비스업이 국내총생산의 절반 이상이 되고, 도시화도 아주 신속하게 발전할 것이다. 생산 측면에서 보면, 국내총생산(Gross Domestic Product, GDP) 중 서비스업이 차지하는 백분율이 나날이 중요해져, 1985년에는 44.3%로 공업의 49.7%보다 낮았지만 서기 2000년이 되면 50.5%가 되어, 공식적으로 대만에 '탈산업사회'가 임했음을 선포할 것이다. 이 서비스업이 고도로 발전하는 대추세 아래, 각부문의 취업인구 역시 구조적인 변화가 일어났다. 대만지역 매 1,000명 가운데 취업인구의 백분율이, 1985년에는 농업부문이 17.5% 공업부문이 41.4% 서비스업이 41.1%를 차지했다. 그러나 2000년이 되면, 행정원 경제건설위원회의 예측으로는 농업부문이 차지하는 취업인구 백분율이 9.1%까지 하강하고 공업부문이 39.4%, 서비스업은 51.5%에 다다를 것으로 보인다. 이러한 발전추세 가운데, 매 1,000명 중 직업훈련을 받아 본 사람수 역시, 1985년의 102명에서 서기 2000

년에는 165명까지 올라갈 것이다.[22)]

다시 인구의 거주지 및 생활형편에서 보면, 도시인구가 대만총인구에서 차지하는 비율은, 1985년에 73.0%였고 서기 2000년에는 87%까지 상승한다. 도시화정도의 심화에 따라, 대만의 인구 가운데 수돗물 사용률도 1985년의 77.9%에서 서기 2000년에는 86.5%로 상승한다. 매 가정이 매달 사용하는 전력량도 1985년의 47.0KWH에서, 2000년에는 99.3KWH로 상승한다.[23)] 이러한 발전추세는 모두 대만이 21세기에 벨(Daniel Bell, 1919-)이 말한 '탈산업사회'(post-industrial society)로 진입하는 것을 보여준다.

상술한 산업사회에서 탈산업사회까지의 소외감 문제에 대해, 우리는 본문 3절에서 토론한 고전유학의 유기체론의 관점에서, 어느정도의 교정치료효과를 발휘할 수 있다. 유기체론의 관점에서, 고전유가는 민포물여(民胞物與)를 주장하는데, 그들은 사람과 사람 사이는 서로 소외되는 것과 서로 적대투쟁하는 것이 아닐 뿐만 아니라, 공생공영하는 것이라고 여겼다. 역시 같은 관점에서, 고전유가는 '천인합일'의 입장으로 사람과 자연의 관계를 처리하는데, 공맹은 줄곧 인문질서와 자연질서가 근대 서방문화 가운데 보여지는 '파우스트 정신'에서의 대항관계가 아닐 뿐만 아니라, 서로 조화하며 서로 편안하게 하는 관계라고 주장한다.

고전유가의 눈에 자연세계는 왕성한 생기가 충만하고, 이런 생기와 인성 중에 흐르는 생기는 서로 영향을 주고 받으며, 사람은 '하늘이 만물을

---

22) Council for Economic Planning and Development, R.O.C. ed., *Perspectives of the Taiwan Economy up to the Year of 2000* (Taipei,1986), p.24.

23) *Ibid*., p.92.

양육함을 도울 수'(贊天地之化育) 있다. 고전 유가는 사람과 자연의 조화에서 출발하여 자연스럽게 '그물을 못에 넣어야 함'(數罟不入洿池)과 '도끼를 제 때에 숲에 가지고 가는 것'(斧斤以時入山林)을 강조한다. 이러한 생태보육의 논점이 산업화 속 자연에 대한 학대에 대해 특별히 깊은 계시적 의미를 지니고 있다.

다음은 대만에서 21세기로 접어들 즈음, 1987년 계엄령이 해제된 것은 하나의 관건적인 사건이다. 1987년 이후, 대만의 민주화는 신속하게 발전했다. 근래에 대만의 민주화는 당연히 광복후 경제발전에 따라 중산계급이 튼튼해짐과, 교육의 보급으로 출현한 지식계층의 빠른 확장이 그 배경이 된다. 통계자료에 따르면, 6세이상의 문맹이 전국인구에서 차지하는 비율이, 1952년의 42%에서 1981년의 7.1%로 급히 하강했고, 중등교육을 받은 인구가 전국인구에서 차지하는 비율도, 1952년의 8.8%에서 1989년의 44.9%로 상승했다.[24] 교육보급화의 발전은 이미 대만인구구조 중의 지식수준에 상당한 정도의 변모가 있게 했고, 중산계급이 형성되게 하는 동시에 대만사회의 지식계층도 날로 장성하게 했다. 지식계층의 성장과 서방 민주사조의 충격은 근래의 대만민주개혁을 가속화했다.

그러나, 대만의 민주화발전은 기본적으로 최근 몇백년간 구미 민주정치의 궤적 위를 걷고 있는데, 정치영역을 제반계급, 사회집단 혹은 족군의 이익 충돌 및 조정의 장소로 보고 있다. 정치는 더이상 고대 중국 유가가 상상했던 '도덕적 지역사회'가 아니고, 정치인물도 더이상 인민도덕복지의 창조자(그들이 항상 도덕적 깃발을 걸고, 도덕적 언어를 외치지만)가 아

24) Council for Economic Planning and Development, R.O.C. ed., *Taiwan Statistical Data Book* (Taipei, 1990), p.7, Table 2-4b.

니며, 자기이익의 추구자, 조정자이다. 이런 이론적 기초 위에 세워진 대만민주정치는 자주 '개인'과 '무리'를 조화할 수 없는 적대적 존재로 본다. 근래에, 대만사회 가운데 개인주체의식의 고도의 각성을, 중국역사상의 개인주체성이 당한 사회적 압제와 비교하자면, 물론 부족한 것을 메우는 고귀한 의미가 있지만, 빠른 민주화가 이런 급속히 성장한 개인주체의식을 그다지 건전하지 않은 '개인주의'의 병태로 유도하였는데, 소위 '내가 좋으면, 뭐든지 된다'라는 심리상태로, 이런 병태의 한 표현인 것이다. 1993년 3월 27일 대북시의 택시 기사들이 대북시정부가 제정한 택시요금률이 너무 낮은데 불만을 품고, 집단으로 저속운전하는 방식으로 대북시정부 둘레의 도로를 돌며 교통을 마비시켰다. 이 생생한 예는 최근의 대만 민주화가 개인주체의식을 고도로 각성시켜 '개인'의 이익을 추구하여 집단의 공동이익을 해하는 폐단을 면하지 못함을 충분히 설명해 주고 있다.

이 시대의 고질병에 대해서, 고전유가가 강조하는 '각 사람 생명의 각기 다른 측면은 연속성을 지닌다'는 이 관점은 참신한 계시를 가지고 있다. 고전유가는 줄곧 '개인'은 홀로 떨어져 세상을 등진 고독한 개체가 아니라, 깊숙히 무리 가운데 배어들어, 유구히 흐르는 민족문화와 공생공영하는 개체라고 여겼다. 이렇게 '개인'과 '사회'구성이 끊어지지 않는 연속체라는 주장은, 확실히 21세기 대만에 나타난 불건전한 개인주의에 대해 어느정도의 교정치료의 기능을 발휘한다.

제5절 결론

우리는 본문에서 논의한 '21세기를 향하여 발전하고 있는 대만이 어떻게 유가사상전통을 대해야 하는가?'라는 문제를 추상적이거나 순이론적 입장에서 이야기할 수 없다고 생각한다. 그리고 반드시 전후 대만의 구체적인 역사맥락 가운데 놓고 생각해야 한다. 이런 각도에서 보면, 우리는 다음과 같은 것을 발견할 수 있다: 전후 대만에서는 유가사상을 두 진영으로 나눌 수 있다. 하나는 초중고등학교 교과서를 대표로 하는 '관방유학'인데, 이것은 국가정치목표의 지지자로서 유가사상에 대해 고도의 선택적인 해석을 가하며, 국가정치목표 혹은 정치수령의 언행을 지지하여 전통문화적 기초를 제공한다. 다른 하나는 민간학자 혹은 지식인들이 해석한 '민간유학'인데, 이는 민족문화의 정체성을 강조하며 정치적 정체성에서 멀리 떨어져 있다. 그러나 전후 대만의 역사적 상황 가운데, 공식적인 교육시스템을 통해 발휘한 '관방유학'의 영향력이 '민간유학'보다 컸다. 전후 대만의 유학에서 나타나는 두 계통의 상태가, 사실은 중국유학사에서 자주 있었던 사례의 현대판일 뿐이다.

21세기를 향하는 오늘날의 대만에서, 우리는 반드시 한대 이래로 있었던 각종 '관방유학'의 분쟁과 곡해를 초월하여, 선진 공맹의 원시교의로 돌아가 유학이 새로 만들어 내는 정신적 원천을 구해야 한다. 이런 정신적 원천이 특별히 가지는 현대적 의의는 두가지이다. 하나는, 연속성의 관점이고, 또 하나는 유기체론적인 관점이다. 전자는 21세기 대만의 민주정치에 대해 유연함을 발휘하는 작용을 할 수 있어, '개인주체성'이 빠르게 성장하는 새 시대 가운데, '개인'과 '사회'의 대립이 조금씩 저하되게 한다. 후자는 21세기 대만 경제 발전의 과정 중, 사람과 사람 및 사람과 자연의 소외감을 조금씩 누그러뜨릴 수 있다. 이 두가지 원시 유학 정신 모두 새 시대의 대만을 위해 전통문화의 기초를 다질 수 있다.

마지막으로, 다시 한번 강조하고 싶은 것은 21세기를 향하고 있는 대만의 과정 가운데, 우리는 반드시 유가사상이 포함된 모든 전통문화에 대해, 이분적이고 기계적이 아닌, 포용적이고 유기적인 관점을 취해야 한다. 우리는 반드시 유구한 전통문화의 정신적 기초 위에 세우는 것이야말로, 21세기 대만이 근본이 서고 장구할 수 있는 새 생명이 됨을 통절히 인식해야 한다. (본 논문의 초고는 선칭송(沈清松)이 펴낸《해석과 창조: 전통 중국문화와 미래의 발전》(詮釋與創造：傳統中國文化及其未來發展), 臺北：聯合報文化基金會, 1995, 頁523-548에 게재되었음.)

제 7 장 역사의식과 21세기 양안관계의 전망

제1절 머리말

21세기 동아시아 지역이 직면한 중대한 과제 중에 대만과 중국대륙의 관계를 어떻게 조정할 것인가의 문제가 있다. 이는 대만의 2천만이 넘는 거주민들의 복지에 영향을 줄 뿐만 아니라, 중국의 미래 발전의 향방을 결정하고 21세기 아시아 지역의 평화와 안전에 영향을 미치는 문제다. 이 과제의 중요성, 복잡성 및 불확정성으로 인해, 각계 인사들의 인식의 차이가 매우 크고 견해가 일치하지 않는다. 또한 양안해협에 대한 각양각색의 전망 가운데 '통일'과 '독립'은 스펙트럼의 양극에 자리 잡고 같다. 이 두 극단 사이에, 여러 서로 다른 통일과 독립의 담론이 존재한다. 심지어 '통일 중의 독립'(統中有獨)이나 '독립 중의 통일'(獨中有統)이라는 주장도 존재한다. 그러나 이 글에서는 분석하기 쉽고 문제의 소재를 분명히 드러내기 위해 '이상형'(Ideal type)으로서 (1)'급진통일'(이하 급통)(急統)과 (2)'급진독립'(이하 급독)'(急獨)이라는 두 가지 담론만 토론할 것이다.

1) '급통'이란 대만이 가까운 시간 내에 중국대륙과의 통일을 달성해야 한다는 것이다.
2) '급독'이란 대만이 최대한 빨리 중국대륙과의 갈등에서 벗어나 독립적인 신국가를 건설하는 방향으로 나아가야 한다는 것이다.

역대 대만사회가 진행한 여론조사 데이터는, '급통'이나 '급독'이 주류의 여론은 아닌 것으로 나타나고 있지만,[1] 이 두 담론은 몇 가지 대동소이한 2차적 논점들을 갖고 있다. 또한 각각 그 담론에 대한 추종자들이 있는데, 각계 인사가 언론시장에서 서로 대치하고 있다. 그러나 쟁론이 많을수록, 논자들은 문제를 풀려다 더욱 엉켜 버리고, 듣는 사람들은 어디서부터 풀어야 할지 모르는 상황을 면하기 어렵게 된다. 그러므로, 학자들은 예견할 수 있는 미래에 양안해협이 대체적으로 평온할 것이라 예측하지만,[2] 이 두 극단의 입장에 대해서 더 토론해야 할 필요가 있겠다.

대만과 대륙의 미래 관계 전망에 관한 이 두 가지의 담론은 각기 일정한 근거를 갖고 있다. 이치에 따르는 이유들이 물과 불처럼 그 주장이 서로 호환되지 않지만 서로 다름 가운데 같은 점도 있다. 둘 모두 '초조함의 불확정성'을 기초로 하여, 알렉산더 대왕(356-323 B.C.)의 보검을 들고 '고

1) 參看：http://www.mac.gov.tw/mlpolicy/pos/9101/9101.htm
2) Ralph N. Clough, "Taiwan-PRC Relations," in Robert G. Sutter & William R. Johnson, eds., *Taiwan in World Affairs* (Boulder, Co: Westview Press, 1994), p.233.

르디우스의 매듭'을 잘라내는 가장 간편하고 빠른 방법으로 긴 역사 속에 누적되어온 문제들을 해결하길 바란다. 만약 시간의 깊이가 부족하다는 특징을 두 담론을 하나로 묶어서 본다면, 우리는 전자를 '급통파'라 부르고 후자를 '급독파'라고 불러도 무방할 것이다. 둘 모두 깊은 역사의식에서 양안해협의 미래 관계를 생각하지 못하고 있다.

양안 관계의 전망이라는 이 삼라만상의 다양한 변수가 작용하는 중대 문제를 이 유한한 지면에서 전면적으로 논의할 생각도 없고 논의할 수도 없을 것이다. 필자는 '역사의식'이라는 초점에 집중하여 '급통파'와 '급독파'라는 두 담론이 내재하고 있는 문제들을 분석하여 양안관계의 참고로 삼고자 할 뿐이다. 이 글의 제1절인 '머리말'에서는 본문의 주제를 언급하고, 제2절에서는 4백년 동안의 대만 역사가 보여주고 있는 것이 결국 대만과 중원 사이에 작동하고 있는 원심력과 구심력의 줄다리기임을 제기한다. 대만과 대륙의 미래는 마땅히 원심력과 구심력이라는 상호관계의 역사적 맥락 속에 놓고 고려해야 한다. 제3절에서는 '급통파'의 주장이 대만사가 형성한 역사의식을 바로 보지 못하므로 대만의 주체성을 잃어버리는 위기를 피할 수 없음을 논의한다. 제4절에서는 '급독파'가 대만의 주체성을 과도하게 팽창시키는 것을 면할 수 없어서 결국 양안관계의 전망에 대해 백년 가까이 중국사가 형성한 역사의식과 민족주의 정서를 소홀히 하고 있음을 분석한다. 제 5절은 역사의 각도에서 양안 관계의 전망에 대한 새로운 시각을 제기한다. 마지막 절에서는 결론적인 관점을 제기해 보고자 한다.

제2절 대만사의 주제: 원심력과 구심력의 줄다리기

한인들이 대만에 유입되어 온 이래, 문자의 기록이 있는 대만사는 유구한 중국사에 비해 짧긴 하지만, 복잡한 족군 관계, 무역 왕래, 문화 교류, 정권 교체 등의 요인이 집결되어 대만사가 갖는 함의와 범위는 모두 대단히 복잡하다. 따라서 대만사를 해석하는 연구자들의 논점도 매우 다양하다. 예를 들면, 현재 학계는 전후 대만의 발전에 대해 각종 다양한 이론을 갖고 있는데, 고전파 자유주의 경제학자는 시장 경험의 입장에서 '대만 경험'을 해석하고, 급진파 학자는 '종속이론'(Dependency Theory)이나 '세계체제론'(World System Theory)으로 해석을 시도한다. 보수파 학자는 지정학적, 사회문화적, 역사적 장기 요인으로 '대만 경험'을 해석해 왔다.[3] 전후 대만역사에 대해 각기 서로 다른 이론들이 경쟁하고 있다. 전체 대만사에 대한 해석은 해석자의 입장에 따라 더욱 서로 다른 견해가 존재한다. 필자가 본 절에서 제기하고자 하는 견해는 (a)대만사의 주제 중 하나는 대만과 중원간의 원심력과 구심력 사이의 줄다리기라는 것이다. 소위 '원심력'은 대만이 중원의 한인들이 바다 끝 낙원으로 이민을 온 것이기 때문에 줄곧 중원 전제 정권에 대한 강한 배척 의식을 갖고 있고 자유로운 생활을 추구하는 내재적 동력을 가리킨다. '구심력'은 중원이 대만 이주민들의 문화적 고토이므로, 대만 거주민들은 모두 중원문화에 대해 어느 정도의 그리움을 갖고 있음을 가리킨다. (b)역사의 진행과정 속에서

3) 각종 담론에 대한 최신의 종합토론은 다으을 참고하시오. Edwin A. Winckler and Susan Greenhalgh, "Analytical Issues and Historical Episodes," in Edwin A. Winckler et. al. eds., *Contending Approaches to the Political Economy of Taiwan* (New York: M.E. Sharp, Inc., 1988) , pp.3-19.

'원심력'과 '구심력'의 배척작용 및 대만과 대륙 간의 정치사적 단절로 인해, 대만 거주민의 이상과 현실 사이에는 일정 정도의 분열성과 긴장성이 형성되어 있다. 필자는 이상의 두 논점을 설명하고자 한다.

(a) '원심력'과 '구심력'의 상호작용과 배척은 4백년간 대만사의 큰 주제인데, 이 역사의 주제가 역사사상과 문학창작 가운데 매우 깊고 선명한 방식으로 드러난다.

우선, 역사적 시각에서 보면, 대만인의 역사 사유 가운데 정성공(鄭成功)이라는 역사적 인물의 이미지가 대만사의 진행과정 중 '원심력'과 '구심력'의 줄다리기 양상을 아주 잘 드러내고 있다고 할 수 있다. 정성공(鄭成功, 1624-1662)은 1662년 5월 8일 39세의 한창 나이에 대만에서 세상을 달리했는데, 그의 역사적 비극은 결국 그의 역사적 역할이 결정한 것이다. 어떤 측면에서 보면, 서기 1653년 남명시대 영력(永曆) 황제가 정성공을 연평군왕(延平郡王)으로 봉할 때 글을 써서 그가 동남쪽에서 지주가 되고, 많은 유민들이 번성하길 기대했는데,[4] 남명 정권은 정성공이 바다 밖 고도에서 대명정권의 정통명맥을 이어나가길 기대했던 것이다. 그러나 다른 측면에서 보면, 정성공이 부대를 이끌고 대만을 개척한 것은, 또한 옛 대륙과 고별하고 새로운 국면을 열고자 했던 함의가 있다. 서기 1661년(명 영력 15년), 정성공은 부하 장수에게 다음과 같은 말을 했다. "내가 대만을 정복하려는 것은 근본의 터로 삼아 가속을 안정시킨 후, 사방을 토벌하여 나라에 대한 근심 없이 힘을 모아 세상을 교훈케 하려 하는 것

4) 楊英：《從征實錄》(臺北：臺灣銀行經濟研究室, 1958), 頁39。

이다."[5] 네덜란드 통사였던 하빈(何斌)은 정성공에게 대만 지도를 헌납하면서, "대만은 비옥한 땅이 천리에 이르고 … 십여년 간 백성을 늘리고 가르치면 나라가 부해지고, 군사가 강해져 중국과 충분히 맞설 수 있다"라고 했다.[6] 이상의 논점을 살펴 보면, 정성공과 그 부하 장수들의 대만 진공에 대한 인식은 분명 '창건'(開創)의 의미가 '회복'(恢復)보다 훨씬 큰 것으로 보인다. 정성공의 일생은 그의 반청복명 사업의 곤경을 구체적으로 보여주는데, 그는 북벌에 실패하고 민남 지역을 확보하지 못해 대만을 공격하고 점거하여 부흥의 기지로 삼고자 했으나, 주둔한 날이 길어지면 대만은 반드시 점점 강해지는 '원심력'으로 곤경에 처하게 된다. 정성공은 역사적으로 대만과 중원 간에 벌어지는 '구심력'과 '원심력'의 줄다리기의 중심점에 위치하고 있는 것이다. 1680년 정성공의 아들이 유지를 계승하여 대륙을 반격했지만 성과 없이 돌아오자, 모친인 동태비(董太妃)에게 호된 꾸지람을 당한다. 이 역사적 사실은 정씨 정권이 역사상 '구심력'

5) 同上書, 頁184-185。

6) 江日昇：《臺灣外紀》(臺北：世界書局, 1979), 頁191。사학계에는 과거 정성공이 도대체 중국 고유 영토인 대만을 회복하려는 것이었는지, 아니면 이민의 새로운 땅을 개척하려했던 것이엇는지, 논쟁이 많았다. 양윈핑(楊雲萍)은 정성공이 고토를 회복하려는 것이 아니었다고 인식한다. 다음을 참고하시오. 楊雲萍：〈鄭成功的歷史地位--開創與恢復〉, 收入黃富三、曹永和編：《臺灣史論叢》(臺北：眾文圖書公司, 1980), 頁 99-104；고토를 회복하려 했다는 시각에서 정성공을 논한 연구는 다음을 참고하시오. 黃典權：〈鄭延平臺灣世學〉, 收入：《臺灣史論叢》, 頁105-124；盛清沂：〈明鄭的內治〉, 收入：《臺灣史論叢》, 頁125-162。사실, 정성공의 역사적 역할에 대해 그는 개척과 회복의 두가지를 모두 겸하여 갖고 있다고 할 수도 있다. 정성공은 그의 역사적 역할의 독특성 때문에 여러 역사 소설의 중요한 소재가 되었다. 이에 대해서는 다음을 참고하시오. 二宮一郎：〈鄭成功に題材をとった歴史小說について〉, 《臺灣史研究》第9號(1991年3月31日, 臺灣史研究會), 頁43-46。또한, 1987년 7월 18일부터 22일까지 샤먼대학 대만연구소에서 주최한《정성공 국제학술회의》(鄭成功國際學術會議)에서 여러 편의 논문이 정성공의 역사평가 문제를 다뤘는데, 이에 대해서는 다음의 연구를 참고하시오. 松田吉郎：〈鄭成功研究國際學術會議に參加して〉, 《臺灣史研究》, 第7號(1989年2月10日), 頁9-13。

과 '원심력'의 긴장 가운데 몸을 둘 데가 없는 처지를 잘 드러내고 있다. 천자오잉(陳昭瑛)은 정씨 정권의 곤경을 이렇게 보았다.[7)]

> 어떤 측면에서는 명 황실을 중흥시키는 것이 정씨가 대만에서 정권을 유지하는 정당성의 기초였다면, 다른 측면에서는 명조의 중흥에 부합하고자 대륙에 출병했던 행동이 오히려 백성을 궁핍하게 하고 국가재정을 빈곤하게 만들어 대만에서의 정권 유지에 위기를 불러왔다. 유민(遺民) 정부의 곤경이 바로 여기에 있는 것이다.

이러한 견해는 빈틈없이 정씨 정권의 역사적 역할과 그 곤경을 잘 지적하고 있다. 정성공이라는 이 역사적 인물에게서, 우리는 대만역사 가운데 작동하는 '구심력'과 '원심력'의 힘겨루기를 구체적으로 볼 수 있었다. 그러나 반드시 설명해야 할 것은 '원심력'이 생긴 것은 곧 '구심력'에 역점이 없어 정착하기 어려운 까닭에 부득불 다른 출로를 꾀하다 빚어진 일이다. 오늘날 타이난(臺南) 시의 정성공 사찰에는 청 말기 순무(巡撫)인 선바오쩡(沈葆楨, 1820-1879)의 만련(輓聯, 역자주: 2행 연구로 이뤄진 비가)이 높이 걸려있는데, 이 만련은 두 역사적 힘의 줄다리기 상황을 잘 설명해 주고 있다.[8)]

> 만고(萬古)가 열려 있어 미증유의 기이함을 획득하고
> 홍황(洪荒)이 산천에 머물러 유민세계(遺民世界)가 되었구나.

---

7) 陳昭瑛:〈明鄭時期臺灣文學的民族性〉,《中外文學》第22卷·第4期(1994年三月), 頁40。
8) 夏琳:《閩海紀要》(臺北:臺灣銀行經濟研究室, 1958), 頁30。

궁극의 일생은 어떠한 경우의 수도 있을 수 없으니

모든 천지(天地)를 되돌릴 수 있는 신이 아님을 유감스러워 할 뿐이다.

開萬古得未曾有之奇, 洪荒留此山川,

作遺民世界

極一生無可如何之遇, 缺憾還諸天地,

是創格完人

위 만련의 첫 구가 말하는 것은 정성공이 복건지역 이민자들을 이 아름다운 섬 대만에 이끌고 들어와 참신한 '유민세계'(遺民世界)를 창건하고 오랜 전제정치에 의한 악몽과 작별했다는 것이다. 아래 구에서 감탄하고 있는 것은, 정성공과 그 자손이 개척한 대만을 마침내 대청 제국이 되찾아 그 판도에 다시 편입했다는 것이다. 이런 역사의 '유감'(缺憾)은 천지로 하여금 비애를 머금게 한다. 정성공의 부친인 정지룡(鄭芝龍, ?-1661)이 청조에 의해 베이징에 구류되었을 때, 정성공에게 글을 써 자신의 아들이 만청과 합의하기를 구했으나, 정성공은 움직이지 않고 거절했다.

정성공은 후에 죽음에 임했을 때 스스로를 한탄하여 이르기를 '충과 효를 모두 저버렸구나'라고 한탄했는데, 그가 대만 역사의 '구심력'과 '원심력'의 두 힘 사이에서 눌림을 당하며 전전긍긍했음을 잘 보여주는 것이다. 그의 대만에서의 통치는 이중적 성격을 갖는데, 어떤 측면에서는 대만을 집이자 나라로 삼았다. 롄헝(連橫)은 정성공이 대만을 개척한 사적을 서술하며 '건국기'(建國紀)라 칭했다. 또 다른 측면에서 정성공은 대만을 농축된 중국으로 여겼는데, 대만을 통치한 궁극적 목적이 이 농축해

놓은 중국을 참된 중국 땅으로 확대하겠다는 것이었다.[9] 후자는 '구심력'의 표현이고, 전자는 '원심력'의 표징이다. 정성공은 바로 이 두 힘이 형성한 모순 가운데 역사적 비극을 맞이한 것이다.

'원심력'과 '구심력'의 힘겨루기는, 정성공이라는 이 역사적 인물에게서뿐 아니라 대만의 문학작품 가운데에도 드러난다. 17세기 이래로 대만으로 이민해 온 중원의 문인학자들이 아주 많았고, 그들의 시문 중에는 '사귀'(思歸)와 '장류'(長留) 사이의 심리적 갈등이 자주 나타나는데, 각각 대표적인 시를 예로 들어 보겠다. 본적이 절강 은현(鄞縣)인 선광원(沈光文, 1612-1688)은 그의 시작품에 고향에 대한 그리움이 가득 차 있는데, 아래의 시가 자못 대표성을 지닌다.[10]

> 매년마다 돌아가자고 하였으나 생각에 그쳤고
> 슬퍼도 길이 없으니 누구와 동행하리오.
> 매미는 이슬을 머금고는 배부르지 못하고
> 학이 높이 날아가는 길은 허공이라네.
> 푸른 바다에 파도가 날리니 눈꽃과 같고
> 가을바람은 밤에 부니 마지막 낙엽이 되는구나.
> 추위에 떠는 기러기가 남쪽으로 날아가는 것을 보면서
> 소식을 묻노니 돌아오려면 동쪽으로 넘어야 하리.
> 歲歲思歸思不窮, 泣歧無路更誰同。
> 蟬鳴吸露高難飽, 鶴去凌霄路自空。

9) 陳昭瑛, 前引文, 頁36。
10) 連橫 :《臺灣詩乘》(臺北 : 臺灣銀行經濟研究室, 1960), 頁7-8。

青海濤奔花浪雪，商飆夜動葉梢風。

待看寒雁南飛至，問訊還應過越東。

시 중 첫번째 문장이 드러내는 것은 이민 초기의 마음속 깊은 곳에 고향을 그리워하며 '구심력'의 끌어당김의 고통을 받고 있음을 보여준다. 그러나 같은 시대 대만에 온 강소화정(江蘇華亭) 본적의 쉬푸위안(徐孚遠, 1599-1655)은 그의 시 '도화'(桃花)에서 완전히 다른 심경을 드러내고 있다. 시는 이렇게 말한다.[11)]

바다와 산에 봄 기운이 한가로이 오고

꽃잎이 피는 것이 사람 얼굴이 피는 것과 같구나.

천 년 전에 진나라를 피해 온 곳이 진정 이곳이더냐!

군에게 묻노니 무릉에 돌아갈 필요가 어디 있겠는가!

海山春色等閒來，朵朵還如人面開；

千載避秦真此地，問君何必武陵回！

이 시의 글귀 가운데 표출되는 것은 새 땅 대만에 대한 이민자들의 포옹이다. 그들은 신선들이 왕래하는 이 땅 대만을 진나라를 피할 승지이자, 전제중국을 거부하는 바다끝 낙원으로 여겼다. "군에게 묻노니 무릉에 돌아갈 필요가 어디 있겠는가"(問君何必武陵回)라는 시구에는 대만 역사 가운데 중원에 대해 작용하는 '원심력'이 유감없이 드러나고 있다. 이상을 종합하여 말하면, 정성공이라는 역사 인물의 역할로 보든 대만 문학

11) 同上書, 13-14。

작품의 내용으로 보든,[12] 대만 역사와 문화 속에 중원에 대한 '원심력'과 '구심력'이 동시에 서로 힘겨루기를 하고 있다는 것은 확실히 몇 백 년 동안 대만 역사와 문화의 큰 주제였다.

(b) 그러나, 위에서 이야기 한 '원심력'과 '구심력'의 상호작용은 구체적이고 특수한 대만 역사 상황 가운데 줄다리기처럼 진행된 것이다. 수 백 년 동안 이뤄진 대만 역사 발전의 독특성은, 네덜란드(1624-1661), 명정(1661-1683), 만청(1683-1895), 일본(1895-1945)과 중화민국 정부(1945-)의 통치를 겪으면서 정권이 여러 차례 바뀌고 상전벽해하면서 통치 주체가 끊임없이 교체된 것이다. 1895년 대만이 할양된 후로, 대만은 대륙과 완전히 관계가 끊겨 '원심력'이 빠른 속도로 발전했고, '구심력'과의 당김 작용으로 인해 대만 주민의 이상과 현실 사이에 불중첩성이 형성되었다.

이상과 현실의 불중첩성은 서기 1895년 대만이 일본에 할양되고 나서 하나의 역사현상으로 작용하기 시작했다. 할양 이후, 대만인의 이상과 현실 간 분열이 나타났다. 리춘성(李春生, 1838-1924)은 그 대표성을 갖는 사례가 되는 인물이다. 리춘성의 본적은 복건 지역의 샤먼으로 가정형편이 매우 가난했으며 유년시기 아버지를 따라 세례를 받고 기독교에 귀의했다. 후에 양행에서 배우고 독학으로 영어를 배우는 데 성공하여 영국 양행의 조수가 되었다. 그의 사업은 태평천국의 영향을 받아 1865년 29

12) 이상의 명정(明鄭) 시기 대만문학에 대한 토론에 대해서는 다음을 참고하시오. 陳昭瑛, 前引文, 頁38-43。

세 되던 때 복건에서 바다를 건너 대만으로 왔다. 리춘성은 대만에 온 이후 먼저 보순양행(寶順洋行)에서 매판(買辦)직을 맡았고, 얼마 지나지 않아 화기양행(和記洋行)의 구매직으로 일했다. 후에 스스로 상사를 경영했는데, 가장 먼저 북부 우롱차의 재배와 판매를 대대적으로 널리 보급하는 동시에 다원화된 경영을 통해 타이베이의 이름난 거상이 되었다. 1895년에는 다시 대만의 첫 석유수입 대리상이 되었다. 정치적으로는, 그의 일생이 두 정권에 걸쳐 있는데, 각각의 정권 아래서 모두 정치에 참여했다. 먼저 타이베이성과 지룽-신주 사이의 철로 건축에 참여했고, 1895년에 다시 정권이 교체되는 중에 중요한 역할을 하며 대만의 질서유지에 많은 힘을 보탰다.

필자가 리춘성의 정체성을 연구할 때 발견한 것은, 1895년 이전 리춘성은 비록 강한 중국문화 정체성을 갖고 있었지만, 당시 많은 중원지역 유생 사대부들처럼 대청 정권에 대해 강한 귀속감을 품지는 않았다. 대청제국의 백성에서 일본 국적의 화교로 전환한 자로서 리춘성은 정치적으로 일본제국에 정체성을 두었지만, 문화적으로는 여전히 중화문화와 중화민족을 동일시의 대상으로 삼았다.[13)]

대만의 정권이 전환될 즈음 리춘성이 보여준 이상과 현실의 분열은, 사실 최근 백년 넘게 대만인, 더욱이 대만의 지식인들이 정체성의 문제를 처리할 때의 공통된 상황이었다. 그러나, 대만 지식인들의 중원문화에 대한 이상에 있어서의 정체성은 추상적인 것이며, 구체적이고 현실적인 면에서는 정권에 연관되어 있었다. '추상적인 것'과 '구체적인 것' 사이에

---

13) 參考黃俊傑、古偉瀛：〈新思與舊義之間—李春生的國家認同之分析〉, 收入李明輝編：《李春生的思想與時代》(臺北：正中書局, 1994)。

격차를 생기며, 심지어는 서로 모순되기까지 했다. 이러한 격차나 모순이 바로 대만 지식인들이 직면하는 고통의 중요한 근원 중 하나다. 일제시기 약간의 이름있는 대만 국적 지식인들을 예로 들어 설명해 보겠다.

일제시대 대만의 대지주인 린셴탕(林獻堂)을 오래 동안 따른 예룽중(葉榮鐘, 1900-1978)은 그의 회고록에서, 자신의 이상 속 '조국'에 대해 다음과 같은 자기분석적 글을 남겼다.[14)]

> [···] 우리는 할양된 대만에서 출생하여 조국의 땅을 밟아본 적이 없다. 조국의 산천도 본 적이 없다. 대륙에 혈족도 없고 친척과 인척도 없다. 문자적으로 역사와 전통문화에 연결되어 있을지 모르지만 다른 부분에서는 그 어떤 연결도 되어 있지 않다. 조국은 단지 관념 속에서만 존재하고 실감할 수 있는 경험 속에는 존재하지 않았다. 그러나 우리들은 조국에 대한 매우 강렬한 구심력을 안고 살았다. 이 힘이 소위 '민족정신'이다. [···] 우리 관념 상의 조국은 도대체 어떤 모양의 국가인가. 우리의 조국에 대한 관념은 역사적 문자로 구성된 것이 대부분이다. 우리가 일본인들에게 저항할 때 일본인들의 입에서는 여지 없이 "너네들이 일본 신민이 되기 싫다면 지나로 돌아가면 되지 않느냐"는 말이 나왔다. 이런 연고로 일본인의 핍박이 심해질수록 대만인의 조국에 대한 감정은 더욱 절실해졌다.

이 단락의 자술은 일제시대 대만국적 지식인들이 끌어안고 있는 중원문화에 대한 감정이 일본 식민주의자들의 압박 하에 차츰 형성된 일종의

---

14) 葉榮鐘：《小屋大車集》(臺中：中央書局, 1977), 頁212-213。

추상적인 문화조국에 대한 감정임을 아주 정확하게 보여주고 있다. 저명한 작가 우줘류(吳濁流, 1900-1976)는 이런 추상적인 감정에 더 진일보한 묘사를 했다. [15)]

> 눈으로는 볼 수 없는 조국에 대한 사랑은 단지 관념일지 모르지만 매우 미묘한 것이다. 늘 나의 마음을 빨아들이는 힘이 작용한다. 부모를 떨어진 고아가 알지 못하는 부모에 대해 사모하는 마음을 갖는 것처럼, 그 부모가 어떤 부모인지에 대해서는 따지지 않는다. 단지 그리워하는 마음으로 사모하는 것이다.

우줘류가 말한 이러한 '눈으로 볼 수 없는 조국애'는 일종의 추상적인 감정이고, 민족을 대상으로 한 '문화 이상'이다. 우줘류는 또한 다음과 같이 말하고 있다.[16)]

> 대만인들이 품고 있는 강렬한 향토애는 조국애와 같은 것이다. 조국을 사모하고 조국에 대해 그리워하는 마음은 누구나 갖고 있다. 그러나 대만인들의 조국애는 청조에 대한 것이 아니다. 청조는 만주인들의 나라이고 한인들의 나라가 아니다. 갑오전쟁은 만주인과 일본인들 사이의 전쟁이고 한인들의 패배가 아니다. 대만이 일본에 점유되었지만 어느 날인가 회복될 때가 올 것이다. 한(漢)민족은 반드시 부흥하여 자신의 나라를 건설할 것이다. 대만인의 마음 깊은 곳에는 이

15) 吳濁流：《無花果》(臺北：前衛出版社, 1988), 頁40。
16) 同上書, 頁39。

렇게 '한(漢)'이라는 아름답고 위대한 조국이 존재한다.

이 단락의 자술에서 대만인의 마음 속의 '한인의 나라'가 한민족이 창조한 문화를 지칭함을 보여준다. 대만인은 이런 이상 속의 한민족의 문화에 정체성을 두고 '만주인의 나라'에 정체성을 두지 않으며, 일제 시기에도 일본에 정체성을 두지 않았음을 뚜렷하게 보여주고 있다. 그러나 그들이 문화적이고 추상적인 '한인의 나라'에서 정치적, 구체적, 현실적 중국 정권으로 넘어 갔을 때, 이상과 현실의 강한 대비는 곧 그들의 조국에 대한 이상을 깨뜨렸는데, 우줘류는 처음 대륙에 도착했을 때 느낀 바를 이렇게 적었다.[17]

> 대륙에 갔을 때 나는 한마디도 알아 들을 수 없음을 깨달았다. 자신의 조국이지만 완전히 외국과 같았다. […] 난징으로 향하는 기차 안에서 나는 두려움을 느꼈다. 승객들이 장사진을 이룬 군중 속에서 나는 일본 국적이었고 그래서 따로 검열을 받아야 했다. 사나흘의 견문은 나에게 중국인이 된다는 것의 비참함을 느끼게 했다. 홍수와 같이 밀려드는 사람들과 거지들이 출몰은 생존을 도모하는 가련한 모양이었다. 반대로 외국인은 모두 폭군이었고 지배자의 얼굴을 하고 있었다.

우줘류는 그가 꿈에도 그리워한 조국 대지를 접하자마자 그의 조국 꿈이 바로 깨어짐을 경험했다. 그의 눈에 비친 것은 항전 시기 대륙이 실컷

17) 同上書, 頁120-123。

겪었던 일본의 학대의 흔적이었다. 중국사회의 낙오와 흑암이었다. 인간의 존엄은 외국 제국주의자들에게 무참히 짓밟혀 있었다. 이런 이상과 현실의 차이는, 모든 대만인이 처음으로 중국대륙을 접했을 때 받았던 인상이다. 펑밍민(彭明敏, 1923-)도 그의 부모가 처음으로 중국대륙을 여행했을 때의 느낌을 회고한 적이 있다.[18)]

내가 다섯살일 때 중국에 함께 간 적이 있다. 나는 아직도 상하이의 추위를 기억한다. 또한 난징 중산릉의 긴 계단을 기억한다. [⋯] 이 여행은 부모님에게 대륙 중국인과 일본에 수십년 동안 통치를 받은 대만인의 생활 환경을 비교하는 기회가 되었다. 중국의 광대함에 깊은 인상을 받았고 선조들의 땅에 깊은 향수를 느꼈다. 그러나 사회의 발전과 공업화, 교육과 공공위생은 대만과 비교했을 때 개선되어야 할 곳이 많았다.

대만 국적의 지식인들은 구체적이고 사실적인 '정치 중국'을 접하고, 눈을 들어 현실 속의 광경을 목격했다. 한민족 문화에 대해 그리워하고 동경하던 마음을 갖고 있던 대만 지식인들은 그 현실을 받아들일 수 없었다. 문화적 이상과 정치적 현실 사이의 커다란 낙차는 대만인들의 정신에 고통스러운 갈등을 만들었다.

이상의 분석을 종합하면 다음과 같은 것을 발견할 수 있다. 중원에 대한 대만의 '원심력'과 '구심력' 간의 힘겨루기가 4백년 가까이 대만역사와 문화 가운데 하나의 큰 주제로서, 이 대만의 역사문화 속에 숨겨져 있는 주제가 드러났는데, 대만인의 정치적 현실과 문화적 이상 간에 분열과 모순이 그들을 역사의 거친 흐름 속에서 신음하고 갈등하게 만들었다. 본문이 논의했던 21세기 양안관계의 문제는 반드시 이러한 역사적 상황 속

18) 彭明敏：《自由的滋味》(臺北：前衛出版社, 1988), 頁28-29。

에서 고찰되어져야 한다.

제3절 '급통파'의 주장이 갖고 있는 맹점과 위기

이제 '급통파' 인사들의 양안관계에 대한 주장을 토론하고자 한다. 이 일파의 인사들은 대만이 서둘러 중국대륙과 통일해야 한다고 여긴다. 이러한 주장은 각기 다른 담론 방식으로 제기되고 있는데, 그 중 비교적 자주 보이는 것은 아래의 두 가지다.

첫째, 민족문화적 관점에 착안하여 대만이 중화민족의 '신성한 영토'라고 여긴다. 또한 분리할 수 없는 조직 구성의 일부이므로 하루 빨리 하나의 중국 정권 아래 통일되어야 한다. 둘째, 경제적 관점에 착안하여, 대만과 중국대륙은 경제적으로 상호 호혜적인 점이 있다고 여긴다. 그러므로 하루 빨리 통일을 이뤄 화교경제 공동체를 세워야 한다.

이 두 담론에서 전자는 역사문화 전통에 착안했고, 후자는 현실적 경제이익에서 논지를 세웠다. 근거는 다르지만 입장은 일치한다. 이런 담론에 반대하는 사람은, 아주 쉽게 특정한 입장에 반박을 가하는데, 예를 들면 첫 번째 유형의 담론에 반대하는 자는 근대 국가 형성의 요건이 역사 전통이나 문화가 아니고 함께 동고동락하는 운명이라고 지적한다. 그들은 미국과 같이 근대 세계의 많은 국가들이 '정치적 정체성'와 '문화적 정체성'의 합일적 기초 위에 세워진 것이 아니라는 사실을 지적한다. 두 번째 유형의 담론에 대하여 반대하는 인사들도 갖가지 논거들을 들어 대만은 아태경제권의 해안형 경제체에 속하고, 중국대륙의 대륙형 경제체와 교차하는 것이 없다고 설명한다. 필자는 여기에서 두 가지 논술방식과 그

반박 담론의 논점을 일일이 토론할 의도가 없다. 나는 역사의식의 관점에서, 이상 두 형태의 '급통파' 논술이, 한인이 대만에 유입된 이래 4백년 동안 대만인들의 역사의식의 특질을 무시하여 자기도 모르게 역사적 맹점에 빠지게 되었음을 지적하고 싶을 뿐이다. 이상의 논점에 대해 좀 더 자세히 설명하고자 한다.

본문의 제2절에서 대만사의 큰 주제가 대만의 중원에 대한 '원심력'과 '구심력'의 힘겨루기임을 지적했다. '원심력'의 작용으로 인해 4백년 동안 대만의 중요한 역할 가운데 하나는 한민족으로서 이민족의 전제정권을 거부하고, 자유행복을 추구하는 바다 끝 낙원이다. 명정시기부터 2차 세계대전 이후까지 몇번에 걸쳐 대륙에서 대만으로 이주한 한인들은 마음 깊은 곳에 모두 다른민족의 전제를 항거하고 스스로 주인이 되는 자유생활을 추구하는 꿈이 있었다. 그래서, 대만의 민주운동이 자주 민족운동과 서로 겹치는데, 일제시대에는 더욱 그러했다.

이민족 전제정권의 노예가 되기를 거부하고, 자유생활을 추구하는 대만주민들의 이런 꿈은 대만역사의 '원심력' 속에 깊숙이 감춰져 대만인들의 '공동기억'을 구성하게 되었다. 대량의 문헌자료들도 모두 상술한 견해를 증명할 수 있다. 예를 들면, 저명한 작가 우줘류가 대만인의 성격에 대해 깊은 관찰을 하였는데, 그가 말하길: [19]

> 대만인들은 본래 대만의 역사와 환경 가운데 출생하였으므로, 자연히 일종의 특이성을 가지고 있다. 선조가 한민족임은 말할 필요가 없다. 지방의 이족이 중원을 침입할 때마다, 마지막까지 전쟁을 벌이

19) 吳濁流：《無花果》, 頁210。

> 고, 패전하여 남방으로 후퇴하거나 이족정권에게 굴복하지 않으려 남방으로 도망했는데, 이 사람들의 대부분이 복건과 광동에 정착하였다. 그들은 정치적 압박을 느낄 때마다, 자유로운 세상을 찾아 해외로 뻗어나갔다. 이 사람들이 곧 대만이나 남양으로 이동하여 화교가 되었다. 그러므로, 어떤 사람이든 모두가 한민족 가운데 이족에게 가장 굴복하지 않은 사람들에 속하는 것이다. 그들은 대륙에서 분투해봤을 뿐 아니라, 대만에 도착하여 또 한 번 시련을 겪었다. 나중에 청조 국토가 된 후에도, 여전히 이족을 받아들이려 하지 않고 여러차례 반란을 일으켰다. 그러므로, 만청은 대만이 '삼년은 소란, 오년은 대란' 하여 고통이 끊이지 않는다고 말했다.

대만인들이 역사상 수차례 군대를 일으켜 중원의 전제정권에 항거한 것은, 바로 우줘류가 말한 '자유로운 세상을 모색'한 것이다. 이런 자유자주를 추구한 의지는 1895년 일본이 대만을 통치한 후로 더욱 일본 식민주의자들에 저항하기 위해 빠르게 발전했는데, 팽명민은 회고록에서 이렇게 말했다:[20] 아버지와 우리의 이 세대에, 양호한 교육을 받은 수많은 대만인들이 시종 대만의 자치운동을 지지했다. 그들은 먼저 1차세계대전 기간에 조직되었는데, 미국 대통령이 소수민족의 권리를 인정하라고 세계에 호소한 데 격려를 얻었기 때문이었다. 전체 1920년대에, 대만인 지도자들은 대만인이 대만의 행정과 입법에 참여하도록 일본정부에게 끊임없이 요구했는데, 1935년이 되어서야 일본정부는 어쩔수 없이 양보하기 시작했다. 지방선거에 의해 지방참의회가 만들어졌고, 투표권이 점

---

20) 彭明敏：《自由的滋味》, 頁72。

차 확대되었다. 1945년 초 일본정부는 마침내 대만인이 일본인과 동등한 정치권리를 누릴 수 있음을 선포했다.

1921년부터 1934년까지 대만의회설치 청원운동이 곧 일종의 '자치운동'으로, 일본식민주의자들이 추친한 동화주의에 반대하였다.[21] 동일하게 자주를 추구하는 역사맥락 아래, 일제시대 문화운동의 선배 홍석주(洪石柱)가 광복 초기에 대만이 하루빨리 '성제(省制)'로 회귀하도록 국민정부에 호소했다.[22] 또한 동일한 역사맥락 속에서만, 우리는 1993년 12월 10일 대륙해협회(大陸海協會) 대표가 회의에 참석하러 대북에 온 전날 밤에, 대만교수협회 등 23개 단체가 발표한 의견서의 진정한 의의를 정확하게 알 수 있다. 이 의견서의 결론은 이렇다.[23]

종합하자면, 대만 인민은 대만의 앞날을 결정하고, 자기의 생활방식을 선택할 권리가 있다. 어떤 정권이든 만약 오랫동안 대만인민들의 지지를 얻고자 하면, 반드시 대만에 정체성을 두어야 하고, 이 땅 이 민족과 결합하여 '대만운명공동체'를 이뤄야 한다. '자기의 생활방식 선택'을 요구하는 이것이야말로, 4백년 동안 대만역사 속의 '원심력'이 배양한 대만 주민들의 공동희망이다.

전후 대만 경제의 신속한 발전과 중산계급이 성장함에 따라, 대만을 주체로 하는 의식이 날로 살아났다. '대만 주체성'이 각성한 한 가지 중요한 지표가 되는 것은, 1987년 7월 계엄령이 해제된 후 지식인 계층 가운

---

21) 參考周婉窈：《日據時代臺灣議會設置請願運動》(臺北：自立報系文化出版部, 1989), 頁183。

22) 홍스주(洪石柱)의 언론에 대해서는 다음을 참고하시오. 鍾逸人：《辛酸六十年》(臺北：自由時代出版社, 1988), 頁364。

23) 見：《自立晩報》, 1993年12月12日, 第14版。

데 점차 형성된 일종의 대만 중심의 세계관이다. 사실 일찌기 일제시대에 대만의 지식인 우신룽(吳新榮, 1907-1967) 의사는 이미 일종의 작은 형태의 대만중심적 세계관을 제기했었다. 우신룽은 1941년 8월 10일의 일기 가운데 이렇게 기록했다.[24]

> 홀로 서재에 앉아 잠잠히 남쪽 벽에 걸린 지도를 바라본다. 마침내 생각이 정리되면서 '대만중심설'의 생각이 완성되었다.
>
> 1. 대만은 동남아의 가장 중심이다. 그러므로 지리상의 성지라 부를 수 있다.
> 2. 대만의 동쪽은 세계에서 가장 큰 대양인 태평양이고, 서쪽은 세계에게 가장 큰 대륙인 아주(亞洲)이다.
> 3. 북회귀선이 중부를 횡단한다. 북은 온대이고 남은 열대이다.
> 4. 동해를 넘어서면 북쪽에 일본 열도가 있고 남해를 넘으면 남쪽에 남양군도가 있다.

---

24) 吳新榮：《吳新榮日記(戰前)》(臺北:遠景出版社, 1981), 頁112。우신룽(吳新榮)은 1943년 12월 3일 싱난신문(興南新聞)에 <대동아전쟁에 바치는 시>라는 제목으로 시를 발표했다. 내용은 대략 다음과 같다.
나는...... 신고산에 올라서서 생각한다.
동쪽으로 태평양이 바라 보이고
서쪽으로는 아세아 대륙이 망망하게 자리잡고 있다.
북쪽으로는 일본 열도로 연결되어 있고
남쪽으로는 말레이 군도를 굽어 본다.
아, 본도 우리의 대만은
동아시아의 중심이며 세계의 관문이다.
....
이 시는 그의 '대만중심론'을 유감없이 드러내고 있다. 이 시는 최근 뤼싱창(呂興昌) 교수가 중문으로 번역하여 발표한 것이다. 이에 대해서는 다음을 참고하시오. 呂興昌：〈吳新榮「震瀛詩集」初探〉,《賴和及其同時代的作家：日據時期臺灣文學國際學術會議》論文, 1994年11月25-27日, 清華大學, 新竹。

5. 일본열도의 북쪽에는 조선반도가 있어 대륙의 왼손 역할을 하며, 남양군도의 서쪽에는 중남반도가 있어 대륙의 오른손 역할을 한다.
6. 조선의 북쪽은 만주, 몽고와 접해 있고, 베트남의 서쪽은 태국, 미얀마와 접해 있다.
7. 만주의 북쪽은 세계의 미개척지인 시베리아이고, 미얀마의 서쪽은 세계의 보고인 인도다.
8. 산동반도와 해남도가 중국대륙의 두 귀라면, 대만은 바로 코다.
9. 이 성지의 남북에는 신구의 두 도읍이 있고, 동반부는 산지이고 서반부는 평야이다.
10. 훗날 신가오슝항(新高港)이 완성되면 동아시아 최대의 항구가 될 것이고, 타이중(臺中)은 동아시아의 최대의 도시가 될 것이다.

일제시대 대만지식인이 상상한 '대만중심론'은 근래에 이르러 더욱 명확한 해석을 얻게 되었다. 작고한 동해대학교 철학과 교수 장녠펑(蔣年豐)은 1988년 2월 더욱 중국과 세계의 맥락 속에서 대만 생명력의 전개를 사고했는데, 그는 이렇게 말했다.[25)]

> 대만인의 생명력은 국민당의 전권을 해소할 수 있을 뿐만 아니라, 공산당의 전제를 해소할 수도 있다. 대만인의 생명력은 먼저 경제 위에, 그 다음은 정치 위에, 마지막으로 문화 위에 펼쳐 보여진다. '눌러도 납작해지지 않는 장미꽃'이 결국 만발할 것이다.

---

25) 蔣年豐：《臺灣人與新中國--給民進黨的一個行動哲學》(臺中：作者自印本, 1988), 頁9。

그가 또 이런 생각을 피력했다.[26)]

> 대만을 하나의 새롭고 독립적인 국가로 세우는 것보다, 중국을 하나의 새롭고 독립적인 국가로 세우는 것이 낫다. 대만인의 생명 가운데는 확실히 하나의 새롭고 독립적인 국가를 세우기를 바라고 있다. 그러나 이 국가의 성립은 마땅히 세계사적 의의가 있어야 하는데, 이는 곧 이 국가의 정신이 역사상 인류의 인문정신 표현의 기준이 될 수 있어야 한다는 것이다.

이런 대만을 중심으로 한 사고방식의 출현은, 수백 년 동안 대만인들이 요구한 자유자주 역사의식이 장기간 누적되어 만들어진 것이다. 단기간 내 양안해협의 통일을 요구하는 '급통파'는 대만인의 '공통기억' 및 역사의식을 깊이 이해하지 못했음으로, 그들의 주장은 대만 주민들의 보편적인 인정을 얻기 어렵다.

내가 위에서 말한 '급통파'가 소홀히 여긴 '대만주체성의 각성'의 이 사실에 대해, 어떤 독자들은 대만문화가 "비정의 문화, 피해의식, 족군의식, 배반당하는 두려움 등의 성격적 특징을 갖고 있는 것인가?"[27)] 라고 질의할 수도 있겠다. "정치적으로 대만은 스스로를 연민하는 의미로서의 '아시아의 고아'일 뿐만 아니라, 객관적 사실로도 '아시아의 정치적 약자'인데 어떻게 자주독립할 수 있는가?"[28)]라는 류의 질문을 통해, 역사에서 어떤 중

26) 同上書, 頁22。
27) 徐宗懋：《臺灣人論》(臺北：時報文化出版企業有限公司, 1993), 頁103。
28) 同上書, 頁104。

거들을 찾을 수도 있겠지만, 현재 대만의 사상의 상태와 완전히 들어맞지는 않는다. 이러한 견해의 더 진일보한 천명을 위해, 우리는 대만인들의 '자아형상'인 '아시아의 고아'를 갖고 설명할 수 있을 것이다.

'아시아의 고아'는 일제시대 대만의 저명한 문학가 우줘류가 창작한 소설의 제목이다. 그러나, 이 명사가 일본제국주의 통치 가운데 처한 대만인의 비정한 운명을 잘 형용할 수 있는 것이었다. 일본인에게 능욕을 참혹히 당하고, 대륙에 돌아가서는 오히려 '조국'동포에게 또 차별대우를 당함으로 실질적인 고아의 모습인 것이다. 우줘류는 그의 회고록에서, 그의 대륙에서의 경험에 대한 한 단락의 깊이 있는 묘사를 했다.[29]

> 나는 대만에서 나가기만 하면 새장 속을 벗어나는 새와 같이 자유로울 줄 알았다. 그러나 지금의 대륙은 뜻밖에도 대만과 똑같이 배후에는 일본 헌병의 눈이 번쩍이고 있다. 중국인의 한쪽에서는 대만인들을 일본의 간첩으로 보고 신뢰하지 않는다. 이런 처지에 있는 대만인들은 결단코 자기의 신분을 표출하지 않으며, 종종 자신을 복건인이나 광동인이라 하기도 하고, 대만인 동지들 사이에서는 '고구마'(蕃薯仔) 라는 은어를 사용한다. 지금의 대만인은 부모를 잃은 고아와도 같다. 우리는 모두에게 '이색분자' 취급을 당한다. 어느 누구도 대만인을 신뢰하지 않을 뿐만 아니라 심지어는 간첩으로 취급하기까지 한다.

일제시대의 이민족 통치 가운데 대만인은 실로 '아시아의 고아'였고,

---

29) 吳濁流：《臺灣連翹》(臺北：前衛出版社, 1989), 頁104及223。

이른바 '비정문화'와 '피해의식'이 충만했다. 그러나, 우리는 40여년의 경제발전을 거치면서, 이런 '비정문화'와 '피해의식'의 고아심리상태가 이미 대부분 씻겨졌음을 잊지 말아야 한다. 일제시대의 '고아'는 이미 성장하여, '從此奇男已丈夫!' 지금의 대만 지식인들은 이렇게 '아시아의 고아' 개념을 다시 해석하고 있다.[30)]

> 아시아의 고아(orphan)는 자립자주가 바로 '고아의 자각'(consciousness of orphan) 임을 알고 있다. 아시아의 고아의 자립자주는 문학과 철학에서 완성될 수 있을 뿐만 아니라, 새로운 사회와 문화체제 속에서도 완성 되어야 한다. 아시아의 고아의 성장은 즉 신중국의 건립을 내포하고 있다. '땅에서 기던 자'였던 아시아의 고아가 일어설 수 있어야, 세계 각 민족들이 일어설 수 있다. '아시아의 고아'는 이미 일제시대의 스스로를 원망하고 불쌍히 여기던 비정한 운명에서 분연히 일어나, 자주자립자강을 향해 대만사, 중국사 및 세계사를 위한 새 경지를 개척하고 있다.

요컨대, '급통파'인사들의 주장은 백년 가까이 대만역사가 배양한 역사의식 및 이런 역사의식 속에서 자주자립의 새로운 흐름으로 걸어가야 한다는 것을 완전히 소홀히 하고 있다.

---

30) 蔣年豐, 前引書, 頁9。

제4절 '급진독립파'의 한계: 중국 근대 역사의식에 대한 몰이해와 그 원인

만일 '급진통일파(이하 급통파)'가 근 백년 동안 대만역사가 배양한 민주추구의 역사의식을 소홀히 했기 때문에, 대만의 현실과 동떨어져 받아들이기 어렵게 된다면, '급통파'의 반명제로써의 '급진독립파(이하 급독파)'의 주장이 저절로 이치가 맞게 성립이 되는 것인가? 역설적인 것은, '급독파'는 의외로 역사의식이 그리 깊지 않음으로 인해, 근 백년동안의 중국역사운명의 좌절과 그것이 야기한 민족주의 의식 고조의 문제를 직시할 수 없었다. 민족주의 문제에 대하여 파악하지 못했음으로, '급독파'의 미래 양안해협 관계에 대한 견해도 현실적 난국을 벗어나기 어렵다. 우리는 아래 글의 논술 가운데 이상의 견해에 대해 분석하고자 한다.

대만은 마땅히 즉시 중국대륙과의 얽힘을 절단하여 독립을 향해가야 한다고 주장하는 인사들이 제기하는 이유가 적지 않은데, 예를 들면 어떤 사람은 정치적 입장에 착안하여, 대만은 자유민주인권을 추구하기 위해, 반드시 전제적인 중국의 보자기를 잘라 버려내야 한다고 주장한다. 어떤 사람은 경제적 관점에 착안하여, 대만은 아시아태평양 경제권의 일원이므로 중국대륙형 경제체계 가운데 들어가서는 안된다고 주장한다. 이런 이유들이 각기 말하는 것들은 모두 그것이 성립되는 근거들을 가지고 있다. 본문에서는 이 논거들에 대해 일일히 분석할 틈이 없다. 나는 다만 역사의식의 특정 각도에서 '급독파' 인사들의 문제를 사고하는 국한성에 대해 지적하고자 한다. 첫째, 그들은 백년 가까이 중국이 제국주의에 겪은 침략사에 대해 비교적 생소하다. 둘째, 그들은 백년 가까이 중화민족이 겪은 좌절과 그것으로 격발된 열광적인 민족주의 정서에 대해 비교적 이해하기 어렵다. 그러므로, 그들은 근 백년동안의 중국대륙 역사의식과 결부하여 양안해협의 미래를 생각할 수 없었던 것이다.

첫째, 우리는 먼저 위에서 제기한 첫번째 국한성을 분석한다. 다수의 대만인이 근대 중국운명의 좌절과 비극적 영혼 속에 깊이 들어가기 어려운 것은, 참으로 일종의 역사적 인 필연인데, 서기 1895년 만청제국이 대만을 일본에게 할양한 후부터, 대만인과 중국대륙 주민들은 역사의 단절로 인해 역사의 갈림길로 가게 되었고, 쌍방 인민들은 공동의 역사경험을 나누지 못해 공동의 역사기억이 부족하게 되었으며, 또한 서로 다른 '역사성'(Historicality)과 세계관을 형성하게 되었다.

한걸음 더 나아가 구체적 역사 사실로부터 근 백년동안 대만과 대륙간의 역사적 단절을 관찰해보자. 20세기의 중국이 겪은 것은 우환의 한 세기였다. 서기 1900년, 의화단이 격렬한 배외주의로 북경의 각 국의 공관을 포위한 후, 청 조정은 각 국에게 전쟁을 선포하고, 이어 8국연합군이 북경을 공격했다. 다음 해(1901), 신축조약이 체결되어, 서방열강의 중국에 대한 침탈이 고조에 달했다. 1911년 신해혁명이 발발하여, 만청제국을 뒤엎고, 손중산 선생은 1912년 남경에서 중화민국 임시정부 대총통에 취임했다. 그러나, 민국이 수립된 이래, 끊이지 않고 따라온 것은 일련의 동란세월이었는데, 1915년 위안스카이(袁世凱, 1859-1916)가 왕위에 오르고, 일본은 21개조를 요구하며 한 발 더 중국침략에 대한 야심을 드러냈다. 1917년에는 장쉰(張勳, 1854-1923)의 복벽에 이어 군벌 혼전, 1922년에 제 1차 직봉전쟁(直奉戰爭), 1924년에 제2차 직봉전쟁이 백성들을 도탄에 빠지게 했고, 1928년에 북벌이 완성되고서야 중국은 형식적으로나마 통일되었다. 그러나, 일본 군벌의 중국 침략에 대한 야심이 날로 높아지고 계속해서 다가왔는데 마침내 1937년 7월 7일에 노구교사건이 발생해 중국은 전면적으로 일본과 항전을 벌였다. 1937년에서 1945년까지, 중국은 8년의 항전을 겪으면서 인민들은 거처할 곳이 없이 유리하며 고난을 다 맛보았다. 항전에 승리한 후, 뜻밖에 국공내전이 또 계속되었고 마침내 대륙정권이 함락되었다. 20세기 중국역사의 변국을 몸으로 겪고, 대만과 홍콩을 떠돌던 유학자 쉬푸관은 이 부분의 역사비극에 대해 한 단락의 증언을 제기한 적이 있다.[31)]

> 내가 펜을 들어 글을 쓰는 것은, 거변을 몸소 겪었기 때문인데, 스스로 여기기에 존영하고, 위대하고, 자랑스럽고, 찬란한 아주 많은 것들이, 눈 깜짝할 사이에 구름과 연기가 사라짐 같이 무너져 하찮은 것과 같이 된 것을 직접 보았을 뿐 아니라, 순박하고 무지한 시골의 무수한 노파들이, 천진난만한 무수한 소녀 청춘들이, 어떤이는 전혀 지금이 어느 세상인지도 모르고, 어떤이는 세상을 향해 아직 눈을 뜨지도 않았는데, 하룻밤 사이에 속죄양이 되어 종말의 심판에 넘겨졌다. 이 심판 가운데, 인류의 최저 본능인 울음과 외침, 인류의 최대 존엄인 양심과 이성이 모두 죄악과 치욕이 되었고, 한 푼의 값어치도 안되었다. 그리고 나의 벗, 집, 산천, 대지도 모두 하룻밤 사이에 딴 세상이 되었다. 이러한 일이 역사 속 신화가 아니고, 한 사람이 몸소 겪은 일이다. 내가 이 거변의 원인과 결과 및 귀결에 대해 어찌 진지하게 생각하지 않을 수 있으며, 어찌 진지하게 보지 않을 수 있겠는가? 생각하고 본 후 감탄하고 격동하는 심정 속에 어찌 생각하고 본 일부를 같은 처지에 있는 사람들 앞에 털어놓지 않을 수 있겠는가. 그러므로 내가 정식

---

31) 徐復觀：《學術與政治之間》(臺北：臺灣學生書局, 1980),〈自序〉, 頁VI-Ⅶ。

으로 펜을 들고 글을 쓴 것은 민국 38년부터 시작되었다.

쉬푸관은 1949년 이전 '중산선생이 창도한 민주정치가 끊임없이 방해를 받고, 마지막에 대륙 전체가 독재정치의 철막에 빠져들게 했다. 중국 2천년의 전제가 중화민족 모든 재앙의 총근원이다.'라고 여겼다.[32] 그러나, 사람들을 애탄하게 할 만한 것은, 1949년 대륙정권이 전락한 후, 중국인민들은 공산당의 정치 아래, 또 다시 '반우(反右)'(1957-1958), '대약진'(1958-1960), '문화대혁명'(1966-1976) 등 일련의 대재난을 겪었고, 1989년 6월 4일 천안문사건 때에 고조에 달했다. 이상에서 말한 근 백년동안 대륙에서의 중국인민들이 경험한 것은 일련의 비극적 운명과 민족의 좌절이었고, 그래서 그들의 민족주의 정서의 고조는 민족주의가 여전히 목전 대륙의 정치문화 속의 중요 구성 부분이 되게 했다. 그들은 현대사회가 개인생명의 존엄과 자유민주가치의 추구를 국가정체성 위에 두는 사고방식을 이해하기가 어렵다. 백년동안 중화민족이 외국 제국주의로부터 실컷 받은 능욕의 역사와 비통한 경험이, 그들로 하여금 민족해방이 개인의 해방에 우선하며, 국가의 통일이 개인의 자유에 우선한다고 굳게 믿게 했다.

그러나, 최근 백년동안의 대만은 중국대륙과 다른 역사의 길을 걸었다. 1895년 일본이 대만을 점령한 이후부터, 초기에 무장항일운동이 여기저기에서 일어났고, 1920년대 이후에도 의회설치 청원운동이 있었다. 그러나 역사적 각도에서 보면, 일제시대(1895-1945)는 대만이 전통사회에

---

32) 徐復觀 ;〈中國歷史運命的挫折〉, 收入 :《中國思想史論集》(臺北 : 臺灣學生書局), 引文見257。

서 근대사회로 전환되는 관건적인 시기였다. 일본식민당국은 물론 대만의 각종 자원을 착취했으나, 적극적으로 각종 건설작업에 종사하기도 했다. 예를 들면, 1911년 12월 1일 기륭에서 다거우(打狗, 지금의 까오슝) 까지의 철도가 야간에 개통되었고, 1913년 12월 20일부터 남북으로 통하는 철로 전 구간이 개통되었으며, 1930년 4월 10일에 건설이 10년에 이르는(1920-1930) 가남대수(嘉南大圳) 댐이 정식으로 물을 공급했고, 1931년 고웅의 제2화력발전소가 전기를 공급하기 시작했다. 이런 하층구조의 건설이 상당한 정도 내에서 대만이 현대화로 가는 기초를 마련했고, 일제시대에 대만을 방문하는 대륙인사들에게 깊은 인상을 주었다. 예를 들면, 1911년 3월 24일 20세기 중국 지식계의 대표인물 양계초(梁啟超, 1873-1929)는 일본의 고베에서 대만을 방문했는데, 여행 전에 그의 대만행에 대한 취지를 설명했다.[33)]

양계초가 감탄한 똑같은 해와 달, 똑같은 산천 [...] 사람의 얻을 바가 이와 같다는 1895년 이후 대만의 기초 건설에서의 발전을 가장 잘 나타낸다. 대만을 건설한 일본인의 성과는 1935년 '시정40주년기념박람회'를 참관하러 타이베이에 온 복건성정부 주석 천이(陳儀, 1883-1950)를 크게 놀라게 하기도 했다. 같은 해 또 천이는 당시 가남대수 댐을 설계한 일본인 기술자 핫타 요이치(八田與一, 1886-1942)를 초청하여 복건의 수리설비를 고찰하고 '복건성개발계획'을 작성하기도 했다.[34)] 대만의 일본통치시대를 거쳐 얻은 기본건설에서의 진전 및 농회, 수리회 등 농민조직의

---

33) 梁啟超：〈游臺灣書牘第一信〉, 見氏著：《飲冰室文集》, 卷4, 頁14。

34) 參考古川勝三：《臺灣を愛した日本人--「嘉南大圳の父」八田與一の生涯》(松山市：青葉圖書, 1989), 頁260-261。

개선은 또 1949년 대륙에서 대만에 온 중미 중국농촌부흥위원회의 전문가로 하여금 대만의 사회경제상황에 대해 크게 칭찬하게 하기도 했는데, 《중국농촌부흥연합위원회공작보고》에서 이렇게 말했다.[35)]

> 일본인의 대만통치는 인민들의 원망을 모면하기 위해 중세정책으로 인민의 재산을 가혹하게 거두지 않는데, 경제의 출처는 되도록 다수의 중요한 일용품의 전매에서 얻는데 예로, 술, 담배, 소금, 장뇌 등이다. 이 종류의 전매품 수입의 일부분은 교육, 도로정비 및 현대화도시 건설에 사용하고, 인민지식의 개발, 운수교통의 개진, 공공기업의 보조에 모두 관계되며, 농공업이 날로 진보하게 했다.

이상 이 역사의 증인들이 제기한 일차적 관찰은, 대체로 사실과 다르지 않으며, 모두 20세기 이후 대만이 중국대륙과의 역사와 '단절'된 후 신속하게 현대화된 과정을 설명할 수 있다. 1945년 2차세계대전이 끝나고, 대만이 광복된 후 1950년대 국민정부가 추진한 토지개혁정책이 성공적으로 농촌의 자작농 계층을 만들어 사회정치 안정의 중요한 기초가 되었다. 토지개혁의 성공은 농업의 생산력을 향상시켰고, 1960년대 이후 공업이 급속히 발전하는 기초를 마련했다. 1966년 12월 3일 고웅의 가공수출구역이 운영을 시작했고, 대만이 수출을 방향으로 하는 일차가공업의 발전을 상징했다. 1968-1969년도부터 '9개년 국민교육' 정책이 실시되기 시작하여, 또 중등교육 이상을 받은 인구가 신속히 증가되고, 대만사회

35) 《中國農村復興聯合委員會工作報告》, 1948年10月1日至1950年2月15日(臺北：農復會, 1950), 頁12。

속 중간계급이 더욱 성장하게 했다. 더욱 중요한 것은 1987년 7월 계엄령이 해제된 이후, 대만은 더욱 빠른 속도로 민주화를 향해 나아갔다. 근래에 이르러, 투표로써 인민들의 의지를 표시하게 되었는데, 이미 대만인민들의 정치생활방식이 되었다. 화인사회 중에 대만은 가장 성공적으로 가장 전면적으로 민주사회로 전환된 사례이며, 중요한 역사적 의의를 가지고 있다.[36)]

그 다음은, 이상에서 이야기한 최근 백여년 동안 대만과 중국대륙 간에 '역사적 단절'로 인해, 대만 주민과 대륙 주민의 '역사성'(Historicality)에 차이가 매우 커서, 대만인민들로 하여금 대륙인민들의 민족주의 정서에 대해 깊이 이해하고 파악하는 것을 어렵게 한다. 우리는 사료를 인용하여 최근 백여년동안 대륙주민들의 대만에 대한 견해를 진일보하게 설명했다. 한마디로 개괄하면, 근 백년동안 대륙주민들의 가장 큰 근심과 두려움은 바로 대만이 서방제국주의자들의 손에 빠지는 것이다. 이 근심과 두려움의 태도는 청조황제, 관료 및 지식인들 사이에 보편적으로 드러난다. 예를 들어 말하면, 도광 21년(1841년)12월 8일에 청조 선종(宣宗, 1841-1850년 재위)의 한 조서에는 아주 구체적으로 이러한 근심과 두려움의 마음을 나타내었다.[37)]

도광 황제의 눈에, '대만은 민해 중요구역이고, 줄곧 오랑캐들이 침을 흘리던 땅'이었고, 대만을 잃을 것에 대한 두려움이 행간에 가득차 있다.

---

36) 參考拙著：Chun-chieh Huang, *Taiwan in Transformation, 1895-2005* (New Brunswick and London: Transaction Publishers, 2006).

37) 姚瑩：〈遵旨覆奏籌議臺灣防務摺〉, (道光23年2月16日), 收入：胡秋原主編：《近代中國對西方及列強認識資料彙編》(臺北：中央研究院近代史研究所, 1971), 第1輯第1分冊, 頁368。

이런 생각은 관료 사이에서도 널리 퍼져있었는데, 예를 들면 광서년간의 복건 순무 딩르창(丁日昌, 1823-1882)의 주접(奏摺)에서 대만에 대해 기회를 엿보는 외국열강을 걱정했다.[38)]

딩르창의 눈에 프랑스, 영국, 러시아, 독일의 서방열강들은 야심만만했고, 독일은 대만을 그 어떤 다른 나라보다 우선으로 노렸다. 청대 중엽 이래로, 황제 혹은 관료들이 대만을 잃을 것을 남몰래 걱정한 것 뿐 아니라, 일반 지식인들도 심한 근심을 표현했다. 청초의 메이원딩(梅文鼎, 1633-1721)이 바로 하나의 예다. 메이원딩은 비록 과학사 연구로 이름났지만, 대만시사에 대해 꽤 관심이 있었는데, 그의 시도 이러한 깊은 근심을 토로하고 있다.[39)]

> 어떻게 서쪽 오랑캐를 극복하려나.
> 파도는 험악한 군사들을 업신여기나.
> 굳센 인내로 교활함을 다스리고
> 부유한 나라는 탐욕의 구덩이에서 방자하네.
> 려송은 진실로 은감이 되고
> 파리는 칙사령이라네.
> 해남 가까이에 둥지를 틀고
> 동정을 감시하는 게 이미 이루어졌구나.
> 矧伊西極戎, 波濤狎阻兵,

38) 丁日昌：〈閩撫丁日昌奏西班牙窺伺臺灣情形片〉, 收入《清季外交史料選輯》(臺北：臺灣銀行經濟研究室, 1964, 臺灣文獻叢刊), 頁16-17。

39) 梅文鼎：《績學堂文鈔》(日本內閣文庫藏清刊本)卷4, 及頁5下半頁-7上半頁。

堅忍濟機猾, 澤國恣饕并。

呂宋實殷鑒, 巴黎虐使令,

盤踞連海南, 闚伺形已成。

메이원딩은 대만섬이 열강이 노리는 형세 가운데 처한 상황에 대해 수심이 깊었다. 이러한 근심의 정서는 상당한 정도 내에서 중국대륙 지식인들의 일반적 견해를 반영할 수 있다. 이런 견해는 오늘날까지도 여전히 그러하다. 위에서 말한 청대 황제, 관료 및 지식인들의 '열강이 대만을 침입점령'하는 것에 대한 깊은 우려가 비록 각기 다른 논술방식으로 제기되었지만, 그들의 언론은 모두 민족주의 기초 위에 공동으로 세워졌고, 주의할 만한 가치가 있는 것은, 이런 민족주의는 '문화적 민족주의'와 '정치적 민족주의' 두 측면을 동시에 가지고 있고, 양자는 합쳐져 하나가 된다. 그들은 대만과 대륙이 '문화중국'의 구역에 함께 속해 있어, 당연히 '정치중국'의 갈라 놓을 수 없는 부분이 되어야 한다고 여긴다. 이러한 생각은 20세기 이후, 서방열강이 중국에 대한 침략이 날로 심화되면서 빠르게 강화되었다. 그러므로, 대륙주민들은 민족주의 정서 아래, 대만주민들이 자유민주독립을 추구하는 것 및 개인존엄이 국가정체성보다 높다는 가치관을 이해하기 어렵다.

상대적으로 말해서, '역사의 단절'로 인해, 대만의 급독파 인사들의 가장 큰 문제는 중국대륙주민들의 근 백년동안 민족주의 정서의 좌절을 직시할 수 없었고, 또 이로 인해 민족주의 요소가 양안해협 상호영향 가운데 잠재된 위험성을 파악할 수 없었다. 이런 국한성으로 인해, 급독파 인사들이 간혹 과도히 팽창하여 대만주체성의 위기 가운데로 빠져 정확하게 양안관계를 파악하는 계기를 잃는 것을 면하기 어렵다.

본 절에서 말한 것을 종합하면, '급독파' 인사들은 대만과 대륙간에 역사적 '단절'로 인해 근대 중국역사의식에 대해 소홀함이 있었고, 그들은 화인정치문화 속 민족주의의 중요한 작용을 정확하게 이해할 수 없었다. 그러므로 양안해협 미래의 관계에 대한 주장에 막힘이 있음을 면하기 어렵다.

제5절 양안관계의 새로운 전망: 역사와 인민의 입장에서 출발하기

우리는 제3절과 제4절의 분석을 통해 현단계 '급통파'와 '급독파'의 인사들이 미래의 대만과 대륙의 관계에 대해 제시한 방안이 비록 서로 어긋나고 심지어 물과 불처럼 병존할 수 없다는 사실을 발견했다. 그러나 이 두 가지 주장 가운데 공통점과 차이점이 있는데, 그것은 바로 그들이 모두 인식하지 못하고 빠지는 '비역사적 혹은 반역사적 오류'(the fallacy of ahistoricity/anti-historicity)이다. 양측 몇몇 인사들은 대만과 대륙의 관계를 생각할 때, 자주 '비역사적'(ahistorical) 혹은 '반역사적'(anti-historical) 입장에서, '통일' 혹 '독립'을 구체적인 역사의 상황이나 조건의 이데올로기에서 벗어난 것으로 간주한다. 이에 '통일' 혹은 '독립'이 '시간성'(temporality)과 '공간성'(spatiality)을 가지지 않는 추상적 개념이 되고, 인민의 구체적이고 현실적인 생활을 벗어나 존재하게 되었다. 이런 추상적이고 구체적인 데서 출발하지 않는 사고방식은, 양측 인사들이 양안해협 관계를 논술할 때 자주 출현하고 양측의 공통된 특질이 되었다.

이런 사고방식의 맹점으로, '급독파'와 '급통파' 인사들이 비록 마음을 쓰며 선량하지만, 종종 현실에서 벗어나고 구체성이 부족하여, 현실 상황에 대하여 급소를 찌르는 대응책을 제시할 수 없었다. 이런 사고의 맹점은 양측의 인사들이 제시한 책략을 구체적인 인민생활의 맥락 가운데 놓고 평가할 수 없게 한다. 그들은 자주 구체적인 인민의 생활이 추상적인 이데올로기에 복종해야 하며, 이데올로기를 위해 일해야 한다고 요구한다.

이상의 이런 문제사고의 맹점에 대해, 우리는 반드시 '비역사적/반역사적' 입장을 '역사적' 입장으로 전환해야 한다. 소위 '역사적' 입장으로 문제를 보는 것이, 곧 '통일/독립'의 문제를 구체적인 대만역사의 맥락 가운데 놓고 생각하는 것이다. 반드시 대만역사의 맥락 가운데 놓고 생각해야 하는 까닭은 바로 '통일/독립' 문제가 먼저 대만지역의 2천만 명이 넘는 주민을 대상으로 하고 있고, 또한 대만사 발전 가운데 하나의 중요한 문제로써 제기되기 때문이다. 그래서 우리는 반드시 대만사의 구체적 맥락 가운데에서 이 문제를 생각해야 한다.

제1절에서 대만사에 대해 한 가지 해석을 제기했는데, 4백년 동안의 대만사 주제 가운데 하나는 중원에 대한 대만의 '원심력'과 '구심력' 간의 힘겨루기이다. 이 두 가지 힘이 대만사에서 끊임없이 힘을 겨루는 까닭은, 바로 대륙에서 대만으로 이민 온 사람들이 자기들 마음속에 있는 복지를 추구하기 때문이다. 어떤 이는 '인민의복지'는 바로 고향으로 돌아가 대륙과 합하여 하나가 되는 것에 있다고 여기고, 또 어떤 이는 '인민의 복지'는 곧 철저히 고향을 벗어나 새롭고 독립적인 집과 나라를 세우는 것이라 여긴다. 이로 인해 소위 대만사에서 '원심력'과 '구심력'이 서로 용납되지 않는 모습 가운데, 심층적 구조에 거대한 공통요소를 숨기고

있는데, 이는 곧 인민의 염원과 복지이다. 위의 분석을 통해 우리는 소위 '역사적 입장'이 바로 '인민의 입장'임을 발견할 수 있다. 그렇다. 인민은 역사를 창조하는 동력이며, 오직 역사를 창조하는 사람만이 역사의 주인이고, 역사가 빚어내는 이데올로기는 역사의 주인이 아닌것이다.

내가 '인민의 염원'의 입장에서 출발하는 것을 강조하는 까닭은, 이것이 대만역사가 우리에게 계시한 이 문제를 생각하는 원칙이라는 것 외에도, 이는 중국의 수 천년동안 양심있는 유가학자들이 정치문제를 토론할 때의 일관된 입장이기 때문이다. 이러한 인민의 염원을 존중하고 인민복지에 관심을 두는 입장은 일찍이 전국시대에(463-222 B.C.)맹자가 밝힌 것이다. 맹자가 다음과 같이 말했다.

> "맹자가 이르기를 민은 귀하고 사직은 그 다음이며 군은 가볍다. 그러므로 백성에게서 얻으면 천자가 되고, 천자에게서 얻으면 제후가 되며, 제후에게서 얻으면 대부가 된다. 제후가 사직을 위태롭게 하면 곧 그 제후를 바꾼다. 희생이 있고 자성이 깨끗하고 제사를 제때에 하는데도 가물고 홍수가 나면 곧 사직을 바꾼다."《맹자, 진심하 14》

유가의 정치사상 가운데, 인민은 영원히 정치의 주체이며, 일체의 정책이나 대책은 모두 반드시 민의에 부합하는가를 취사의 기준으로 삼아야 한다고 했다. 맹자가 다음과 같이 말했다.

> 나라의 군주는 어진 이를 등용하되 마지못해 하는 것처럼 해야 합니다. 장차 지위가 낮은 자로 하여금 높은 이를 넘게 하며 소원한 자로 하여금 친한 이를 넘게 하는 것이니, 신중히 하지 않을 수 있겠습니

까? 좌우의 신하들이 모두 그를 현명하다고 말하더라도 인정하지 말며 여러 대부들이 모두 그를 현명하다고 말하더라도 인정하지 말며 나라 사람들이 모두 그를 현명하다고 말한 다음에야 살펴보아 현명함을 발견한 연후에 등용하시며, 좌우의 신하들이 모두 안 된다고 말하더라도 듣지 말며 여러 대부들이 모두 안 된다고 말하더라도 듣지 말며 나라 사람들이 모두 안 된다고 말한 다음에야 살펴보아 안 되는 점을 발견한 연후에 버려야 합니다. 좌우의 신하들이 모두 죽일 만하다고 말하더라도 듣지 말며 여러 대부들이 모두 죽일 만하다고 말하더라도 듣지 말며 나라 사람들이 모두 죽일 만하다고 말한 다음에야 살펴보아 죽일 만한 점을 발견한 연후에 죽여야 합니다. 그러므로 나라 사람들이 죽였다고 말하는 것입니다. 이와 같이 한 뒤에야 백성의 부모가 될 수 있는 것입니다.《맹자, 양혜왕 하2》

이렇게 정사가 인민에 달려있다는 '민본정치'가, 비록 현대적인 '민주정치'와 상당히 큰 차이가 있긴 하지만, 고전유가에서 제시하는 '이민위본(以民為本, 백성을 본으로 한다)'의 정치이념과 현대민주정치는 정신적으로 서로 통하며, 또 곧 21세기를 향하는 대만에 깊은 계시적 작용을 할 것이다.[40]

---

40) 근래 대만의 민주화 발전은 기본적으로 서구가 수 백년 동안 이뤄놓은 민주정치의 궤적을 따라 나아가고 있다. 정치 영역을 모든 계급과 그룹, 혹은 족군의 이익 충돌 및 협조의 장으로 보고 있다. 정치는 더이상 고대 중국 유가가 상상하는 '도덕의 영역'이 아니며, 정치인도 더이상 인민의 도덕과 복지의 창조자가 아니다(비록 그들이 종종 도덕의 기치를 내걸고 도덕적 언어로 호소하지만 말이다). 그들은 이익의 추구자이며 조정자이다. 이러한 이론적 기초 위에서 대만의 민주정치는 종종 개인과 군체를 조정할 수 없는 적대적 존재로 간주한다. 근래 대만 사회의 개인 주체의식의 높은 각성은 중국 역사상 개인 주체성이 사회성의 억압과 견제를 받았던 것을 보완하는 소중한 의미가 있

만일 '인민의 염원과 복지'를 결부시켜 대만과 대륙의 미래관계 문제를 본다면, 우리는 이 문제에 고정불변한 답이 없음을 발견할 것이다. 절대적이고 추상적인 이데올로기를 모든 인민의 염원 위에 강요하는 식의 모든 제안은, 아마 변통성이 없어 인민을 고통 속으로 빠지게 할 것이다. 나는 이 문제는 반드시 '인민의 염원과 복지를 존중'하는 입장에서 출발해야 하며, 시간의 진전에 따라 그 답안을 조정해야 한다고 생각한다. 장자 천운편《莊子·天運篇》에는 다음과 같이 이른다.

> 예의와 법도는 때에 따라 변하는 것이다.

곽상(郭象, A.D.? – 312)은 이 구절의 핵심을 이렇게 주석했다.

> 이것을 좋게 여기고 저것을 나쁘게 여기던 것이, 때가 되어 변한 후에는 적합해진다.

참으로, '시간감'은 우리가 양안관계를 처리할 때 가장 중요한 도구 중 하나이다. 우리는 오직 시간의 변천 속에서, 인민의 염원을 깊이 파악하는 것만이, 이 문제를 비교적 효과적으로 처리할 수 있다. 그렇다면, '역

다. 그러나 너무 빠른 민주화와 함께 너무나 급속한 개인주의 의식의 성장이 불건전한 개인주의의 병폐로 이끌고 있다. 이로 인해 여러 주체들의 각성과 병립, 충돌, 법치질서의 결핍 상태에 처하게 되었다. 이에 대해서는 다음의 자료를 참고하시오. 黃俊傑 :〈儒家傳統與廿一世紀臺灣的展望〉,《鵝湖學誌》第10期(1993年6月), 頁1-28, 收入本書第6章 ; 及C.C. Huang and K.M. Wu, "Taiwan and the Confucian Aspiration: Toward the Twenty-first Century," in Stevan Harrell and Chun-chieh Huang et. al. eds. *Cultural Change in Postwar Taiwan* (Boulder, Co.: Westview Press, 1994), pp.1-18.

사적/인민의 입장'에서 출발하여, 어떻게 양안관계의 문제를 구체적으로 해결해야 하는 것인가? 근래에 위에서 서술한 입장에서 출발하여 이 문제에 대해 비교적 분명하게 논의한 사람은 선쥔산(沈君山, 1932-)이다. 그는 이렇게 말했다.[41)]

> 대만의 입장에 서서 대만의 미래를 보고, 대만과 대륙의 관계를 볼 때, '이민위본(以民為本)'의 원칙으로 출발하여, 이 두 지역의 공통적 이익과 개별적인 모순을 분석하고, 현재의 상황과 미래의 기대를 함께 살펴야 한다. 만약 공동의 이익이 개별적 모순을 초과하면 마땅히 통일을 추구해야 하며, 반대로 각자의 발전이 적합하다면 독립을 추구해야 한다. 내가 보기에는, 혈연, 풍속, 언어를 포함하는 민족의 공통성, 경제발전상의 상호보완성, 역사문화상의 정체성 등등의 장기적 요인들이 두 지역 모두에게 대립적 모순이 없이 오직 공동의 이익만 있게 하는 것 같다. 현재 통일을 막고 있는 요인은 바로 생활수준, 가치관념, 이데올로기, 경제와 정치의 제도 등등이다. 이것들은 모두 백성과 가장 깊은 관련이 있고, 또한 가장 단기적으로, 과학기술의 발전, 역사의 진보에 따라 변하는 것이다. 그래서 나는 이제껏 통일을 장기적 목표로 삼았다. 그러나 목표를 향해 한걸음씩 나아갈 때 반드시 주의해야 할 두 가지 중에, 첫째는 대만 천칠백만 인민의 행복을 깨트리지 않는 것이고, 둘째는 반드시 최대한 노력하여 대륙에 영향을 미쳐 대륙으로 하여금 조금씩 민주와 자유를 향해 가도록 해야 한다는 것이다.

41) 沈君山：《尋津集—從革新保臺到一國兩治》(臺北：遠流出版事業公司, 1989), 頁91-92。

위에서 제시한 견해는 대만의 주체성과 인민의 염원에 대해 절대적인 존중을 하는 것이며, 대만사의 기본 추세에 비교적 부합한다. 비록 그 가운데 '통일을 장기 목표로 삼는다'는 구절 속에서 '장기'가 도대체 수십 년인지 수백 년인지 혹은 더욱 오랜 시간인지에 대해 아마도 각기 다른 사람들의 쟁론을 일으킬 수 있지만, 이 문제는 반드시 '시간'의 흐름 속에서서 해결해야 하고, 선험적이고 고정된 답안은 없는 것이다.

제6절 결론

역사적으로 보면, 대만은 세계경제와 문화교류의 중심으로, 일찌기 16세기부터 이미 근대사에서 서구 각국이 다투는 기지가 되었고,[42] 서방문화와의 접촉이 아주 빨랐다. 네덜란드 점령시기 대만은 이미 네덜란드인이 중국의 상품을 바타비아, 일본, 네덜란드 및 동인도 각 지역 상관에 운송하는 무역중심이 되었다.[43] 더욱 중요한 것은, 근 400년 동안 대만은 줄곧 중국대륙에 대해 중대한 영향을 끼쳤다. 20세기 저명한 사학자 천인커(陳寅恪, 1890-1969)는 다음과 같이 말했다. "정씨 부자의 흥기는 무력으로만 아니라, 경제측면에서 당시 중국과 외양의 통상무역관계가 가져온 것이다. 명의 남쪽 수도가 넘어지고, 연평 일계는 오히려 주씨의 잔존들을 40년이나 계속할 수 있었는데 절대 우연이 아닌 것이다. 정즈롱과 정

42) 參考曹永和：〈荷蘭與西班牙佔據時期的臺灣〉, 收入氏著, 《臺灣早期歷史研究》, 頁25-44。

43) 曹永和：〈荷蘭時期臺灣開發史略〉, 收入氏著：《臺灣早歷史研究》, 頁45-67, 尤其是頁66。

청공 부자 이후, 민해 동남쪽의 땅은 지금까지 300여년 동안 인간사의 변천을 지속적으로 겪었지만, 작은 구석땅 하나가 전국의 무게를 짊어졌다. 역사를 다스리는 군자들은 처음을 좇아 거슬러 올라가 세상의 변화이유를 따지고, 이 점에 주의하지 않아서는 안된다."[44] 이러한 통찰은 대만 지위의 중요성을 정확히 설명하고 있다.

21세기에 들어선 동아시아 세계가 직면한 중대문제들 가운데 하나는 대만과 중국대륙 관계의 조정이다. 본 글은 역사의식의 각도로 이 문제가 제기한 '급통'과 '급독'의 두 주장에 대해 분석했는데, 두 가지 모두 역사사유의 맹점이 있다고 여겨진다. '급통파'는 4백년 동안 대만에 이민해 온 한인들이 자유자주적 이상을 추구했던 것을 파악하지 못했다. '급독파'는 4백년 가까이 중국대륙 인민들이 겪은 민족의 좌절 및 그로 인해 흥기한 민족주의 정서를 무시했다. 양 쪽 인사들의 이런 역사사유의 맹점은, 그들로 하여금 대만과 대륙의 미래관계의 사고에 대해 모두 심각한 장애를 가지게 한다.

필자는 이상 두 주장의 역사의식의 결함을 분석한 후에, '역사적/ 인민의 입장'에서 출발하여 이 문제를 사고하고 안배하며 대만역사의 구체적인 상황 가운데 이 문제를 놓고 고려함으로, 역사 사유의 폭과 역사의식의 깊이를 확대시키고, 시간의 깊이 속에서 '인민의 염원'을 존중하며 '통일/ 독립'의 이분법적 구조를 벗어나 시간의 변천 가운데 문제를 해결하는 계기를 맞이하기를 건의하는 바이다. (1994년 5월 1일 초고, 1994년 11월 30일 수정, 본문 초고는 중국 역사상의 분리와 통합에 대한 학술토론회 준비위원회 편,《중국 역사상의 분리와 통합 학술 세미나 논문집》(臺北: 聯經出版公司,

44) 陳寅恪：《柳如是別傳》, 收入：《陳寅恪先生文集》, (臺北：里仁書局, 1981)(五), 頁77。

1995, pp. 385-414)에 게재됨.)

제8장 21세기 대만의 신문화: 함의, 문제, 비전

제1절 머리말

1990년대는 대만이 역사의 변혁기에 진입한 중요한 시기였다. 1987년 7월 계엄령이 해제됨에 따라, 대만사회의 권력관계가 새롭게 재편되고 민주화가 가속화되었다. 당시 가장 주목할만한 현상이었다. 그렇다면 정치적 격변 속에서 미래의 대만문화는 어떻게 발전할 것인가? 깊이 생각해 볼만한 문제이다. 이 글의 취지는 미래 대만문화의 발전방향에 대해 논의하는 것이다. 그리고 역사적 관점에서 대만 신문화 형성의 구성요소에 대해 설명하는 것이다. 또한 미래 대만의 신문화가 맞닥뜨리게 될 문제와 그 대응방안을 분석할 것이다. 이 글은 전체적으로 5개의 부분으로 나눠진다.

1절에서는 전체의 주제에 대해 설명할 것이며, 2절에서는 21세기 대만의 신문화가 '자아의식'의 각성과 상호경쟁을 그 특징으로 한다는 점을 언급할 것이다. 이러한 신문화가 갖는 함의는 두 가지 측면에서 생각해 볼 수 있다. 첫째, 내부적으로 봤을 때, 대만사회 각 영역(정치, 경제, 사회, 학문 영역 등)과 각 계층(노동, 농민, 지식인 계층 등)의 '자아의식'이 모두 고도의 각성상태에 처해 있다는 점이다. 또한 서로 다른 영역과 계층 간에 치열한 경쟁과 긴장 상태가 형성되고 있다는 점이다. 둘째, 대만과 외부세계의 관계를 살펴볼 때, 대만이 주체로서의 '자아의식'이 점점 강화되고 있다는 점이다. 대만문화가 중국대륙 문화 및 세계 문화와 점점 분명한 차이를 보이고 있다는 점이다.

3절에서는 21세기 대만 신문화 형성에 영향을 미친 세 가지 역사적 배경에 대해 논의할 것이다. 우선 간단하게 요약하자면, 첫번째 배경으로는 1895년 이래 대만과 중국대륙 사이의 역사적 단절을 들 수 있겠다. 두번째 배경은 1949년 이후 대만의 급속한 경제발전과 그 경제발전이 가져온 사회문화의 전환이다. 세번째 배경은 1987년 계엄령이 해제된 이후 대만의 민주화 발전이다.

4절에서는 대만 신문화 속에서 강렬한 '자아의식'의 각성이 일으킬 수 있는 두 가지 문제점에 대해 다룰 것이다. 두 가지 문제점은 우선 대만 내부적으로 각 영역과 계층간에 긴장과 충돌을 불러일으킬 수 있다는 점과 대외적으로 편협한 '부족주의(部落主義)' 심리를 형성할 수 있다는 점이 있다. 마지막으로 5절에서는 위에서 언급한 두 가지 병폐와 관련하여 대만의 신문화 건설을 위해 절박한 과제를 제기하고자 한다. 첫번째는 법치

질서 건설을 통해 영역간 혹은 계층간의 긴장성을 해소하는 것이다. 고전적 유가(儒家) 문화 유산을 통해 과도한 '자기중심주의(ego-centrism)'를 조절하는 것이다. 두번째는 개방적인 자세(open-mindedness)를 배양하여 중국과 세계의 문화를 흡수하는 것이다. 이로써 마음을 열고 부족주의의 편협함을 극복하는 것이다.

제2절 대만 신문화의 특징: '자아의식'의 각성

1) 특징

'문화'는 인류생활의 총체적인 표현이다. 문화가 포괄하고 있는 내용은 매우 광범위하다. 학술사상, 문화창작 등 상층구조에서부터 제도와 문물, 물질적 건설 등 하층구조에 이르기까지 그 모두가 문화가 포괄하고 있는 구체적 내용이라고 할 수 있다. 이러한 서로 다른 수준의 구체적 내용은 모두 그 문화의 기저에 깔려 있는 특수한 '심리 구조'에 뿌리를 내리고 있고, 그러한 특수성을 반영한다. '문화'라는 말의 내용이 광범위하기 때문에 '문화'에 대한 정의(definition) 역시 정의를 내리는 사람마다 다르다. 인류학자인 크뢰버(A. L. Kroeber, 1876-1960)와 클러크혼(Clyde Kluckhohn, 1905-1960)은 1952년의 연구에서 '문화(Culture)'라는 말에 관한 정의가 무려 164종에 이른다고 정리했다.[1)]

---

1) A. L. Kroeber and Clyde Kluckhohn, *Culture, A Critical Review of Concepts and Definitions* (New York : Vintage Books, 1952), p.4.

이 글에서 필자는 대만 신문화의 여러 방면에서 구체적으로 나타나는 특수한 내용에 대해 논의할 생각은 없으며, 전체의 줄기를 잡아 대만 신문화의 기본 특징에 대해 논의하려고 한다. 따라서 이 논문에서 사용하는 '문화'라는 말은 문화의 외연적 표현을 지칭하는 것이 아니라, 문화의 심리적 구조를 가리키는 것이다. 또한 문화의 구체적 내용 중에 함께 공유되는 정신적 상태를 말한다. 이러한 정의에서 출발하여 우리는 대만 신문화의 주 기조가 '자아의식의 각성'에 있음을 알 수 있다. 소위 '자아의식의 각성'이라는 것은 아래 두 가지 방면에서 나타난다.

우선, 대만사회 내부에서 보면 대만사회의 여러 '영역'과 '집단'의 '자아의식'은 고도록 각성되어 있다. 대만사회 내 각각의 '영역'과 '집단'은 모두 과거의 "존재만 할 뿐 활동하지 않는 상태"에서 "존재할 뿐만 아니라 활동하는 상태"로 진행하고 있다. 서로 다른 방식으로 자신들의 자급자족성을 건립하고, 다른 '영역'과 '집단'의 간섭과 지배에 반대한다. 이렇게 '자아의식'이 고도로 각성된 이후의 '영역'과 '집단'은 그들 스스로를 목적으로 여기며, 그들 자신 이외의 목적에 도달하기 위한 수단으로 사용되지 않으려 한다. 그렇기 때문에 각 영역과 집단들이 서로 밀고 당기기를 하는 경쟁이 상태는 날이 갈수록 더욱 격렬해졌다.

두번째로, 대만과 외부 세계의 관계에 대한 대만의 '자아 의식' 또한 매우 각성된 상태가 되었다. 대만 거주자들의 마음 속에서, 대만과 중국대륙 및 세계의 차이성은 갈수록 현저해졌다. 대만의 특수성과 자주성 역시 갈수록 부각되었다. 소위 '대만의 특수성과 자주성'이란 말에는 대만 거주자들이 갈수록 대만 이외 지역의 목적을 위한 수단이나 도구가 되지 않겠다는 자각이 담겨 있다. 이러한 의미에서의 '자아 의식'의 각성 하에, 대만의 거주자들은 다음의 두 가지를 강렬하게 자각하게 되었다. (1) 대만은 더 이상 '반공대륙(反攻大陸)'의 부흥기지가 아니며, (2) 또한 세계 자본주의 체제 하에서 값싼 노동력을 제공하는 국가도 아니라는, 자각이다.

이어서 최근 몇 년간 발생했던 구체적 사실을 들어 이상에서 언급한 대만 신문화의 두 가지 동향을 설명하고자 한다.

첫번째로, 대만 내부의 각 '영역'과 '집단'의 자아의식의 각성이라는 새로운 동향을 설명하겠다. 가장 분명하고 쉽게 발견되는 것은, 1987년 7월 계엄령의 해제를 전후하여 각양 각색의 사회운동이 우후죽순처럼 일어났다. 통계에 따르면, 1983년부터 1987년까지 대만은 총 1,516 건이나 자력구제의 군중시위가 벌어졌다. 1987년 한 해만 따졌을 경우에는 676건의 시위 사건이 벌어졌다.[2]

1987년 계엄령이 해제된 이후 거세게 일어난 사회운동 중에 가장 눈에 띄는 것은 농민운동으로 대만 문화 변천의 모습을 가장 잘 드러내는 것이다. 1987년 이후 대만의 농민운동은 그 자체의 필연성과 문화사적 함의를 갖고 있다. 필자의 과거 연구에서 언급한 것처럼,[3] 대만 농민운동의 필연성은 두 가지 요소에 뿌리를 두고 있다. 하나는, 역사적 시각에서 볼 때, 일제시대(1895-1945)의 '공업은 일본, 농업은 대만(工業日本、農業臺灣)'이라는 식민 정책 하에서, 대만 농업과 대만 농민들은 일제의 착취를 받았다. 일제시대 대만의 농민운동이 불일 듯 일어난 것은 당시 대만의 자본주의화와 경지가 소수의 지주들에게 집중되어 있던 것과 밀접한 관련이 있다.

---

2) 朱雲漢：〈從總體社會結構的變遷看自力救濟性街頭運動的湧現〉,「自力救濟與公權力行使研究論文發表會」宣讀論文, 臺北：1988年。

3) 廖正宏、黃俊傑：《戰後臺灣農民價值取向的轉變》(臺北：聯經出版公司, 1992), 頁152-154。

1945년 광복 이후, 1950년대 대만의 농업부문은 '군수식량(軍需民糧)'의 제공자 역할을 했고, 1960년대에는 공업 발전을 위한 초석 노릇을 했다. 1980년대 이후에는 종종 외교 부문의 '소방대' 역할을 맡았다. 이렇게 농업부문의 자주성은 상당히 약했다. 전후 40년 동안 대만 농업의 주체성과 자주성의 소멸에 의해 축적되어온 농민들의 불만은 결국 계엄령의 해제와 함께 터져 나오게 된다. 마치 눌려있던 솥뚜껑이 열리면서 뚜껑 안에서 들끓던 뜨거운 원망의 기운이 터져 나오듯이, 발산이 된 후에는 수습이 어려울 정도가 되었다.

두번째로, 정치경제적 구조에서 볼 때, 현단계 대만의 농업문제와 1950년대 혹은 1960년대의 농업문제는 본질적으로 다르다. 이는 전체 경제사회구조의 변화에 의해 야기된 것이다. 현재 농업과 농민들은 비농업적 요인(특히 정치적 요인)의 강력한 간섭에 의해 영향을 받고 있다. 예를 들면, 농업을 주관하는 정부 부문은 종종 외교부문의 필요에 협조하기 위해 과도하게 국제 정가의 가격으로 몇몇 국가로부터 국내에서는 그리 급하게 필요로 하지 않는 농어업 상품을 긴급 구매한다. 이는 국내 농업의 발전에 직접적으로 타격을 준다. 미국과의 관계에서 무역수지 적자 및 외교적 고려 때문에 대량으로 미국산 사과와 감귤 등 농산물을 수입한다. 이는 정치와 외교가 농업을 교란시키는 것으로 대만 농민운동이 일어나게 된 두번째 근원이다.

문화사의 관점에서 보면, 전후 대만 농민들의 사상 세계에서는 1987년 이전까지는 "스스로 자신들의 운명을 주재하겠다(自作主宰)"는 주체의식이 세워지지 않았다. 이러한 사상의 상태를 만들어낸 원인은 물론 한 가지에 그치지 않는다. 그것은 전후 대만의 계엄체제와 공상 위주의 경제 등 정치, 사회, 경제적 배경과 관련이 있다. 전후 대만은 농업 정책의 주도 하에 농업 부문은 주로 도구적 역할을 맡았고, 그 자체로 목적적 역할을 갖지 못했다. 본 절에서 말하는 '농민 주체성'과 '농업 자주성'의 상실은 바로 이러한 도구적 경향의 농업 정책이 필연적으로 야기한 결과이다. 이러한 상황 하에 농민의 주체 의식은 줄곧 잠자고 있었다. 1980년대 중반부터 농업의 위기가 더욱 심각해지면서 농업은 과거 경제체제의 '지원적 부문(supporting sector)'에서 점점 '스스로 생존을 모색하는 부문(sustaining sector)'으로 변하게 되었는데, 그 후 농민 단체는 '자아의식의 각성'을 하게 되었고, 이것이 대만 문화의 새로운 동향이 되었다.

그러나, 대만 신문화의 동향으로서의 농민운동을 다시 깊이 관찰해 보면, 다음과 같은 점들을 발견할 수 있다. 하나의 단체로서의 농민들과 또 다른 단체로서의 정치인들이 서로 밀접한 관계를 맺고 있다. 또한 종종 후자가 전자를 견인한다. 필자는 1988년 농민운동이 처음 일어나던 시기에 먀오리현(苗栗縣)의 농민운동 지도자를 방문한 적이 있다. 그는 다음과 같이 얘기했다.[4)]

> 원래 농민들 스스로는 정치가 개입되지 않도록 하겠다고 강조하곤 했습니다. 그리고 국민당도 의도적으로 정치가 개입되지 않도록 해야 한다고 부정적으로 말하곤 했습니다. 그러나 사실 농민운동과 정치는 분리할 수 없는 것입니다. 왜냐하면, 농민운동을 이끄는 사람이 정치인이 아닐 경우, 농민들은 영원히 시위를 위해 거리로 나서지 못할 것입니다. 이점에 대해서 우리들의 생각은 아주 명확합니다. 이러한 상황 하에서는 농민문제와 정치문제가 본질적으로 분리될 수

4) 1988년 4월 24일 저녁 필자가 농촌 운동 지도자와의 인터뷰 중 기록한 내용임.

없다는 것입니다 ……

이러한 농민운동 당사자의 증언에서, 정치 영역과 사회 영역이 불가분의 관계에 있다는 것을 알 수 있다. 뿐만 아니라 사회영역에 대해 정치영역이 어떤 침투력을 갖는지에 대해서도 알게 된다.

두번째는, 다시 대만의 세계관이라는 측면에서 대만의 자각이 중국대륙 및 세계의 신사조와는 다르다는 것을 설명하려 한다. 우선 근래 대만의 민간과 정부 당국이 대만과 중국대륙의 미래 관계를 어떻게 전망하고 있는지에 대해 제기되고 있는 각종 담론을 살펴 볼 것이다. 대만은 자각적으로 21세기 신세계질서 속에서 하나의 중심이 되고 싶어 한다. 예를 들면, "아태 운영 중심(亞太營運中心)" 등과 같은 역할을 하고자 한다.

대만의 '자아의식의 각성'은 대만의 조야에서 대만과 중국의 관계에 대한 새로운 사고 위에서 구체적으로 발현된다. 우선 관방의 관점을 말하면, 행정원 대륙위원회가 1994년 7월 발표한 <대만해협 양안관계 설명서(臺海兩岸關係說明書)>에서는 중국 국무원이 1993년 8월 31일 발표한 <대만문제와 중국의 통일> 백서를 반박하고 있다. 내용은 다음과 같다.[5)]

> 대만 지역의 미래 정치경제 발전에 대해 말하자면, 최근 대만에 존재하는 중화민국은 "조용한 혁명"의 과정을 겪고 있다고 말할 수 있다. 경제적으로나 정치적으로 모두 성공적으로 중국 역사상 첫번째로 부유하고 인권과 법치를 존중하는 민주사회를 실현했다. 오랜 동안 경제적 실력과 사회문화적 활력을 축적해 왔고, 민주와 자유의 과

5) 行政院大陸委員會：《臺海兩岸關係說明書》(臺北：行政院大陸委員會, 1994), 頁10-11。

정을 통해 한편으로는 세계를 향해 나아가 실용외교(務實外交)의 길을 걷고, 다른 한편으로는 중국 대륙을 향해 양안 간 각종 민간교류를 확대하여 중요한 촉매제가 되었다.[…]

양안 해협의 분열과 분치(分治)는 중화민족의 큰 불행이다. 따라서 우리들은 중공이 빠르게 경제개혁을 추진하고 전면적인 정치개혁에 힘쓸 것을 호소한다. 그래야만 대륙의 동포들이 하루 빨리 빈곤으로부터 벗어날 수 있고 인간의 존엄이 발현되는 생활을 살 수 있을 것이다. 우리는 양안이 잠시 분열 및 분치되고 있다는 사실을 중공이 확실히 인식해야 한다고 호소한다. 이성, 평화, 대등, 호혜의 원칙에 의거하여 양안관계의 발전을 추진해야만 양안의 평화 통일에 계기가 마련될 것이다.

이상의 담론에서, 대만 관방은 대만을 주체로 대만과 중국대륙의 미래를 담론하고 있다. 이러한 새로운 관점은 또한 민간사회의 관점과 상호 호응한다. 1993년 12월 10일 대만교수협회 등 23개 단체는 대륙 해협회 대표가 타이베이에 와서 회의에 참석하기 직전, 양안관계에 대한 의견서를 발표했다. 이 의견서의 결론은 다음과 같다.[6]

한마디로 말하자면, 대만 인민들은 대만의 미래를 결정하고 자신들만의 생활방식을 선택할 권리가 있다. 어떠한 정권이라도 만약 오랜 시간 동안 대만 인민의 지지를 얻고자 한다면, 반드시 대만을 인정하고 이 땅의 민중과 힘을 합쳐 '대만운명공동체'를 만들어 가야 한다.

이렇게 대만 스스로 목적이 되는 새로운 관점은 구체적으로 대만의 신

---

6) 行政院陸委會：〈兩國兩制, 和平共存--臺灣人民對臺灣與中國關係的基本主張〉, 刊於《自立晚報》, 1993年12月10日-12日, 引文見12月12日, 3版。

속한 민주화에 따라 새롭게 형성된 '자아의식의 각성'에 뿌리를 내린 대만신문화가 세워지고 있음을 보여준다. 이러한 신문화의 세계관 속에는 대만은 이미 과거의 '의식하지 않는 존재'(being-in-itself)에서 '의식하는 존재'(being-for-itself)로의 전환되었다.

최근 대만의 '자아의식의 각성'은 양안관계에 대한 새로운 관점에서만 나타나는 것이 아니라, 대만이 탈냉전 시대의 새로운 정세 속에 자신을 포지셔닝시키는 것에서도 나타난다. 대만의 상공 기업계와 정부는 공동으로 여러 조치를 추진하고 있는데, 대만이 조속하게 '아태 운영중심(Asia-Pacific Regional Operations Center)'이 되기를 희망한다. 1994년 11월 9일, 재정부는 금융자유화와 국제화의 추진을 가속화하자고 선언하고, 6년 내에 대만이 '아태 금융중심'이 될 수 있도록 하기 위한 조치이다.[7] 이러한 모든 기획은 자아의식의 각성이 정신적 기초가 된 새로운 세계관이 대만에 형성되고 있음을 보여준다. 이러한 새로운 정신적 각성은 모두 현실을 기반으로 한다. 예를 들어, 교통부의 1994년 1월에서 9월의 통계에 따르면, 평균 매일 운영량의 경우 중정국제공항은 매일 226차의 항공 운행이 이뤄지고 있으며, 여행객은 32,213명이다. 화물운송은 2,025.5톤이다.[8] 이러한 빈번한 대외교통 네트워크는 대만 신문화 형성의 중요 요인 중 하나이다.

7) 《中央日報》, 1994年11月10日, 2版。
8) 《自立晩報》, 1994年11月13日, 5版。

2) 역사적 의의

이제 우리는 다음과 같은 문제를 생각해 볼 수 있겠다. 그렇다면 이상에서 논의한 '자아의식의 각성'을 특징으로 하는 대만의 신문화는 어떠한 역사적 의의를 갖는 것일까? 만약 중국의 전통문화와 비교한다면, 우리는 대만의 신문화와 대륙의 전통문화 사이의 가장 큰 차이를 다음과 같은 점에서 찾아 볼 수 있다. 중국의 전통문화가 보여주는 것은 정치 주체가 정치 이외의 사회, 경제, 사상 등의 주체를 지배하는 것이다. 이로써 '일원론'적[9] 색채가 강한 문화 전통을 이루고 있다. 그러나 대만 신문화에서는 정치 주체 이외에, 사회 주체, 경제 주체, 사상 주체가 모두 활발한 생명력을 보여 준다. 또한 어느 정도의 자주성을 갖고 있다. 또한 격렬한 경쟁의 상태에 처해 있다. 전반적으로 대만의 신문화는 강렬한 '다원론(pluralism)'적 특징을 보여주고 있는 것이다.

이러한 관점에서 대만 신문화의 형성 및 그 발전이 갖는 역사적 의의는 다음과 같다. 대만 신문화는 유구한 화인(華人) 문화가 전통적 '일원론'에서 '다원론'으로 전환하고 있음을 대표한다. 이러한 깊은 역사적 의의를 갖는 대전환의 과정 중에, 전통 중국문화의 심층구조로서의 '종속의 원칙'(Principle of Subordination)[10]—문화 속의 모든 주체(사회, 경제 등의 주체)가 단일한 주체(정치 주체 등)의 지배를 받는 것—으로부터 점점 '병립의 원칙(Principle of Coordination)'으로 전환하고 있는 것이다. 즉, 문화 속

---

9) Donald Treagold, *The West in Russia and China: Religious and Secular Thought in Modern Times* (Cambridge: Cambridge University Press, 1973), Vol. 1, P.xxii

10) 머우종산 선생의 말이며 이에 대해서는 다음을 참고하시오. 牟宗三：《中國文化的省察》(臺北：聯經出版事業公司, 1983), 頁68。

의 모든 주체가 병립과 경쟁의 상태에 처해 있는 것을 의미한다.

더 나아가 우리는 '일원론'에서 '다원론'으로의 전환이 이뤄졌다는 함의를 발견하게 된다. 멀리 서주 시대(1027? - 722 B.C.)부터 "천하에 왕의 땅이 아닌 것이 없고, 그 영토 안에 왕의 신하가 아닌 사람이 없다"라는 것이 서주제국의 왕권에 대한 묘사였다. 기원전 221년부터 진시황(영정, 259 B.C. – 210 B.C.까지 재위)이 중국을 통일한 후, 이러한 정치권력이 모든 것을 지배하는 상황이 이미 완전히 확립되었다. 이 때문에, 학술영역에서의 경전의 해석은 정치권력의 침투와 왜곡에 큰 영향을 받았다. 예를 들면, <논어>에서 공자가 얘기한 바, "옹은 남면하게 할만한 사람이다(雍也可使南面)"라는 말 속에서의 '남면'이란 말은, 명백히 '임금'의 자리를 뜻한다. 그러나 진한시대 이래로의 유자(儒者)들은 통일된 왕권의 압력을 받아 왔으므로, 제후의 자리로만 해석할 수 있었다. 이러한 경전의 원뜻에 대한 왜곡은 전통 중국 역사에서의 정치권력이 문화영역에 얼마나 커다란 영향을 미쳤는지 가장 잘 보여준다. 사회경제 영역에서 왕, 공, 귀족들의 소유지나 관료자본의 독점 등 현상은, 정치권력의 절대적 지배성을 반영한다. 정치권력에 비해 사회, 경제, 학술 등 비정치영역은 보편적으로 자주성이 결핍되어 있었고, 정치권력에 대해 강력한 의존성을 갖고 있었다.

이러한 "단일 주체성의 지배"하에 전통 중국의 문화사에서 나타나는 각각의 활동 부문 간의 관계는 모종삼(牟宗三) 선생이 말한 "종속의 원칙"에 의해 결정되었다. 경제, 사회, 문화 부문의 활동은 모두 정치 주체에 종속되었다. 그들 자체의 작동에는 '내재적 논리'가 결핍되어 있었다. 바꿔 말하면, 사회, 경제 및 문화 활동 자체로 그들의 활동을 결정할 수 없었다. 그들의 활동은 대부분이 정치적 목적을 위해 존재했던 것이다. 따라서 그들 자체는 수단적 존재였지 목적이 아니었다.

이상에서 얘기한 "단일주체성의 지배" 및 "종속원칙의 발달"은 중국 문화사의 기조이며, 최근 40여 년간 대만 지역에서 역사적 전환에 직면해 있다. 그 기본적 변화의 방향은 두 가지이다. 하나는 '단일 주체성의 지배'가 '다원적 주체성의 병립'으로 가고 있다는 것이고, 다른 하나는 '종속의 원칙'이 '병립의 원칙'으로 전환되고 있다는 것이다.

대만은 전후 30년간 경제구조의 환골탈태를 이루었다. 전후 대만의 발전경험 중, 가장 큰 변화는 농업사회에서 공업사회로의 전환이다. 1952년 농업인구가 대만 전체 인구의 52.4%를 차지했는데, 1987년에 이르러서는 20.5%가 되었다. 농업생산이 전체 국내 순생산(NDP)의 비율에서, 1951년의 30.9%에서 1964년의 28.22%로 줄었다. 1972년에는 14.12%로 줄었다. 1982년에는 8.7%로 줄었다. 광복 이후 대만은 40년의 시간도 걸리지 않아 일본이 메이지 유신 이래 근 100년의 시간이 걸려 완성한 역사 과정을 완성했다. 이러한 경제구조의 급속한 변화는 전후 대만의 사회구조를 변화시켰을 뿐만 아니라, 왕성한 도시중산계급을 만들어 냈다. 도한 문화생활의 변화를 일으켰다. 농업사회가 사라짐으로써 토지는 더 이상 유일한 가치의 척도가 되지 못한다. 필자는 1985년 말에 작고하신 랴오정홍(廖正宏) 교수와 함께 진행한 농촌조사의 자료를 통해 설문에 참여한 74%의 농민들이 토지를 파는 것이 더 이상 수치스러운 일이 되지 않는다는 것을 발견했다. 57.6%의 농민들은 토지가 개인의 사회적 지위의 지표가 될 수 없다고 인식했다. 교육정도와 수입 등이 점점 사람의 사회적 지위를 재는 지표가 되었다.[11)]

---

11) 黃俊傑、廖正宏：《前引書》, 頁45-54；Cheng-hung Liao and Chun-chieh Huang,

농민들의 심리가 점점 바뀌는 동시에, 교육의 보급과 대도시의 발달 및 국제무역의 발달 등이 점점 가치 체계의 다원화를 촉진시켰다. 이러한 역사적 발전 추세는 1987년 계엄법의 폐지와 함께 절정에 이르렀다. 대만의 환경 속에서 정치권력이 여전히 다수의 상황에서 무시할 수 없는 영향력을 발휘하고 있지만, 경제력의 약진 및 그에 따른 사회력의 왕성함이 현저해졌다. 이 모든 것이 "다원적 주체성"을 기초로 하는 새로운 사회문화 형태의 출현을 촉진시켰다.

"다원적 주체성"의 형성은 중국전통문화가 전후 대만에서 새로운 전환을 이루었음을 보여준다. 이에 상응하는 신문화 현상은 "병립의 원칙"이 과거의 "종속의 원칙"을 대체하는 것으로, 문화의 각 영역 간의 관계의 특징이 되었다. 계엄령의 해제 이전의 상황과 비교해 보면, 최근 대만의 정치 권력은 비정치영역(경제, 사회, 학술, 문화 등의 부문)의 영향력을 여전히 무시할 수 없다. 그러나 점점 약화되고 있다. 각 부문의 자주성이 점점 상승하고 있다. 교육 부문 자체도 점점 인격의 배양을 교육의 목표로 요구하고 있고, 다시는 과거처럼 교육이 경제 혹은 국방 건설의 '수단'으로 여겨지고 있지 않다.

"Attitudinal Changes of Farmers in Taiwan", in Joel D. Aberbach et. al. eds., *The Role of the State in Taiwan's Development* (New York: M. E. Sharp, 1994), pp.354-369.

제3절 대만 신문화 형성의 역사적 배경

대만의 신문화는 어떻게 형성될 것일까? 이 문제는 우리가 꼭 논의하고 넘어가야 할 문제이다. 역사적 관점에서 보면, 한족(漢人)이 대대적으로 대만에 유입된 이후 400년 동안 대만 역사는 통치 주체의 변화를 겪었다. 네덜란드인들의 통치(1624-1661)에서부터 명조의 정씨 정권(明鄭; 1661-1683), 청조의 통치(1683-1895), 일제 식민통치(1895-1945), 국민정부(1945~)에 이르기까지 정권이 교체되어 왔다. 이를 통해, 대만문화에 다원적인 외래문화의 특징이 주입되고, 문화적 다원성의 기초가 다져지는 계기가 되었다. 하지만 그 중에서 특히 결정적인 역사적 요인으로는 세 가지가 있다. 첫번째는, 1895년 이후 일본의 식민통치로 인한 대만과 중국대륙의 역사적 단절이다. 두번째는, 1949년 대만의 광복 이후 급속한 경제발전과 이로 인한 사회정치적 전환이다. 세번째는, 1987년 7월 계엄령의 해제이다. 이상에서 언급한 것 중 첫번째 요인은 대만이 전통형 문화에서 현대형 문화로 나아가게 만들었다. 두번째 요인은 대만 신문화 속에 잠재된 다원성의 특징을 위해 견실한 사회경제적 기초를 마련했다. 세번째 요인의 출현 이후, 대만의 신문화는 완전히 그 모습을 드러냈다. 우선 첫번째 역사적 배경에 대해 검토해 보도록 하자.

1) 1895년 이후 역사적 단절

이 책의 제7장에서 설명한 바 있듯이,[12] 최근 백년 간 대만과 중국대륙

---

12) 本書第7章, 頁195-234。

간의 '역사적 단절'은 수많은 구체적 역사 사건 속에 명확히 드러나고 있는 현상이다. 중국에게 있어서 20세기는 우환의 세기였다. 서기 1900년, 의화단(義和團)이 격렬한 배외주의(排外主義)로 무장하고 베이징 주재 각국 공사관을 포위하면서, 청 조정은 각 국에 전쟁을 선포했다. 이에 대항하여 8개국 연합군은 베이징을 함락했다. 이듬해인 1901년, 신축조약(辛丑條約)이 체결되었고, 서구 열강의 중국침략은 최고조에 이르렀다. 1911년, 신해혁명(辛亥革命)이 발발하면서 청조가 무너졌다. 이후에는 어지러운 사건들이 계속해서 발생한 동란의 세월이었다. 1915년, 위안스카이(袁世凱)가 황제를 칭했고, 일본은 21개조 요구를 제기하며 중국침략의 야심을 드러냈다. 1917년에는 장쉰(張勳) 이 청조 선통제를 복위시키는 소동을 벌였으며, 이어서 군벌들의 혼전 양상이 나타났다. 1922년의 제1차 직봉전쟁(直奉戰爭), 1924년의 제2차 직봉전쟁은 백성들의 삶을 도탄에 빠뜨렸다. 1928년, 북벌을 완성하면서 중국은 비로서 형식상 통일이 되었다.

그러나 일본 군벌의 중국 침략의 야심은 날로 고조되어 갔고, 조금씩 압박을 하다가, 결국 1937년 7월 7일 노구교(蘆溝橋) 사건을 일으켰다. 중국은 일본에 대한 전면적인 항전을 개시했다. 1937년부터 1945년까지 중국은 8년간의 항전을 전개했으며, 중국 인민들은 그 전난 속에 큰 고난을 겪어야 했다. 항전 승리 후에는 또 다시 국공내전(國共內戰)이 벌어졌고, 최종적으로 중국대륙의 정권은 공산당의 손에 넘어갔다. 1949년 정권이 공산당의 손에 들어간 후 중국 인민들은 공산당의 통치 하에서 또 다시 '반우파 투쟁'(1957-58), '대약진 운동'(1958-60), '문화대혁명'(1966-76) 등 일련의 재난을 겪어야 했다. 그리고 1989년 6월 4일 천안문 사건에서 최고조에 이르게 된다.

중국이 백년간의 동란과 큰 변화들을 겪은 것과 달리, 대만은 100년간 중국대륙과 다른 역사의 길을 걸어왔다. 1895년 일본이 대만을 점령한 이후, 초기에는 무장 항일운동이 곳곳에서 일어나고 1920년대 이후 의회 설치 청원운동(議會設置請願運動)도 벌어졌으나, 역사적 시각에서 보면 일제 시대(1895-1945)는 대만이 전통사회에서 근대사회로 전환하게 된 관건적 시기였다. (a) 일본 식민 당국은 물론 대만의 각종 자원을 착취했으나, 한편으로는 각종 건설을 적극적으로 추진했다. 예를 들면, 1911년 12월 1일 북부의 지룽(基隆)에서 남부의 다거우(打狗; 지금의 가오슝)를 잇는 철도의 야간 개통, 1913년 12월 20일 대만의 남북을 관통하는 종관철도(縱貫鐵路)의 전노선 개통, 1930년 4월 10일의 경우 10년(1921-1930)에 걸쳐 건설이 진행된 자난 관개수로(嘉南大圳)의 급수 실행, 1931년 가오슝(高雄) 제 2 화력 발전소의 전력 공급 시작 등이 있다. 이러한 하층 구조의 건설은 상당한 정도로 대만 현대화의 초석을 마련했다. 결론적으로 말하자면, 중국대륙의 경우 최근 100년간 무거운 전통과 역사의 짐을 지고 '전통과 현대'의 딜레마 속에서 갈등하고 있을 때, 대만은 일찍이 '전통'으로부터 '현대'로 성공적인 진입을 이뤄냈다.

20세기 전반 대만은 일본을 통해 일본 문화와 유럽 문화의 요소를 대량으로 흡수했다. 이는 대만 문화에 더욱 다원적인 문화의 원천을 제공했다. 이에 대해서는 대만 문화의 일부분인 대만 미술 분야를 구체적 예로 들어 좀 더 설명해 볼 수 있겠다. 일제 시대 대만의 회화 예술은 관전파(官展派: 정부 주최 미술전람회 출신의 그룹) 내의 학원계통(學院系統: 대학 등 학교 교육을 중심으로 활동하며 관방의 지원을 많이 받은 그룹)의 영향을 크게 받았다. 대만의 미술교육은 1900년 타이베이 국어 학교(臺北國語學校)가 사범과(師範科: 교사 양성을 위한 학과)를 개설하며 회화 수업을 교과 과정에

넣으면서 시작되었다.[13] 대만 현지의 교사양성 교육기구(師範教育)과 일본 내지의 미술 학교는 대만 근대 미술의 인재 양성소였다. 당시 대만 화단(畫壇)에서 활약하던 본토 화가들의 교육 배경을 분석해 보면, 일제시대의 대만이 일본을 통해 서양 및 동양 문화를 학습했다는 사실을 알 수 있다. 당시 동경미술학교(東京美術學校)에서 공부했던 장추하이(張秋海; 1899-1988), 옌수이룽(顏水龍; 1903-1997), 천즈치(陳植棋; 1906-0931), 천청보(陳澄波; 1895-1947), 랴오지춘(廖繼春; 1902-1976), 왕바이옌(王白淵; 1902-1965), 궈보추안(郭柏川; 1900-1974), 리메이수(李梅樹; 1901-1983), 리스차오(李石樵; 1908-1995), 랴오더정(廖德政; 1920-), 천칭펀(陳清汾; 1910-1987), 천청판(陳承藩) 등을 예로 들 수 있겠다. 동경여자미술학교(東京女子美術學校)에서 공부했던 천진(陳進; 1907-1998), 가와바타 미술학교(川端畫學校)에서 공부했던 린위산(林玉山; 1908-), 린진훙(林錦鴻; 1905-1985), 란윈덩(藍運登; 1912-), 간사이 미술원(關西美術院)에서 공부한 양산랑(楊三郎; 1919-1989), 동경문화학원(東京文化學院)에서 공부한 양산랑(楊三郎; 1910-1998) 등이 있다.[14] 모두들 일본을 통해 일본과 서양 회화의 교양과 기교를 받아들였다.

2) 1949년 이후 대만의 경제발전과 문화변천

두번째 역사적 요인은 1949년 이후 대만이 겪은 빠른 경제발전과 교

---

13) 謝里法：《臺灣美術運動史》(臺北：藝術家出版社, 1992年三版), 頁252。252p

14) 參考謝里法：《臺灣美術運動史》(臺北：藝術家出版社, 1992年三版)；王秀雄：〈日據時代臺灣官展的發展與風格探釋--兼論其背後的大眾傳播與藝術批評〉(臺北：臺北市立美術館, 1992)；徐海玲：《臺灣美術圖繪》(臺北：自立晚報社文化出版部, 1990)。

육의 확대이다. 이 두 변화는 백여년 간 대만 문화생활 중 잠재되어 있던 다원성이 드러날 수 있도록 만들었다. 아래에서는 이 요인들에 대해 논의해 보고자 한다.

광복 초기인 1950년대의 대만은 기본적으로 농업사회였다. 1952년의 경우 농업 인구가 총 인구의 52.4%를 차지했고, 국내 농산품의 순생산액이 경제 총 생산액의 38.3%를 차지했다. 대외 무역을 통해 농산품 수출로 벌어들인 이윤은 60년대 대만 공업의 '도약'에 아주 좋은 토대를 마련해 줬다. 1953년 이후, 4개년 경제건설계획의 완성에 따라 농업 인구가 총 인구에서 차지하는 비율은 꾸준히 하락하기 시작했는데, 1960년 48.98%, 1965년 45.4%, 1970년 40.9%, 1975년 34.7%, 1985년에는 18.1%가 되었다.[15)]

인구구조 변화의 시각에서 보면, 30년 동안 대만은 이미 농업사회에서 공업사회로 탈바꿈한 것이다. 경제구조가 농업에서 공업으로 신속하게 전환되었을뿐만 아니라, 교육 또한 빠른 속도로 확대되었다. 과거 40년간 대만의 교육은 양적으로 크게 성장했다. 그 중 가장 주목할만 한 것은 문맹율이 1952년의 41.2%에서 1989년 7.1%까지 줄어들었다는 것이다. 이 외에도 중등교육을 받는 비율 또한 1952년의 8.8%에서 1989년 44.9%로 증가했다.[16)] 1968-1969 학년도부터 9년 의무교육을 실시하였으며, 이후 교육의 보급은 더욱 빠른 속도로 발전하게 되었다. 경제 발전과 교육 확대는 전후(戰後) 대만 문화변천의 촉진제가 되었다.

---

15) Council for Economic Planning and Development, R.O.C., *Taiwan Statistical Data Book* (1990),Table 4-3, p.65.

16) TSDB, Table 5-4, p.89.

전후 대만의 문화변천은 주요하게는 '전통성과 현대성' 그리고 '본토화와 국제화' 사이에서의 파동이라고 할 수 있다.[17] 1950년대 토지개혁 시기부터 1980년대 경제의 국제화 시대에 이르기까지 30여년의 기간 동안 대만 농민들의 가치지향은 큰 변화를 겪었다. 광복 초기 '농본주의(農本主義)'적 심리상태와 가치관은 공업화 과정에서 점점 사라져 갔다. 농민들 입장에서 '토지'의 상품화라는 특징은 날이 갈수록 뚜렷해져 갔다. 공업화의 충격 하에 지식계층인 대학생의 가치관은 '미래 지향'과 '개인 성향'이 더욱 뚜렷해졌다. 이와 같은 가치관의 변화는 대만문화의 변천이 '전통성'에서 '현대성'으로 이동하고 있음을 보여주는 것이다.

이 외에도, 공업화의 흐름이 '세속화(secularization)'라는 문화현상을 불러왔다. 세속화는 민간 종교에서 아주 뚜렷하게 나타났다. 한 연구 논문에 따르면, 1960년대 중반 이전에는 서구의 종교가 장족의 발전을 이루어 왔으나, 그 이후에는 본토의 민간신앙이 빠른 속도로 성장했다고 한다. 이러한 변화를 통해 '국제화'와 '본토화'가 문화영역에서 줄다리기를 벌이고 있음을 보여주고 있다.

전후 대만의 사상 변천은 주로 '중국'와 '서구' 사이에서의 파동을 보여준다. 정부 당국의 문화 정책은 정부 측이 해석하는 유가 사상을 중심으로 한 중국 문화를 장려하고, 민간 학자들은 유학 전통에 대해 새로운 해석을 제기하려고 힘을 기울였다. 하지만 다른 한편으로는 실존주의(existentialism), 자유주의와 같은 사조가, 대만의 지식계에 커다란 충격을 가져왔고 전후 대만 사상사가 다채로운 면모를 형성하도록 했다. 그러나 1987년 7월 계엄령 해제 이전에는, 전통 중국사상의 재해석이든 서방 사

17) 黃俊傑：〈戰後臺灣的社會文化變遷：現象與解釋〉, 收入本書第1章。

조의 도입이든, 모두 당시 대만의 특수한 정치경제 정세의 영향을 받았고, 소위 '대만 경제'의 '특수성'을 아주 구체적으로 드러냈다.

이러한 특수성은 전후 대만 소형공업의 강인성에서 나타난다. 민간신앙 혹은 조상숭배로부터 이익 지향적 태도의 영향을 크게 받는 것에서도 나타난다. 또한 유학에 대한 정부의 새로운 해석 및 서구 사조의 진입 이후의 왜곡과 재구성에서도 나타난다. 이상의 모든 현상이 바로 '대만의 경험'이라는 특수한 성격을 말해 주고 있다.

전후 대만의 문화발전 경험이 이상에서 얘기한 것과 같은 특수한 성격을 갖고 있기 때문에, 대만 문화에는 다양하고 이질적인 문화 요소가 많이 잠재되어 있다. 이런 특성이 대만 문화에서 '다원적 주체성(多元主體性)'이라는 병립적 상태를 구성하고 있으며, 전통 중국문화 속의 '단일적 주체성(單一主體性)'(정치적 주체성을 가리킴)이 다른 주체성(정치 이외의 주체성을 가리킴)을 지배하는 상태와 선명한 대비를 이룬다. 대만 문화에서의 '다원적 주체성'은 기본적으로 최근 100년간(특히 지난 50년간) 대만의 경제발전과 사회변천의 기초 위에서 발전한 것이다.

그러나 1987년 7월 계엄령 해제 이전, 정치 권력이 모든 것을 압도하던 체제 하에서는 대만 문화 속에 충만한 생명력을 갖고 있던 '다원적 주체성'은 계속 억압 받았고 침체되어 드러나지 않고 있었다. 계엄령 해제 이후 7년여 동안 '정치적 주체' 이외에 깊은 잠에 빠져있던 여러 '사회적 주체'와 '경제적 주체' 등은 연이어 되살아났다. 심지어 '사회적 주체' 중의 여러 집단과 이익, 그리고 계급이 되살아나게 되었는데, 그 후 공공 영역에서 구체적으로 실행되었다. 이로서 최근 몇년간 대만은 '다원적 주체들의 공존에 의한 상호 충돌 상태'에 처하게 되었다. 현 시점에서 대만의 정치적 투쟁과 사회적 충돌은 기본적으로 앞에서 언급한 문화적 전환이 외연을 넓히면서 생긴 어떤 현상이라고 말할 수 있겠다.

제4절 대만 신문화 중의 새로운 문제들과 대책

1) '자아 중심주의'의 극복

이제까지의 토론에서 21세기 대만의 신문화가 형성 중에 있음을 설명했다. 이러한 신문화는 '자아 의식'의 각성을 그 기본 특징으로 하고 있고, 풍부한 다원성을 품고 있다. 또한 정치적 주체가 모든 영역을 지배하고 '일원론'의 색채가 강한 전통 중국문화 체계와 본질적으로 차이가 있다. 또한 역사적 관점에서 최근 백여년간 대만과 중국대륙 역사의 단절에 대해 이야기했다. 특히 제2차 세계대전 이후 대만의 경제발전이 대만 신문화 발전의 중요한 역사적 배경이 되었음을 설명했다.

이제 두가지 문제에 대해 좀 더 생각해 보려고 한다. (a) 빠른 속도로 발전하고 있는 대만 신문화에 어떤 문제들이 잠재되어 있는가? (b) 21세기에도 대만 문화가 순조롭게 발전해 가려면 어떻게 해야 할 것인가?

대만 신문화에서 첫번째로 중시해야 할 문제는 다음과 같다. 대만 문화 중의 각 '영역'과 '집단'의 '자아의식'은 매우 각성되어 있고 과거의 정지 상태에서 활동적 상태로 나아가고 있다. 이 때문에 여러 '영역'과 '집단' 간의 상호경쟁 내지 충돌은 불가피할 뿐 아니라 갈수록 격렬해지고 있는 양상이다. 따라서 어떻게 하면 대만 신문화 중의 이러한 '자아 중심주의(ego-centrism)'를 건강한 길로 나아갈 수 있도록 인도하고 여러 '영역'과 '집단'이 조화로운 상태가 될 수 있도록 하느냐는 중요한 문제이다.

대만 신문화에 분명히 존재하는 건전하지 못한 '자아 중심주의'와 이것이 문화 속의 각 '영역'과 '집단'에 일으켜 온 격렬한 충돌에 대해 상세히 설명하기 위해, 1987년 이후 발생했던 사례를 들어보고자 한다.

본 장의 2절에서 논의했던 농민운동은 대만 문화전환의 관찰점이라 할 수 있다. 왜냐하면 농민 문제는 화인(華人) 문화의 중요한 지표이기 때문이다. 전통 중국문화는 농경문화였다. 중국 역사에서 농민은 살던 곳에서 떠나지 않고 하늘의 뜻에 순종하고 자신의 처지에 만족하며 사는 집단으로, 항상 농기구를 들고 대자연 속에서 생활하는 이들이다. 하지만, 오늘날의 대만 농민은 외국으로부터 수입한 농산품의 타격 하에서 거리로 나가 의연히 경제적 인권을 쟁취하는 이들이 되었다.

1987년 이래의 농민운동은 '농민의 영혼'이 이미 사라져 버렸음을 매우 절실하게 보여주고 있다. 현재의 대만 농민들은 더이상 전통 중국 역사 속에서 볼 수 있었던 '흙에 뿌리를 내리고 사는' 농민들이 아니며, 고도로 시장지향적인 '농장 경영주'이다. 경제가 자유화와 국제화의 세계 속으로 들어가면서 그들은 자신들의 권익을 지키기 위해 분연히 일어났다. 그래서 대만 농민운동의 발전을 통해 대만 문화변천의 일면을 엿볼 수 있는 것이다.

전후 40여년간 대만의 농업 부문은 기본적으로 '도구성(工具性)' 역할을 맡아 왔으며 '목적성'을 갖는 역할이 아니었다. 초기의 농업은 '군수민량(軍需民糧)'의 제공자 역할을 맡았으며, 1950년대 초기 제1기 경제건설계획이 시작된 이후에 농업은 줄곧 '농업으로 공업을 촉진'하는 역할을 맡았다. 이러한 단계의 초기에는 농업이 '수입대체(Import substitute)'적 역할을 맡았던 것이다. 즉 농산품 수출, 특히 쌀과 설탕(일제시대 이래로) 등으로 제한적으로는 외화를 벌어들였고, 미국과 일본 등과 같은 선진국으로부터 비료 등 공업 산품을 구매했다. 후에, 초급 단계 공업의 점진적 도약과 발전(가공 수출 지역의 설치와 방직공업의 발전) 이후에 농업 부문은 또다시 그 방대한 잉여 노동력으로 '수출대체(export substitute)'의 역할을 수행했다. 즉, 농업부문이 공업부문에 인력을 제공함으로써 수출을 촉진시켰다.

1965년 제3기 경제건설계획 완성 이후, 농업부문은 전체 경제에서 차지하는 비중이 점점 낮아지고 있었다. 이는 대만의 경제구조가 이미 농업 위주에서 공업과 상업 위주로 넘어가고 있음을 보여 준다. 이러한 발전과정에서 40여년 동안 농업정책의 주체가 뒤바뀌어 있었음을 알 수 있다. 즉, 농업정책의 주체가 농민이 아니었으며, 농업 이외의 기타 부문에 배치되어 있었다는 것이다. 주체가 뒤바뀌어 있었기 때문에 농민들이 대만의 경제발전에 엄청난 공헌을 했으나 상응하는 분배의 몫을 받지 못했다. 이러한 상황으로 인해 농민 집단의 주체성이 발휘되지 못하는 상황에 처하게 되었다.

그러나 1987년 계엄령이 해제된 이후 대만의 농민도 노동자, 학생, 원주민 등과 같이 '주체 의식의 각성' 단계에 진입하게 되었다. 그들은 1988년 이후 여러 차례의 농민운동 중에 농업의 자주성과 농민의 주체성의 재건을 강하게 요구하기 시작했다. 농민 계층의 각성은 '계엄 이후 시대'의 대만문화 중 각 '영역'과 '집단'의 동향을 잘 보여주고 있다. 대만은 이미 '다원적 주체'가 병립하는 새로운 문화의 국면 속으로 진입한 것이다. 그러나 농업을 보호해야 한다는 농민들의 요구는 오히려 경제의 국제화와 자유화를 외치는 도시 중산층의 요구와 충돌하게 된다.

그렇다면 현단계의 대만문화에서 '다원적 주체'의 상호충돌을 어떻게 하면 조화의 상태로 이끌거 갈 수 있을 것인가? 이는 미래 대만문화의 발전을 위해 가장 심사숙고해야 할 문제이다. 개인적으로 생각하는 가장 중요한 방법은 다음의 두 가지이다. (1) 안정적이고 초연한 법치 질서를 정립함으로써 다원적 주체들이 충돌에서 조화의 단계로 나아가도록 하는 것이다. 중국 문화에서 수 천년간 가장 결여되어 있던 점이 바로 여러 주체들을 초월하는 '법치적 주체'의 존재이다. '법치적 주체'가 뚜렷하지 않았기 때문에 중국 문화는 종종 여러 주체성의 충돌을 도덕적 타락의 문제로 단순화시켰고, 개인의 '소극적 자유'(Isaiah Berlin, 1909-1997)를 보장하는 소위 부정적 자유(negative liberty)라 불리는 여러 제도적 건설(권력의 균형, 언론자유의 보장 등)을 이뤄내지 못했다.[18)]

미래 대만문화의 발전은 '법치적 주체'를 적극적으로 수립하고 '법치적 주체' 하에서의 객관적이고 확고한 '법치질서'를 수립해야만, 갈수록 커져가는 '다원적 주체성'이 진정으로 보장될 수 있을 것이다. 또한 현 단계의 격렬한 충돌이 조화로 나아가고 21세기 대만 문화의 새로운 국면을 열 수 있을 것이다.

(2) 그러나, 대만의 신문화 속에 있는 '자아 중심주의'를 극복하는 과정에는 쓸만한 전통문화적 자원도 있다는 점을 상기하고자 한다. 그것은 바로 고전 유가사상 중에 '개인'과 '집단'의 관계에 대한 견해이다. 최근 백여년 간 대만은 빠른 현대화와 근대 서구문화의 세례를 받음으로 인해 종종 '개인'과 '집단'을 대항적인 양극으로 보고 있다. 최근 '개인적 주체성'의 높은 각성에 따라 개인의 권익이 종종 집단의 이익에 우선하게 되고

---

18) 參見 : Isaiah Berlin, "Two Concepts of Liberty", in his *Four Essays on Liberty* (Oxford: Oxford University Press, 1969), pp.118-172.

'자아 중심주의'의 추세가 형성되었다. 그러나 선진(先秦) 시대의 고전 유학에서 '개인'은 '집단' 속에 깊게 스며들어 있는 존재이며, '개인'과 '집단'은 대립 상태에 놓여 있는 것이 아니다. 개인 생명의 의의는 집단 생명의 연속과 번성에 있다. 게다가 '집단' 생명의 발달은 '개인'의 노력에 의해 이루어지는 것이다. 이러한 전통 화인(華人) 문화 중의 '개인—사회' 관은 21세기 대만 신문화 발전에 중요한 자원이라 할 수 있겠다.

다시 대만 신문화에서 표출된 농민운동을 예로 상술한 두가지 논점을 해석해 보자. 1988년 이래 여러차례의 농민운동이 거듭 일어나고 있다. 21세기 대만의 신문화에서 서로 다른 '집단' 간에는 상호 의존성과 내재적 모순성이 공존하고 있다. 농민운동은 일종의 사회경제적 운동이다. 사회경제적 운동은 모든 역량, 특히 정치적 역량을 동원해야만 추구하는 목표를 달성할 수 있다. 이와 반대로, 정치인의 관점에서 보면, 수많은 농민들은 당연히 그들이 쟁취해야할 대상이다. 이 때문에 농민과 정치권력 사이에는 사실 상호 의존성이 존재한다. 힘을 합하면 양쪽 모두에게 좋고, 서로 분리되면 양쪽 모두 피해를 입는다.

그러나 한층 더 깊게 분석해 보면, 사회운동으로서의 농민운동은 그 자체로 특정 사회계급적 기반과 목표, 그리고 내재된 운영의 논리가 있어서 농민운동의 '자주성'을 형성한다. 농민운동이 비록 정치와 연관되어 있다 하더라도 완전히 정치권력에 의존하는 것은 아니다. 게다가 정치인들이 농민이라는 (정치적) 자원을 운용하는 과정에는 양자 모두에게 모순성이 존재한다.

(1) 그렇다면 어떻게 해야 사회적 힘으로서의 농민운동과 정치권력 사이의 상호 의존성과 모순성을 정확히 처리할 수 있을까? 개인적으

로, 오늘날 농업에 각종 문제점이 출현하는 것에는 농업부문이 비농업부분의 침투, 병탄, 잠식에 영향을 받는 데에 그 근원이 있다고 본다. 이 때문에 농업과 비농업부문의 상호작용에 있어서 우선적으로 '농업의 자주성'을 정립할 필요가 있다. 농민운동 중 농민과 비농민 간의 상호작용에 있어서는 '농민 주체성'이 농민운동 속에서의 지위가 더욱 명확해 져야만 한다. 그래야만 복잡다단한 다원 사회에서 농민운동이 진정으로 농민을 위한 복지를 도모할 수 있다. 대만 농민들의 시위활동 중 우리는 정치권력과 농민단체 사이에서 밀고 당기는 상호작용의 관계가 시작되었음을 볼 수 있었다. 이러한 '다원적 주체'가 경쟁하는 신문화의 상황 하에서는 '법치질서'의 수립이 있어야만 '다원적 주체'의 경쟁에 공평한 게임의 규칙을 정립함으로써 보이지 않는 충돌을 완화하고 제거할 수 있게 된다.

(2) 1988년 이래의 농민운동에서 우리가 또 다시 발견할 수 있는 것은 전후 대만의 농민계층과 도시 중산계급, 그리고 중소기업 경영자들이 모두 직간접적인 관계를 맺고 있다는 것이다. 이는 후자들이 흔히 농민계층 출신이기 때문이다. 또한 이 때문에 농민운동은 다른 비농민 계급에 대해서도 일정 정도의 상호작용적 의미가 있다. 농민운동의 기능은 다면적이다. 농민운동은 우선 농민이 주체인 것으로 이러한 농민(전업 농민)들은 더이상 밀턴(John Milton, 1608-74)이 쓴 <실락원>에 나오는 아담과 하와가 아니다. 그들은 농민운동을 통해 잃어버린 낙원으로 돌아갈 수가 있다. 지식계층의 입장에서 보면 농민들은 인민주의 운동(populist movement)의 정신적 세례를 받을 수 있다. 도시에 거주하는 중산계급의 경우, 긴 세월을 시멘트 숲에서 살면서 흙냄새를 오랫동안 맡지 못했기 때문에 농민운동

이 전원의 즐거움을 다시금 누릴 수 있게 해 준다. 이것이 바로 농민운동의 사회문화적 의미이다. 또한 이러한 넓은 시야 속에서만 대만 문화사에서 농민운동이 갖는 깊은 의미가 파악될 수 있다. 이런 측면에서 볼 때, 농민과 사회 전체는 분리될 수 없는 것이다. 이것이 바로 대만 신문화가 화인(華人) 문화 전통 중의 '개인과 사회는 유기체'라는 관념을 받아들여야 한다고 주장하게 되는 이유이다.

(1) '부족주의(tribalism)'의 함정과 초월

(b) 대만 신문화 속에 잠재되어 있는 두번째 문제는, 대만 신문화가 '자아의식'의 각성을 기초로 하고 있기 때문에, 대만적 '자아'가 전개되는 과정에서 '자아'의 과도한 팽창으로 인한 '자기집단 중심주의(parochialism)'에 빠지거나, 심지어 '부족주의(tribalism)'의 함정에 빠지게 되는 것을 어떻게 피할 수 있을 것인가이다.

대만인들 스스로 대만이 세계의 중심적 지위에 있다고 생각하고, '대만 중심설' 등을 제기한 것은 이미 일제시대부터 형성되어 있었다. 1941년 8월 10일 타이난(臺南)의 명의 우신롱(吳新榮)은 일기에서 대만이 중심이 되는 세계관을 제기한 바 있다. 그는 다음과 같이 말하고 있다.[19)]

> 혼자 서재에 앉아 있던 중 하릴없이 남쪽 벽에 붙어있는 지도를 바라보았다. 마침내 생각이 정리되면서 '대만 중심설'의 생각을 완성하게 되었다.

---

19) 吳新榮：《吳新榮日記(戰前)》(臺北：遠景出版社, 1981), 頁112。

1. 대만은 동남아의 가장 중심에 있기 때문에 지리상의 성지라 부를 수 있다.
2. 대만의 동쪽에는 세계 최대의 해양인 태평양이 있고, 서쪽에는 세계 최대의 대륙인 아시아 대륙이 있다.
3. 북회귀선이 대만의 중부를 횡단하고, 북부는 온대이며, 남부는 열대이다.
4. 동해를 넘어 북쪽으로는 일본 열도를 제어하고 있고, 남해를 넘어 남쪽으로는 남양 군도를 제어하고 있다.
5. 일본열도의 북쪽으로는 조선반도가 대륙의 왼팔이 되며, 남양군도의 서쪽으로는 인도차이나 반도가 대륙의 오른팔이 된다.
6. 조선의 북쪽은 만주, 몽고와 접해 있고, 베트남의 서쪽은 태국, 미얀마와 이어져 있다.
7. 만주의 북쪽은 세계의 미개척지인 시베리아이며, 미얀마의 서쪽은 세계의 보고인 인도이다.
8. 만약 산동반도와 해남도가 중국 대륙의 양쪽 귀라고 한다면, 대만은 코에 해당된다.
9. 이러한 성지에 남북으로는 신구 두 곳의 수도(타이베이와 타이난)와 터전이 있다. 또한 동쪽은 산지이며 서쪽은 평야로 이뤄져 있다.
10. 훗날 가오슝 항구(新高港)가 완성되면 이는 동아시아 최대의 항구가 될 것이며, 타이중(臺中)은 동아시아 최대의 도시가 될 수 있다.

대만이 중심이 된 이러한 새로운 세계관은 최근 많은 발전이 있었으며, 대만 신문화를 이루는 구성 요소가 되었다. 신세대 지식인들이 전망하는 21세기의 대만은 중국 대륙을 변화시키는 주력이 되고, 세계의 새

로운 중심이 된다는 것이다.[20]

(b) 이러한 '대만 중심설'을 어떻게 하면 자신감있고 자립적이지만 자폐적이지는 않은 방향으로 이끌어 갈 수 있을 것인가? 이는 21세기 대만 문화가 직면한 도전 중 하나이다.

이러한 문화적 도전에 대응하는 가장 현실적인 전략은, 대만인들이 대만 이외의 대륙의 중원 문화라든가 기타 지역의 문화(유럽 및 미국 문화)에서 기원하는 신문화 요소를 과감히 흡수하고 받아들이는 것이다. 역사적 시각에서 보면, 과감히 외래문화를 받아들이는 것은 본래 대만 문화사의 특징이었다. 역사학 분야의 연구문헌들을 보면, 대만은 세계의 경제와 문화가 교류하는 중심으로서의 역할을 했다. 일찍이 16세기부터 이미 근대사상 서유럽 각국이 서로 쟁취하려는 기지가 되었으며, 서구 문화와의 접촉이 매우 일찍 시작되었다.

네덜란드 점령기에, 대만은 이미 네덜란드인들이 중국의 상품을 바타비아 공화국, 일본, 네덜란드 및 동인도 각지 상관으로 보내는 무역의 중심이 되었다. 명정시대(明鄭時代)에 정씨 부자의 흥기는 주로 당시 외국과의 통상무역을 기반으로 한 것이었다.[21] 제2차 세계대전 종결 이후, 대만은 대외무역을 지향하는 경제를 발전시켰으며, 대만과 세계가 아주 밀접한 교역을 진행하도록 촉진했다. 이상에서의 역사적 사실들은 대만문화의 활발하고 다원적인 모습이 실은 대만이 줄곧 외래문화를 과감히 받아들이는 전통을 갖고 있었기 때문이라는 것을 보여준 다. 대만의 '자아 중

---

20) 蔣年豐：《臺灣人與新中國--給民進黨的一個行動哲學》(臺中：作者自印本, 1988)。

21) 參考曹永和：〈荷蘭與西班牙佔據時期的臺灣〉, 收入氏著：《臺灣早期歷史研究》, 頁25-44；曹永和：〈荷蘭時期臺灣開發史略〉, 收入氏著：《臺灣早期歷史研究》, 頁45-67, 尤其是頁66。

심론' 사고에 배외주의적 심리가 유입되지 않도록 하기 위해서, 대만은 21세기에도 이러한 유구하고 개방적인 문화전통을 계속해서 유지해야 하는 것이다.

제5절 결론

21세기의 대만은 과거 수백년 간, 특히 최근 반세기 이래의 역사의 누적물 위로 새로운 문화 구도를 형성해 가고 있다. 대만의 신문화는 '자아 의식'의 각성을 특징으로 하며, 강렬한 '역동성의 정신(dynamism)'을 품고 있다. 문화 속의 여러 '영역'과 '집단'은 모두 그들의 의지가 현실 세계 중에 실현될 수 있도록 노력하고 있다. 이렇게 생명력으로 가득한 '역동성의 정신'은 대만 신문화의 영혼이며, '해양적 중국문화'의 공통 자산이기도 하다.[22)]

대만 신문화 속에서 '역동성의 정신(dynamism)'은, 400년 이래 대만의 선조들이 민남(閩南)과 광동(廣東)의 각지에서 대만으로 이민을 와 보도(寶島)를 개척하고, 정씨왕조(明鄭) 시대에는 청나라 정권에 저항하고, 일제시대에는 대만인들이 일본 식민당국에 저항하고, 전후 대만의 경제발

22) 미조구치 유조(溝口雄三)는 중국 문화를 두 갈래로 구분한 적이 있는데, 하나는 푸젠(福建), 광동(廣東), 홍콩(香港), 타이완(臺灣), 동남아(東南亞)와 서구 화인사회를 위주로 하는 '해로의 중국권'이고, 다른 하나는 중원(中原)을 주체로 하여 몽고, 중앙 아시아 및 실크로드로 닿아 있는 '육로의 중국권'이다. 미조구치 유조의 《방법으로서의 중국》(方法としての中國, 東京：東京大學出版會, 1989)의 306면을 참고할 것. 이러한 견해에 따라 우리는 대만 문화가 '해로의 중국권' 문화에 속해 있다고 말할 수 있으며, 강렬한 개척 의지와 역동성을 품고 있기 때문에 특히 가치가 크다고 하겠다.

전을 일궈내는 정신적 기반이 되었다.

21세기에 대만 신문화의 정신적 자산은 문화 속의 각 '영역'과 '집단'이 '자아 중심주의'로 인해 서로 부딪히는 상황으로 전락할 것인가, 아니면 법치 질서가 수립되고 중원(中原) 유가문화 전통에서의 '개체'와 '집단' 간 조화의 이념을 받아들여 새로운 국면의 문화발전으로 나아갈 것인가? 이는 대만이 현단계에서 직면하고 있는 중요한 선택의 문제이다. (1994년 11월 15일 초고)

한국외국어대학교 대만연구센터
오늘의 대만 총서 II

대만의 현대화

역사문화적 회고와 전망

초판 인쇄 2016년 5월 20일
초판 발행 2016년 5월 25일

지은이 황쥔지에(黃俊傑)
옮긴이 강준영 · 장영희 · 안성수
총괄 · 기획 장지호 Director, University Press
편집장 신선호 Executive Knowledge Contents Creator
도서편집 김민정 Contents Creator
진수연 Contents Creator
도서 · 전자책편집 최인우 Chief e-Contents Creator
마케팅 곽용창 Chief Marketing Creator
재무관리 권미경 Chief Managing Creator
김은혜 Managing Creator
발행처 한국외국어대학교 지식출판원
02450 서울특별시 동대문구 이문로 107
전화 02)2173-2493~7
팩스 02)2173-3363
홈페이지 http://press.hufs.ac.kr
전자우편 press@hufs.ac.kr
출판등록 제6-6호(1969. 4. 30)
디자인 · 편집 (주)이환디앤비 02)2254-4301
인쇄 · 제본 네오프린텍 02)718-3111

ISBN 979-11-5901-083-5 93910 정가 20,000원
ISBN 978-89-7464-906-7 (세트)

※ 잘못된 책은 교환하여 드립니다.